PILGERN AUF DEM JAKOBSWEG SCHWEIZ UND SEINEN ANSCHLUSSWEGEN

PILGERN AUF DEM
JAKOBSWEG SCHWEIZ
UND SEINEN ANSCHLUSSWEGEN

WERDVERLAG.CH

Impressum

Alle Angaben in diesem Buch wurden vom Verein jakobsweg.ch nach bestem Wissen und Gewissen erstellt und von ihm und dem Verlag mit Sorgfalt geprüft. Inhaltliche Fehler sind dennoch nicht auszuschliessen. Daher erfolgen alle Angaben ohne Gewähr. Weder Verein noch Verlag übernehmen Verantwortung für etwaige Unstimmigkeiten.

Alle Rechte vorbehalten, einschliesslich derjenigen des auszugsweisen Abdrucks und der elektronischen Wiedergabe.

© 2018
Werd & Weber Verlag AG, CH-3645 Thun / Gwatt
Verein jakobsweg.ch, CH-4127 Birsfelden, vertreten durch Walter Wilhelm und Hans-Rudolf Hänni

Buchkonzept
Verein Jakobsweg.ch, CH-4127 Birsfelden

Texte
Klaus Augustiny, Anton Bischofberger, Winfried Erbach, Pius Freiermuth, Rudolf Käsermann, Karin Merazzi-Jacobson, Peter Salzmann, Anette Schüssler, Joe Weber, Walter Wilhelm

Lektoren
Klaus Augustiny, Anette Schüssler, Dr. P. Witschi, Dominik Wunderlin, Anne-Käthi Zweidler

Fotos
Thomas Andenmatten, Winfried Erbach, Wolfang Hörer, Thomas Käser, Karin Merazzi-Jacobson, Walter Wilhelm, Dominik Wunderlin und diverse andere

Buchumschlag
Bild Titelseite: Holzsteg, der Rapperswil-Jona und Hurden verbindet
Bild Rückseite: Klosterruine in Rüeggisberg
Aus dem Buch ViaStoria, Alte Wege – neu gesehen, Heinz Dieter Finck

Kartografie
Quelle Bundesamt für Landestopografie

Gestaltung und Satz
Monica Schulthess Zettel, Werd & Weber Verlag AG

Korrektorat
Romina Del Principe und Laura Scheidegger, Werd & Weber Verlag AG

ISBN 978-3-85932-905-8

www.weberverlag.ch | www.werdverlag.ch | www.jakobsweg.ch

Inhaltsverzeichnis

14	Einleitung zum Gebrauch dieses Führers
16	Pilgerpass, Pilgermuschel und weiteres Nützliches
18	Packliste
21	Unterkünfte, Informationsstellen und Begleitungen
23	Verein jakobsweg.ch

25 **Übersicht Wegverzeichnis**
Jakobsweg Schweiz

36 **Konstanz–Einsiedeln**
Schwabenweg

40	Konstanz–Märstetten
44	Märstetten–Tobel
48	Tobel–Fischingen
52	Fischingen–Steg
56	Steg–Rapperswil-Jona
60	Rapperswil-Jona–Einsiedeln

64 **Rorschach–Einsiedeln**
Rorschacher Ast

68	Rorschach–Herisau
74	Herisau–Wattwil
78	Wattwil–Rapperswil-Jona
84	Neuhaus–Siebnen
88	Siebnen–Einsiedeln

Pilgern auf dem Jakobsweg Schweiz

92 Einsiedeln–Brünigpass
Innerschweiz-Weg

- 96 Einsiedeln–Brunnen
- 102 Brunnen–Beckenried
- 108 Beckenried–Stans
- 112 Stans–Flüeli-Ranft
- 118 Flüeli-Ranft–Kaiserstuhl
- 124 Kaiserstuhl–Brünig

128 Brünigpass–Amsoldingen
Berner-Oberländer-Weg

- 132 Brünig–Brienz
- 138 Brienz–Interlaken (Variante A)
- 144 Brienz–Interlaken (Variante B)
- 148 Interlaken–Merligen
- 156 Merligen–Amsoldingen (Original)
- 162 Merligen–Thun (Alternative)
- 168 Thun–Amsoldingen

172 Amsoldingen–Romont / Moudon
Gantrisch-Fribourg-Weg

- 176 Amsoldingen–Rüeggisberg
- 180 Rüeggisberg–Schwarzenburg
- 184 Schwarzenburg–Fribourg
- 190 Fribourg–Romont (Variante A)
- 198 Fribourg–Payerne (Variante B)
- 204 Payerne–Moudon (Variante B)

Inhaltsverzeichnis

208 Romont–Genève
Weg der Romandie

212 Romont–Moudon
218 Moudon–Lausanne
224 Lausanne–Allaman
230 Allaman–Céligny
238 Céligny–Genève
244 Genève ville–Schweizer Grenze

248 Luzern–Rüeggisberg
Luzerner Weg

252 Luzern–Werthenstein
258 Werthenstein–Willisau
262 Willisau–Huttwil
266 Huttwil–Burgdorf
272 Burgdorf–Bern
278 Bern–Rüeggisberg

282 Rankweil–St. Peterzell
Vorarlberg-Appenzeller-Weg

286 Rankweil–Eggerstanden
290 Eggerstanden–Urnäsch
294 Urnäsch–St. Peterzell

Pilgern auf dem Jakobsweg Schweiz

298 Blumberg–Rapperswil-Jona / Tobel
Schaffhauser-Zürcher-Weg
Thurgauer-Klosterweg

- 302 Blumberg–Schaffhausen
- 308 Schaffhausen–Rheinau
- 312 Rheinau–Winterthur
- 318 Winterthur–Pfäffikon
- 322 Pfäffikon–Rapperswil-Jona
- 330 Blumberg–Schweizer Grenze–Schaffhausen
- 334 Schaffhausen–Stammheim
- 340 Stammheim–Frauenfeld
- 346 Frauenfeld–Tobel

350 Müstair–Oberdorf
Jakobsweg Graubünden

- 354 Müstair–Lü
- 356 Lü–S-charl
- 358 S-char–Scuol
- 360 Scuol–Guarda
- 362 Guarda–Zernez
- 364 Zernez–S-chanf
- 366 S-chanf–Dürrboden
- 370 Dürrboden–Davos Dorf
- 372 Davos Dorf–Langwies
- 374 Langwies–Tschiertschen
- 376 Tschiertschen–Chur
- 378 Chur–Trin Digg
- 380 Trin Digg–Falera
- 382 Falera–Andiast
- 384 Andiast–Trun
- 386 Trun–Sedrun
- 388 Sedrun–Amsteg
- 390 Amsteg–Oberdorf

Inhaltsverzeichnis

392 **Basel–Burgdorf**
Basler Weg

396 Basel–Aesch
400 Aesch–Beinwil Kloster
404 Beinwil Kloster–Welschenrohr
406 Welschenrohr–Solothurn
410 Solothurn–Burgdorf

414 **Basel–Payerne**
Drei-Seen-Weg

418 Pilgerstadt Basel
424 Basel–Mariastein
428 Mariastein–Kleinlützel
430 Kleinlützel–Delémont
432 Basel–Laufen
438 Laufen–Delémont
442 Delémont–Mont Raimeux
446 Mont Raimeux–Perrefitte
450 Perrefitte–Bellelay
454 Bellelay–Sonceboz
458 Sonceboz–Biel
462 Biel–La Neuveville
466 La Neuveville–Ins
470 Ins–Murten
474 Murten–Avenches
478 Avenches–Payerne

Pilgern auf dem Jakobsweg Schweiz

Inhaltsverzeichnis

482 **Disentis–St-Maurice**
Rhein-Reuss-Rhone-Weg

486 Disentis–Oberalppass
488 Oberalppass–Realp
490 Realp–Gletsch
492 Gletsch–Münster
494 Münster–Ernen
496 Ernen–Brig
498 Brig–Gampel
500 Gampel–Salgesch
502 Salgesch–St-Léonard
504 St-Léonard–Sion
506 Sion–Saillon
508 Saillon–Martigny
510 Martigny–St-Maurice

512 **Rorschach–Genève**
Jakobsweg für Velofahrer

516 Rorschach–Wattwil
522 Wattwil–Einsiedeln
526 Einsiedeln–Buochs
530 Buochs–Brünigpass
534 Brünig–Amsoldingen
538 Amsoldingen–Romont
546 Romont–Genève
552 Luzern–Burgdorf
554 Burgdorf–Rüeggisberg
556 Rankweil–St. Peterzell
558 Fribourg–Payerne–Lucens

Schloss Riggisberg

EINLEITUNG ZUM GEBRAUCH DIESES FÜHRERS

In den letzten Jahren ist in der Schweiz ein Netz von Jakobswegen entstanden, das zum Pilgern einlädt. Nicht alle Personen haben die Möglichkeit, in einer langen Auszeit bis ans Ziel des Jakobswegs, Santiago de Compostela in Galizien, Spanien, zu pilgern. Aber viele Menschen können sich auf den Jakobswegen in der Schweiz kurze Auszeiten schaffen, in denen sie sich entschleunigend erholen, Kräfte tanken, und innere Entwicklungen erleben, welche durch das wiederholte Gehen oft entscheidend angestossen werden.

Der Hauptweg ViaJacobi führt vom Bodensee zum Genfersee. Ein Netz von Zubringerwegen bietet aus verschiedenen Regionen die Möglichkeit, Anschluss an diesen Hauptweg zu finden.

Sie finden in diesem Buch nach konkreten Hinweisen zu Pilgerpass und Pilgermuschel, Packliste, Unterkunftsinfos und der Möglichkeit von begleiteten Pilgerangeboten einen Überblick zum Wegnetz der Schweizer Jakobswege mit Etappenvorschlägen, die Sie je nach persönliche, körperlicher Grundkonstitution beliebig verkürzen oder verlängern können. Hinweise zu Streckenlänge, Höhenmetern und einer durchschnittlichen Gehzeit sind bei jeder Etappe angegeben. Zudem finden Sie in diesem Führer jeweils auch interessante Hinweise zum Weg mit vielen Fotos, die zum Schnüren von Wanderschuhen und zum Losgehen motivieren.

Der Überblick über die Wege hilft Ihnen zu entscheiden, welchen Abschnitt Sie konkret unter die Füsse nehmen wollen. Dabei ist es im Hinblick auf das Erleben des Pilgerns empfehlenswert, sich

Bild vorangehende Doppelseite:
Solothurn mit
St. Ursenkathedrale

Einleitung zum Gebrauch dieses Führers

vorzunehmen, z. B. während des Sommerhalbjahres einen ganzen Abschnitt in einzelnen sich monatlichen aneinander reihenden Tagesetappen zu begehen. In Ferienzeiten kann ein Abschnitt auch am Stück begangen oder mit dem Velo befahren werden. Es ist jedoch auch möglich, einfach einzelne Tagesetappen herauszupicken und das Pilgern so an einzelnen Tagen auf verschiedenen Abschnitten kennenzulernen. Übrigens: Mit dem öffentlichen Verkehr ist es in der Schweiz in der Regel einfach, von zuhause aus an den Ausgangspunkt einer Etappe und vom Endpunkt wieder nach Hause zu gelangen. Wann pilgern Sie los?

Walter Wilhelm

Kirche Rapperswil

PILGERPASS, PILGERMUSCHEL UND WEITERES NÜTZLICHES

Pilgerpass

Der Pilgerpass dient den Pilgern, um vergünstigt in Pilgerherbergen übernachten zu können. Ausserdem ermöglicht die lückenlose Dokumentation des Pilgerwegs (für mindestens die letzten 100 Kilometer zu Fuss oder 200 Kilometer mit dem Velo – vergessen Sie nicht, zwei Stempel pro Tag in den Pilgerpass eintragen zu lassen), bei der Ankunft in Santiago de Compostela die begehrte Urkunde zu erlangen. Die sogenannte «Compostela» wird nach Prüfung des Pilgerpasses im Pilgerbüro des Domkapitels der Kathedrale von Santiago de Compostela ausgestellt. Nicht zuletzt ist der Pilgerpass auch ein sehr persönliches Andenken an eine unvergessliche Reise.

Der offizielle Pilgerpass des Dachverbandes Jakobsweg-Schweiz entspricht den Bestimmungen des Pilgerbüros des Domkapitels in Santiago.

Der neue Pilgerpass kann inklusive Schutzhülle auf jakobsweg.ch online bestellt werden. Nach Erhalt sind an den dafür vorgesehenen Stellen der Name sowie die Nummer der Identitätskarte oder des staatlichen Reisepasses einzutragen.

Pilgermuschel
Pilgermuscheln mit Lederbändel sind ca. 12 × 14 cm gross und können via jakobsweg.ch online bestellt werden.

Nützliches
Weitere nützliche Artikel finden sich im Online-Shop auf jakobsweg.ch. Auch spirituelle Texte werden angeboten.

PACKLISTE

Regel: Der Rucksack sollte nach Möglichkeit einen Achtel des eigenen Körpergewichts nicht überschreiten.

Grundausrüstung für eine eintägige Pilgerwanderung:

Material
– Rucksack, mit Regenhülle oder Regenpelerine, evtl. Treckkingschirm
– evtl. (Teleskop-)Wanderstöcke

Verpflegung
– Getränkeflasche (1 Liter)
– Zwischenverpflegung / Lunch

Persönliches Material
– Sonnencrème und Lippenschutz
– Persönliche Medikamente, Apotheke
– WC-Papier, Taschentücher
– Taschenmesser
– Bargeld, Krankenversicherungskarte
– Zettel mit den wichtigsten zwei Telefonnummern und Adressen, dazu: Hausarzt, Angabe der notwendigen Medikamente
– evtl. Fotoapparat, Feldstecher

Kleidung
– Wander- oder Trekkingschuhe
– 1 Paar Wandersocken / Unterwäsche
– Wanderhose (praktisch: abzippbare Beine)
– Wanderhemd oder -shirt
– evtl. Wanderhemd oder -shirt zum Wechseln (bei heftigem Schwitzen)
– Warmer Pullover (Faserpelz, Softshell, Daunen oder PrimaLoft)

– Wind- und Regenjacke, atmungsaktiv
– Sonnenhut
– Sonnenbrille

im Herbst / Winter
– Kappe (Ohren bedeckend)
– Handschuhe
– evtl. Gamaschen

Zusätzlich für eine mehrtägige oder mehrwöchige Pilgerwanderung:

Material
– Pilgerpass, Tagebuch, Schreibzeug
– Bancomatkarte, Identitätskarte oder Reisepass
– Waschpulver (kleine Portion!) und 3–5 Wäscheklammern, Schnur (Wäscheleine)
– Kleine Taschenlampe oder Stirnlampe
– Ohropax
– Natel (Tipp: tagsüber ausschalten!)
– Ein paar Plastiksäcke (Kleider vor Nässe schützen)

Kleidung
– Ersatzkleider für abends: Leichte Hose, Shirt, Unterwäsche, zweites Paar Wandersocken
– ganz leichte Sandalen
– Toilettenartikel (nur das Nötigste!)
– Kleines Microfaserhandtuch
– Seidenschlafsack
– evtl. Badehose

Pilgern auf dem Jakobsweg Schweiz

UNTERKÜNFTE, INFORMATIONSSTELLEN UND BEGLEITUNGEN

Unterkünfte
Auf der Website jakobsweg.ch finden sich Links zu Unterkunftslisten. Darauf sind nicht nur Hotels und Pilgerherbergen aufgeführt, sondern auch Bed&Breakfast, Campingplätze, Gruppenunterkünfte und Zivilschutzanlagen, Jugendherbergen und Pfadiheime, Privatunterkünfte und Schlafen im Stroh sowie Restaurants.

Informationsstellen
Auf der Website jakobsweg.ch finden sich auch Listen zu Informationsstellen wie zum Beispiel Kirchgemeinden, Pfarrämtern, Tourismusbüros, Gemeinde- und Stadtverwaltungen u.v.m.

Begleitungen
Adressen zertifizierter Pilgerbegleiterinnen und -begleiter finden sich auf der Website jakobsweg.ch.

Bienenweg Maltbach

Pilgern auf dem Jakobsweg Schweiz

VEREIN JAKOBSWEG.CH

Pilgern ist zu einem gesellschaftlichen Phänomen geworden. In einer Umbruchzeit wollen Menschen wieder Boden unter den Füssen gewinnen. Sie möchten ihrem Sehnen nach Einfachheit, Entschleunigung und spiritueller Vertiefung Zeit und Raum geben. Es ist in den letzten Jahren so etwas wie eine «Pilgerbewegung» mit sehr unterschiedlichen Ausprägungen entstanden. Mittels zweier Regio-Plus-Projekte hat die Volkswirtschaft Berner Oberland in Kooperation mit den Landeskirchen, freiwilligen Helfern und Leader-Partnern in Deutschland und Österreich einen wesentlichen Beitrag zur Reaktivierung des Jakobspilgerns in der Schweiz geleistet.

Der Verein jakobsweg.ch hat zum Ziel, als Trägerorganisation die begonnene nationale sowie transnationale Arbeit fortzusetzen und den länderverbindenden Jakobsweg zu fördern als
– Europäischen Pilgerweg traditionell christlicher Prägung,
– Weg der Sinnfindung und inneren Einkehr (Spiritualität),
– Weg der Ruhe und der persönlichen Entschleunigung,
– Weg multikultureller Begegnung,
– Weg zur Schaffung europäischer Identität.

Der Verein versteht sich als Vernetzer und Unterstützer von Pilgerinnen und Pilgern, Pilgerfreunden, Gruppen, kirchlichen und öffentlichen Einrichtungen, welche die schweizerische Jakobswege sowie die Jakobswege, welche aus dem benachbarten Europa in die Schweiz führen, fördern und beleben.

Katholische Pfarrkirche S. Gion Battesta Sumvitg

Pilgern auf dem Jakobsweg Schweiz

ÜBERSICHT WEGVERZEICHNIS
Jakobsweg Schweiz

Der Jakobsweg führt die Pilger auf wenig befahrenen Quartierstrassen und Stadtgassen durch die Städte und die grösseren Ortschaften, viele davon mit langer Pilgertradition, an schönen Kathedralen und Stadtkirchen und beachtenswerten kulturhistorischen Sehenswürdigkeiten vorbei. Ausserhalb dieser stark besiedelten und teils industrialisierten Orte ziehen die Pilger durch eine von der Land- und Obstwirtschaft geprägte Landschaft auf ruhigen Feld- und Waldwegen durch Felder und Wiesen, Wälder und bewaldete Bachtobel. Ihr Weg führt sie durch enge und weite Täler mit ruhenden und fliessenden Gewässern, entlang den Hängen der sanften Hügellandschaft bis hinauf auf Bergketten und Pässe, wo die körperliche Anstrengung mit einer wunderbaren Aussicht belohnt wird. Am Weg kommen sie an gepflegten Bauernhöfen und alten Gasthäusern, auch ehemaligen Pilgerherbergen, vorbei. Sie ziehen durch Weiler und Dörfer mit schmucken Häusern und Gärten und begegnen manch emsigen und freundlichen Anwohnern, mit denen sie, oft auch bei einem erfrischenden Getränk, ins Gespräch kommen.

Obernauweg

Pilgern auf dem Jakobsweg Schweiz

ÜBERSICHT
JAKOBSWEG SCHWEIZ

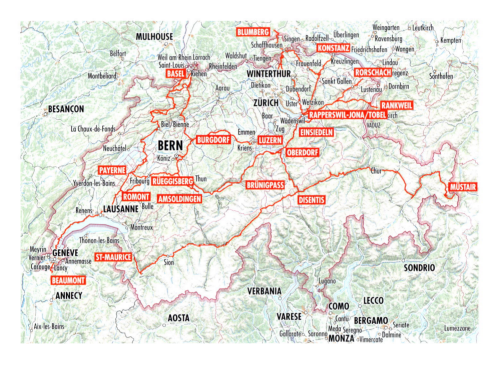

Übersicht Wegverzeichnis

KONSTANZ– EINSIEDELN
Schwabenweg

Wegdistanz
93 km

Mittlere Wanderzeit
rund 38 Stunden

RORSCHACH– EINSIEDELN
Rorschacher Ast

Wegdistanz
108 km

Mittlere Wanderzeit
rund 35 Stunden

Pilgern auf dem Jakobsweg Schweiz

EINSIEDELN–BRÜNIGPASS
Innerschweiz-Weg

Wegdistanz
89 km

Mittlere Wanderzeit
rund 38 Stunden

BRÜNIGPASS–AMSOLDINGEN
Berner-Oberländer-Weg

Wegdistanz
99 km

Mittlere Wanderzeit
rund 35 Stunden

Übersicht Wegverzeichnis

AMSOLDINGEN– ROMONT / MOUDON
Gantrisch-Fribourg-Weg

Wegdistanz

113 km

Mittlere Wanderzeit

rund 39 Stunden

ROMONT– GENÈVE
Weg der Romandie

Wegdistanz

133 km

Mittlere Wanderzeit

rund 34 Stunden

Pilgern auf dem Jakobsweg Schweiz

LUZERN–RÜEGGISBERG
Luzerner Weg

Wegdistanz
120 km

Mittlere Wanderzeit
rund 37 Stunden

RANKWEIL–ST. PETERZELL
Vorarlberg-Appenzeller-Weg

Wegdistanz
52 km

Mittlere Wanderzeit
rund 17 Stunden

Übersicht Wegverzeichnis

BLUMBERG– RAPPERSWIL- JONA / TOBEL

Schaffhauser- Zürcher-Weg
Thurgauer- Klosterweg

Wegdistanz
187 km

Mittlere Wanderzeit
rund 49 Stunden

MÜSTAIR– OBERDORF

Jakobsweg Graubünden

Wegdistanz
299 km

Mittlere Wanderzeit
rund 94 Stunden

Pilgern auf dem Jakobsweg Schweiz

BASEL–
BURGDORF
Basler Weg

Wegdistanz
92 km

Mittlere Wanderzeit
rund 26 Stunden

BASEL–
PAYERNE
Drei-Seen-Weg

Wegdistanz
258 km

Mittlere Wanderzeit
rund 68 Stunden

Übersicht Wegverzeichnis

DISENTIS– ST-MAURICE
Rhein-Reuss- Rhone-Weg

Wegdistanz
240,9 km

Mittlere Wanderzeit
rund 64 Stunden

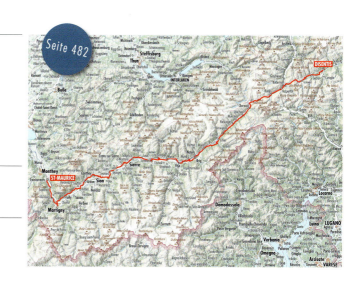

RORSCHACH– GENÈVE
Jakobsweg für Velofahrer

Wegdistanz
460,9 km

Mittlere Fahrzeit
rund 29 Stunden

> Pilgern auf dem Jakobsweg Schweiz

Konstanz–Einsiedeln

Der Schwabenweg in Kürze

Der Jakobsweg von Konstanz bis Rapperswil-Jona wird auch Schwabenweg genannt. Wie in früheren Zeiten ist das Konstanzer Münster Treffpunkt für Pilgerinnen und Pilger aus dem süddeutschen Raum und der Schweiz, die sich auf den Jakobsweg durch die Schweiz nach Santiago de Compostela begeben wollen.

Der Weg führt durch den Kanton Thurgau und das Zürcher Oberland an den Zürichsee und von dort über den Etzelpass nach Einsiedeln. Die Pilgerinnen und Pilger wandern, abseits stark befahrener und lärmiger Autostrassen, auf gut signalisierten Wegen und Strassen über bewirtschaftete Felder und Wiesen, durch Wälder, entlang kleinerer und grösserer Bäche und Flüsse, durch Täler und entlang der Hügelketten bis zum Zürichsee, den sie auf einem Pilger-Holzsteg überqueren, um auf dem Wallfahrerweg über den Etzel nach Einsiedeln zu gelangen.

Am Weg laden Klöster, Kirchen und Kapellen und manch ruhiger Ort an Gewässern und auf Bergeshöhe zur stillen Einkehr ein. Pilgerinnen und Pilger ziehen durch Weiler und Dörfer mit schmucken Häusern und Gehöften. Zu beachten ist, dass der Jakobsweg zum Teil noch mit den schönen, ursprünglichen weiss-blauen Wegweisern «Schwabenweg» gekennzeichnet ist.

Rapperswiler Holzsteg

Bild vorangehende Doppelseite:
Luegweg bei Herbrig

Pilgern auf dem Jakobsweg Schweiz

Übersichtskarte

Konstanz–Einsiedeln

Schwabenweg

Wegdistanz
93 km

Mittlere Wanderzeit
rund 38 Stunden

Höhenmeter
+3156 m / −2335 m

Schwabenweg

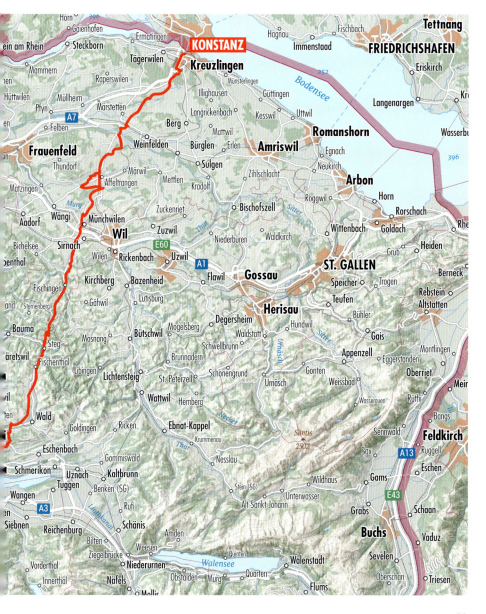

Konstanz–Märstetten

Wegdistanz
14 km

Wanderzeit
3 Std. 30 Min.
bis 4 Std.

Höhenmeter
–230 m / +360 m

Konstanz war im Mittelalter Sammelpunkt der Pilger aus dem Schwabenland, die von hier aus nach Santiago de Compostela aufbrachen. Wichtiger Treffpunkt war das Münster aus dem 10. Jahrhundert. Neben der Silvesterkapelle mit ihren Fresken steht die um 900 erbaute Mauritiusrotunde mit einer Nachbildung des Heiligen Grabes (13. Jahrhundert). Jakobus der Ältere steht als einer der zwölf Apostel in der Rotunde. Man erkennt ihn leicht an den sieben Pilgerstäben und den mit Muscheln verzierten Pilgertaschen, die er für die aufbrechenden Pilgerinnen und Pilger bereithält. Auf dem Münsterplatz steht neben der Mariensäule ein prächtiger Wegweiser, der uns zeigt, dass Santiago 2340 Kilometer entfernt ist und dass bis Märstetten mit vier Stunden Fussmarsch zu rechnen ist. Wir gehen in südlicher Richtung durch die Altstadt. Rechts steht die Stephanskirche, die älteste Pfarrkirche von Konstanz. Während des Konzils (1414–18) tagte hier das päpstliche Gericht. Der tschechische Reformator Jan Hus hatte hier, gemäss Überlieferung, Herberge gefunden. Er wurde damals, weil er seine Lehrauffassung nicht widerrufen wollte, zum Feuertod verurteilt. Dieser wurde auch sofort vollstreckt. Am Hus-Haus vorbei kommen wir zum Schnetztor (14. Jahrhundert) und verlassen die Altstadt. Weiter südwärts zweigen wir bei der Strassengabelung zur Schweizer Grenze ab, die wir kurz da-

Schwabenweg

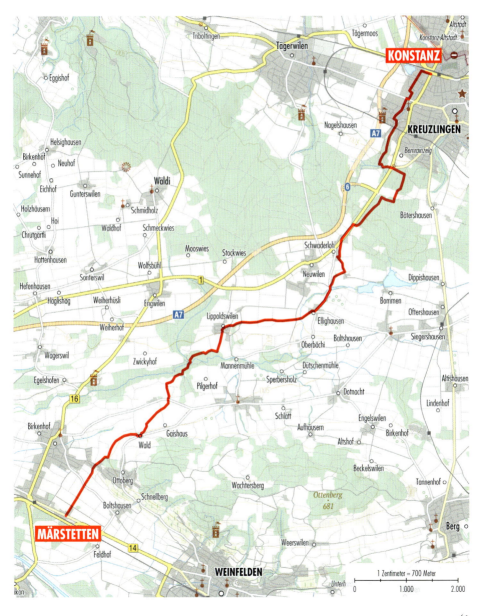

Pilgern auf dem Jakobsweg Schweiz

Rathaus Konstanz

nach erreichen. Jenseits der Grenze sind wir bereits im Städtchen Kreuzlingen. Die dortige ehemalige Pilgerherberge Grödeli, ein schöner Riegelbau aus dem Jahr 1610, bewirtet auch heute noch Gäste. Wir wandern geradeaus durch die Bahnhofsunterführung, biegen rechts ab und zweigen nach kurzer Strecke links in südlicher Richtung auf die Weststrasse ab. Der Weg führt durch den Ortsteil Emmishofen und quert dort die Landstrasse (Unterseestrasse) und etwas später das Bahngleis westlich der Station Kreuzlingen-Bernrain. Entlang des Saubachs kommen wir durchs bewaldete Saubachtal bis Schlossbühl.

Dort biegen wir links ab und gelangen durch den Wald zur Strassenkreuzung, an der die barocke Heiligkreuz-Kapelle Bernrain (erbaut 1388) steht. Von der Wallfahrtskapelle haben wir einen schönen Ausblick auf Konstanz und den Bodensee. Von der Kapelle wandern wir zunächst in östlicher Richtung und zweigen dann rechts im Wald auf einen ruhigen Weg ab, der uns in südlicher Richtung durch zwei Wälder auf die Landstrasse zurückführt. Auf ihr gelangen wir in den Ort Schwaderloh. Hier zweigen wir links ab und kommen, östlich an Schwaderloh vorbei, hinunter zum Weiler Gäbelschhuuse. Nun geht es rechts über das offene Feld auf einem Weg bis zu den Fortibach-Weihern. Auf der Landstrasse gelangen wir von dort ins südlich gelegene Ellighausen, wo wir in südwestlicher Richtung auf die «Alte Poststrasse» abzweigen, um schliesslich weiter westlich zu gehen.

Über die Leewiese und kurz am Waldrand entlang gelangen wir nach Lippoldswilen. Von hier geht es immer in südlicher Richtung bleibend bis zum Waldrand, wo wir nach Westen abbiegen. Rechts haltend gelangen wir durch den Wald, den Laub- und Chemebach querend, zum Hof Entemos und weiter zum südlich gelegenen Weiler Riet. Ein Zufahrtsweg führt uns weiter durch Wiesland zum südwestlich gelegenen Weiler Wald. Wir bleiben in südwestlicher Richtung und kommen, südwärts drehend den Wiesenhängen und dem Waldrand entlang, nach Hinderen Rueberbomm. Von hier kommen wir, entlang des Waldrandes und nach Überquerung der Märstetter Zufahrtsstrasse (Rueberbaumstrasse), auf die Thurebene hinunter. Wir ziehen weiter in südlicher Richtung, überqueren die zweite Zufahrtsstrasse nach Märstetten (Boltshausenstrasse) und kommen, an den Gehöften Pilgerwäg vorbei, auf die Weinfelderstrasse. Diese führt rechts haltend der Bahnlinie entlang zum Bahnhof von Märstetten.

Pilgernde, die in Märstetten verweilen wollen, gelangen auf einer der Märstetten-Zufahrtsstrassen oder auf der Weinfeldstrasse (längs der Bahnlinie) in den Ort. Dort gibt es Gasthöfe und eine Pilgerherberge (www.pilgerherberge.ch/ostschweiz/pilgerherberge-märstetten). Sehenswert ist die Jakobskirche mit den Fresken und dem Taufstein. Ihr wuchtiger Turm mit der Sonnenuhr ist von weitem sichtbar.

Heiligkreuzkapelle Bernrain

Märstetten–Tobel

Wegdistanz
12 km

Wanderzeit
3 Std. 30 Min.

Höhenmeter
–230 m / +360 m

Hinweis
Bequeme Wanderstrecke, Pilgerherberge in Märstetten.

Von der Weinfeldstrasse zweigen wir ab, queren die Bahnlinie und die Frauenfelderstrasse und kommen links auf einen Waldweg. Dieser führt uns zunächst am Waldrand entlang und dann durch das Wäldchen Oberau bis zur Amlikoner Landstrasse. Ihr folgen wir, queren die Thur und gelangen ins Dorf Amlikon. Hier treffen wir auf eine Reihe alter Riegelhäuser und den Gasthof Adler, der früher Pilger beherbergte. In Amlikon gehen wir kurz nach der Lättenbachbrücke links in südlicher Richtung weiter und gelangen durchs bewaldete Lättebachtal, die Landstrasse querend, zum Weiler Hünikon. Etwa 500 Meter weiter südlich, zweigen wir rechts auf einen Feldweg ab. Auf ihm kommen wir westwärts entlang des Waldrandes und durch ein Waldstück nach Holzhäusern. In südlicher Richtung durchqueren wir den Ort.

Kurz nach dem Ortsausgang zweigen wir rechts auf den Feldweg ab, der uns durch Wiesland und entlang des schönen Riegelbaus führt, wo wir rasten. Zurück auf der Landstrasse ziehen wir nun südwärts weiter bis nach Kaltenbrunnen mit der Jakobskapelle am linken Strassenrand. Hier zweigen wir rechts ab. Durch offenes Feld gelangen wir am Ortsteil Schulhaus vorbei. Wir bleiben in südlicher Richtung und kommen auf die Landstrasse am nördlichen Ortseingang von Affeltrangen (Bollstäg). Affeltrangen um-

Schwabenweg

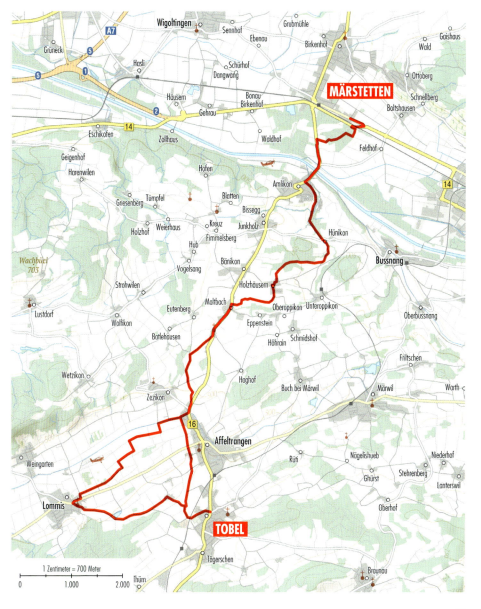

Jakobskapelle
Kaltenbrunnen

gehen wir. Zunächst gehen wir westlich entlang der Lauche. Dann gelangen wir durchs Wiesland zur Affeltrangen-Zufahrtsstrasse und weiter südlich zum Hof Chrüzegg. Hier stand früher eine Pilgerherberge. Von hier wandern wir in südlicher Richtung bleibend über Felder und Wiesen bis zum westlichen Ortsrand von Tobel, von wo wir, kurz nach der Überquerung der Zufahrtsstrasse nach Tobel, zum Gehöft Flüügenegg kommen. Zu beachten ist hier der prunkvolle Jakobsweg-Wegweiser, der uns 2315 Kilometer Fussweg bis Santiago anzeigt.

Pilgernde, die in Tobel verweilen wollen, gelangen auf der Zufahrtstrasse in den Ort. Besonders sehenswert sind in Tobel die 1226 gegründete und 1744 wieder aufgebaute Johanniter-Komturei und die dazugehörende, zum alten Wehrturm verlegte Kirche. Die Aufgabe des Ritterordens bestand in der Betreuung und Krankenpflege der nach Einsiedeln pilgernden Geschwächten.

Schwabenweg

Johanniter-Komturei Tobel

Tobelkirche innen

Tobel–Fischingen

Wegdistanz
16 km

Wanderzeit
4 Std. 30 Min.

Höhenmeter
–604 m / +787 m

Vom Bauernhof Flüügenegg geht es wiederum in südlicher Richtung auf einem Feldweg durch Wiesland, am Gehöft Loch vorbei bis in den Kaa-Wald. Jenseits des kurzen Waldstückes geht es, dem Waldrand entlang, in einem Bogen nach Türn. Hier überqueren wir die Landstrasse Tobel-Tägertschen und biegen nach rund 250 Metern rechts auf einen Feldweg ab, der uns in südlicher Richtung, entlang der Hügelhänge und am Weiler Stocke vorbei, bis zum Ortseingang von St. Margarethen bringt. Wir bleiben in südlicher Richtung, bis wir durch den Ort zur alten Kapelle St. Margaretha (1641) kommen.

Auffallend sind deren roter Turm und die Holztreppe an der Aussenfassade, die zur Empore führt, wo früher Pilger übernachteten. Nordwärts drehend führt uns der Weg dann von der Kapelle bis zur grossen Kreuzung im Dorfzentrum. Kurz nach der Kreuzung zweigen wir links ab, überqueren den Chräbsbach und kommen weiter westwärts zur Murg. Diese überqueren wir und folgen ihr bis ins südlich gelegene Münchwilen. Hier steht der Gasthof Engel, eine ehemalige Pilgerherberge. In der Ortsmitte überqueren wir die Bahnlinie Frauenfel–Wil und folgen wiederum der Murg bis zum Ortsausgang, wo wir den Ortsteil Bad umgehen und die Autobahn queren. Nach der Autobahn folgen wir wiederum dem Lauf der Murg, zunächst durch den Ort Sirnach, dann

Schwabenweg

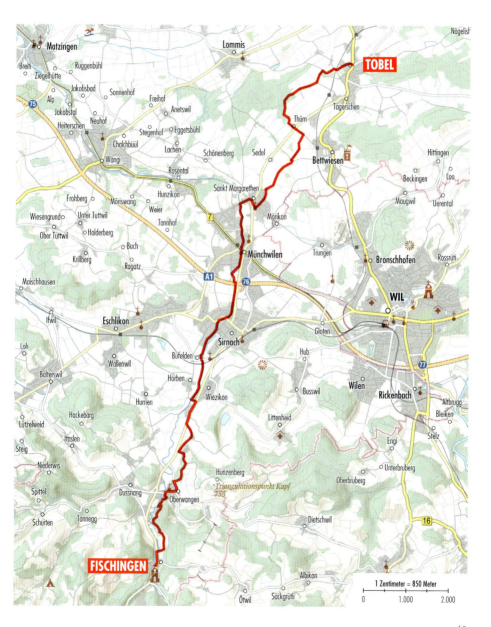

bis zur Bahnlinie, die wir queren. Nach der Bahnlinie geht es wiederum weiter der Murg entlang bis zu den Weihern und zur Murgbrücke. Rechts wendend gelangen wir über die Brücke auf die Hauptstrasse am Ortsausgang von Wiezikon. Dieser folgen wir südwärts, durch den Ortsteil Gupfe, wo wir kurz danach links nach Aawil abzweigen. Von Aaawil geht es rechts haltend in südlicher Richtung bis nach Oberwangen. Der Weg führt uns meist abseits der Hauptstrasse auf Zufahrtsstrassen und Waldwegen, durch offenes Feld und Wälder bis zum Martinsbärgli am östlichen Ortsrand von Oberwangen. Auf der Hügelkuppe thront die barocke Martinskapelle. Das schöne Innere mit Altarbildern aus dem Leben des Heiligen Martin und die Bank vor der Kapelle lohnen den kurzen Aufstieg. Wir umgehen das Martinsbärgli, zweigen kurz danach links in den Wald ab und steigen über die bewaldete «Rutschhalde» hinauf bis zu den Häusern in der Waldlichtung oberhalb von Fischingen. Von hier steigen wir den Hang hinunter auf die Fischinger Hauptstrasse ab. Auf ihr ziehen wir südwärts durch den Ort Fischingen. Am alten Gasthaus und der ehemaligen Pilgerherberge Zum Sternen vorbei nähern wir uns dem mächtigen Benediktinerkloster auf der Anhöhe am südlichen Dorfaus-

Lomiskirche innen

Kapelle
St. Margaretha

Schwabenweg

Klosterkirche
Fischingen

gang. Das Kloster St. Johann wurde, nachdem es die Zürcher zerstört hatten, 1410 wieder aufgebaut. Die barocken Konventbauten entstanden im 18. Jahrhundert, der Blütezeit des Klosters. Die barocke Klosterkirche besitzt eine prachtvolle Orgel. Zum Kloster gehört auch die Iddakapelle im Innern mit dem Grabmal der Heiligen aus dem Jahr 1496. In das Fussloch des Altars konnten Pilger ihre schmerzenden Füsse stecken und dabei Linderung erhoffen. Die heilige Idda wurde von ihrem erzürnten Gemahl, dem Grafen von Toggenburg, in ein Tobel gestürzt. Sie überlebte und hauste lange Zeit, vom Volk verehrt, in einer Klause. Das Kloster Einsiedeln ist das Etappenziel im südlichen Thurgau. Jakobspilger finden im Kloster Unterkunft und können am spirituellen Leben der Benediktinergemeinschaft teilhaben.

Fischingen–Steg

Wegdistanz
10,5 km

Wanderzeit
3 Std. 30 Min.

Höhenmeter
–604 m / +787 m

Hinweis
Mittelschwere Bergstrecke, gutes Schuhwerk und Wanderstöcke werden empfohlen.

An der Südwestecke des Klosters überqueren wir auf der Hauptstrasse die Murg und zweigen links ab. Der Weg führt uns über den Aubach in südlicher Richtung hinauf zum Gehöft Neuschüür. Auf der Höhe bleibend gehen wir durch den Wald und entlang des Aubachs bis zur Landstrasse kurz vor dem Ort Au. Wir gelangen zur Pfarrkirche im Ort. Die Pfarrkirche St. Anna in Au wurde 1275 erstmals erwähnt. Der rechte Seitenaltar der barocken Kirche trägt ein Iddabild. Gegenüber der Kirche steht das alte Gasthaus Au. Während die Strasse zwischen Kirche und Gasthaus rechts abbiegt, zieht unser Weg auf einem Strässchen geradeaus weiter, um nach 100 Metern links einer Bergstrasse in den Wald zu folgen. Hier beginnt der eigentliche Aufstieg zum Hörnli. Es ist zu beachten, dass dieser Aufstieg körperlich gesehen anspruchsvoll ist. Er eignet sich nur für Pilger mit Wandererfahrung und Trittsicherheit. Ein Alleingang oder die Begehung bei starkem Regen oder Schnee ist nicht zu empfehlen. An einem Iddabildstock vorbei kommen wir, südwärts aufsteigend, zunächst über die Alpweiden und dann durch den Eggholz-Bergwald. Wir verlassen den Bergwald und gelangen über die Weiden hinauf zum Weiler Allenwinden (914 m ü. M.). Der frühere Gasthof zum

Schwabenweg

Kreuz auf Allewinden ist eine alte Pilgerherberge im Tannenzapfenland. Wir folgen etwa 300 Meter der Strasse nach Süden bis zum Hof Chaltebrune. Hier verlassen wir die Passstrasse auf der linken Seite und steigen den Berg hinauf. Auf Berg- und Waldwegen sowie über Alpwiesen gelangen wir zur Kantonsgrenze (Silberbüel) und dem Dreiländerstein, dem Grenzstein der Kantone St. Gallen, Thurgau und Zürich. Von hier geht es durch den steiler werdenden Bergwald hinauf zum Berggasthaus auf dem

St. Anna-Kirche Au

Ausblick von Allenwinden

Hörnli. Von dieser Gipfelkuppe haben wir eine prächtige Rundsicht auf den Säntis, das Toggenburg, die Innerschweiz und das Zürcher Oberland. Für Pilger, die hier nächtigen wollen, gibt es ein gemütliches Massenlager (mit einmaligem Sonnenauf- und -untergang).

In südlicher Richtung steigen wir teils auf der Bergstrasse und teils auf abkürzenden Bergwegen hinunter ins Tal. Der Wiesengrathöhe und dem Waldrand entlang geht es hinunter zum Tanzplatz. Von dort führt uns der Weg wechselnd über Bergwiesen und durch Waldpartien hinunter ins Tösstal. An der Strasse finden wir die ehemalige Pilgerherberge Zum Steg, welche 1599 erstmals erwähnt wurde. Das Gasthaus wurde 1688 nach einer Feuersbrunst wieder aufgebaut. In der gemütlichen Stube oder im schattigen Garten lässt es sich gut rasten. Hinter dem Gebäude steht das 1690 erbaute Doktorhaus. Es diente bis 1890 als Apotheke und Arztpraxis.

Steg–Rapperswil-Jona

Wegdistanz
22 km

Wanderzeit
5 Std. 40 Min.

Höhenmeter
–492 m / +206 m

Hinweis
Bequeme Wanderstrecke von Dietersvil sanft nach Rapperswil-Jona absteigend. Pilgerherberge in Rapperswil-Jona. Hölzerner Pilgersteg über den Zürichsee von Rapperswil-Jona nach Pfäffikon.

Mit Ausnahme einer kurzen Umgehung bei Schmittenbach wandern wir entlang der Landstrasse und parallel zur Bahnlinie bis wir am Ortsausgang von Fischenthal (bei der reformierten Kirche), links auf eine weniger befahrene Strasse abzweigen. Sie führt uns, nach Überquerung des Talbachs, in südlicher Richtung bleibend, über Fischtel am Rande des Riet-Moors und entlang der Bahnlinie, die wir dreimal queren, nach Gibswil. Zurück auf der Landstrasse geht es weiter bis Ried, wo die ehemalige Herberge Zum Weissen Kreuz steht. Hier zweigen wir rechts ab und steigen, südwärts am Weiler Tanneregg vorbei, über den Wiesenhang hinauf nach Büel. Auf einem verkehrsarmen Alpsträsschen geht es dann sanft abwärts. In südlicher Richtung ziehen wir den Hügelhängen entlang, an Hueb, Dietersvil, Tänler vorbei, bis hinunter nach Blattenbach. Dabei geniessen wir die Aussicht hinunter ins Tal der Jona und bis zum Zürichsee. In Blattenbach steht die ehemalige Herberge Zum roten Schwert (erbaut 1621). Unterhalb von Blattenbach liegt Wald, der Hauptort der Region und die ehemalige Textilhochburg, welche durch die Tösstalbahn industriell erschlossen wurde. Von Blattenbach führt ein Feldweg südwärts über die Weiden von Grund, dreht oberhalb Grundtal in einem Bogen in einen Wald, überquert den dortigen Bach und steigt zu den Häusern in Töbeli ab. Von da geht es zwischen zwei Waldpartien, rechts haltend, zum Weiler Breitenmatt und von dort auf

Schwabenweg

Pfarrkirche
Fischenthal

einem einem Feldweg südwärts hinunter in den Wald. Dort zweigen wir dann auf die Pilgerstegstrasse ab und kommen hinunter zur Bahnlinie. Eine Abkürzung führt uns dann an Gebäuden vorbei auf die Walderstrasse. Diese verlassen wir, nachdem wir die Jona überquert haben und gehen in südlicher Richtung, an Rüti-Fägiswil vorbei, hinauf zum Weiler Platten. In südlicher Richtung bleibend, kommen wir, an der Grossacher-Wis vorbei, durch den Föriholz-Wald zum Ortsteil Weier. Hier überqueren wir die Strasse nach Rüti, zweigen links ab und kommen in westlicher Richtung, am Moosholz vorbei, zum Weiler Ober Moos. Der Weg führt dann zum Bahnübergang und weiter in südwestlicher Richtung am Weiler Unter Moos vorbei in den Wald, wo wir die Jona und anschliessend die Autobahn queren. Nach der Autobahn führt uns der Weg durch den Platten-Wald, an der Lichtung Moosriet vorbei, und nochmals über die Jona in die Waldlichtung Gruenau. Von hier geht es durch ein Waldstück bis zum Jonaufer, wo wir links zur Bahnlinie abbiegen, die wir queren. Weiter geht es entlang der Bahnlinie. Wir queren die Jona und nochmals die Bahnlinie und kommen nach ca. 300 Meter zur Hanfländerstrasse, auf die wir rechts abzweigen. Wir folgen ihr in westlicher Richtung und biegen links auf die Attenhoferstrasse ab. Von hier führt uns der Weg in südlicher Richtung über die Bahnlinie auf die Zürcherstrasse. Diese verlassen wir bei der nächsten Kreuzung und kommen durch die Gassen des Städtchens zum Rapperswiler Hafen.

Riedweg Fischental

Schwabenweg

Hotel Jakob
Rapperswil-Jona

Das Städtchen wurde um 1200 von den Herren von Rapperswil gegründet. Das Rathaus wurde um 1470 neu erbaut. Am Hauptplatz stehen noch weitere zum Teil bemalte Bürgerhäuser. Am Hotel Jakob vorbei steigen wir aufwärts und kommen über die doppelte Treppe rechts zur kath. Pfarrkirche St. Johannes. Sie wurde nach einem Brand 1883 neu erbaut. Sehenswert ist hinter der Kirche die doppelstöckige Friedhofkapelle von 1489. Westwärts steht das Schloss, im 12. Jahrhundert erbaut. Im Westen schliesst sich ein gepflegter Wildpark an. Die Terrasse bietet einen schönen Blick über den Zürichsee und den Seedamm mit dem Etzel. Eine Treppe führt am 1606 erbauten Kapuzinerkloster und einem Rosengarten vorbei hinunter zum See. 300 Meter ostwärts kommen wir wieder zum Rathaus oder etwas südlich davon zum Bahnhof. In Rapperswil-Jona befindet sich eine schöne Pilgerherberge (www.pilgerherberge.ch, offen jeweils 1. April bis 31. Oktober).

Pilgern auf dem Jakobsweg Schweiz

Rapperswil-Jona – Einsiedeln

Wegdistanz
16,5 km

Wanderzeit
4 Std. 50 Min.

Höhenmeter
–175 m / +656 m

Hinweis
Mittelschwere Bergstrecke, gutes Schuhwerk und Wanderstöcke werden empfohlen.

Auf der Südseite vom Bahnhof Rapperswil-Jona kommen wir zum hölzernen Pilgersteg über den Zürichsee. Im Heiligen Jahr 2000 wurde dieser, ursprünglich im Jahr 1358 erbaut, in heutiger Länge von 841 Meter aus Eichenholz neu erstellt. Am Steg befindet sich die Wegkapelle Heilighüsli. Er führt ans Nordende der Halbinsel Hurden. Von hier gehen wir entlang den Bahngeleisen (Rapperswil–Pfäffikon) zum Fischerdorf Hurden. Hier steht die spätgotische Kapelle (erbaut 1497). Wir bleiben auf dem Weg, welcher uns westlich der Hauptstrasse zum Bahnhof Pfäffikon bringt. Dabei queren wir einmal die Bahngleise und geniessen den Blick auf die beiden Inseln Ufenau und Lützelau. Etwa 200 Meter nordwestlich des Bahnhofs steht das Schloss Pfäffikon, ein zur Wasserburg ausgebauter Wohnturm aus dem 13. Jahrhundert, der zum Kloster Einsiedeln gehörte. Sehenswert ist die freistehende Schlosskapelle, 1780–85 im Barockstil umgebaut. Auf der Seeseite des Bahnhof Pfäffikon zweigen wir links in die Bahnunterführung ab. Vom Bahnhof gelangen wir dann in südlicher Richtung auf gut signalisierten Ortsstrassen und Abkürzungswegen über die Wiesen der Oberwacht hinauf zur Autobahn. Diese queren wir auf der Etzel / Luegetenstrasse. Nach der Autobahn zweigen wir links auf den teilweise steil aufsteigenden Wanderweg ab. Auf ihm ge-

Schwabenweg

Rapperswiler Holzsteg

langen wir an Luegeten und Erli vorbei, meist durch den Wald und einige Male die Etzelstrasse kreuzend, hinauf zum Bannwald (unweit des Meinradbrunnens). Von hier steigen wir rechts haltend den Hang hinauf zur Passhöhe St. Meinrad, mit ihrem Pilger-Gasthaus und der Kapelle. Von Gasthof und der Kapelle St. Meinrad (950 m ü. M.) geht es zunächst entlang der Etzelstrasse hinunter zur Tüfelsbrugg (Teufelsbrücke – 1699 erbaut). Dort steht das Geburtshaus des berühmten Arztes Paracelsus (1493–1541). Wir steigen 250 Meter weiter hinunter zur Meieren. Dort verlassen wir rechts die Etzelstrasse und gelangen auf dem Feldweg durch feuchte Wiesenhänge oberhalb des Sihl-Grabens hinüber ins Gebiet Hochmatt / Chlammeren / Hinterhorben. Von dort führt uns ein Fahrweg über die Allmig-Hochebene in südlicher Richtung wiederum auf die Etzelstrasse (beim Wegkreuz) und weiter zum Galgenchappeli. An diesem Ort, mit wunderbarem Ausblick auf den Sihlsee, wurden bis 1799 Verurteilte mit Blick auf das Kloster gehängt. Die Etzelstrasse verlassend kommen wir auf dem Feldweg in Richtung Süden zur Umfahrungsstrasse. Diese überqueren wir und gelangen auf der Alten Etzelstrasse in den Ortskern und zum Kloster von Einsiedeln.

Der berühmte Ort geht auf den Mönch Meinrad zurück, der im 9. Jahrhundert zurückgezogen im Wald lebte und 861 von zwei Mördern erschlagen wurde. Im Jahr 934 erbaute Eberhard, Dompropst von Strassburg, anstelle der Klause des Meinrad das Benediktinerkloster. 948 wurde die Klosterkirche zu Ehren Mariens und des heiligen Mauritius geweiht und auch die Salvatorkapelle (heutige Gnadenkapelle) erhielt die Weihe. Sie war die ursprüngliche Zelle von Meinrad. Im 12. Jahrhundert fand ein Patroziniumswechsel statt, Maria wurde Patronin. Das Kloster besiedelte 983

Schwabenweg

Petershausen, 1027 Muri, 1050 Schaffhausen, 1065 Hirsau. In den Jahren 1029–1680 wurde es fünfmal durch Feuer zerstört. Um 1300 setzte die Wallfahrt ein, die im 15. Jahrhundert ihren Höhepunkt erreichte. Ihr Ziel war die von Gott geweihte Kapelle. Die Pilger kamen aus vielen Ländern Europas wie Deutschland, Frankreich, Spanien, Italien und Ungarn. Das Kloster war Sammelpunkt der Reisenden nach Santiago de Compostela. Seit dem 16. Jahrhundert trat das Gnadenbild (15. Jahrhundert) hervor. Es war ursprünglich in Naturfarben gemalt, wurde aber allmählich durch den Rauch der Kerzen schwarz. Seit etwa 1600 ist das Bild mit Stoff bedeckt. Die heutige barocke Wallfahrtskirche wurde 1704–35 erbaut. Die berühmte Klosterbibliothek enthält zahlreiche wertvolle Manuskripte und Wiegendrucke.

Kloster Einsiedeln

Rorschach–Einsiedeln

Der Rorschacher Ast in Kürze

Wie in früheren Zeiten treten auch heute wieder Pilgerinnen und Pilger mit dem Schiff, von Friedrichshafen kommend, am Rorschacher Hafen ihre Pilgerreise durch die Schweiz an. Sie kommen aus Deutschland, aber auch aus den weiter entfernten Ländern Osteuropas. Zu ihnen stossen Pilgerinnen und Pilger aus der Schweiz, die hier ihre Pilgerreise beginnen wollen. Der Weg führt sie vom Bodensee durch die Stadt St. Gallen nach Herisau und von dort durch das appenzellische Hügelland ins Toggenburg. Von dort geht es weiter an den Zürichsee, entweder ins Städtchen Rapperswil oder nach Schmerikon am Obersee. Während Pilgernde in Rapperswil-Jona den Zürichsee auf dem Pilger-Holzsteg überqueren, um auf einem Bergweg über St. Meinrad am Etzel nach Einsiedeln zu gelangen, kommen sie ab Schmerikon auf dem Landweg durch die Linthebene nach Lachen am Zürichsee, von wo sie auf dem Einsiedeln-Wallfahrerweg nach St. Meinrad am Etzel aufsteigen, um dort auf den Jakobsweg Rapperswil-Jona–Einsiedeln zu treffen. Der Jakobsweg führt die Pilger auf wenig befahrenen Quartierstrassen und Stadtgassen durch die Städte und die grösseren Ortschaften, viele davon mit langer Pilgertradition, an schönen Kathedralen und Stadtkirchen und beachtenswerten kulturhistorischen Sehenswürdigkeiten vorbei. Ausserhalb dieser stark besiedelten und teils industrialisierten Orte ziehen die Pilger durch eine von der Land- und Obstwirtschaft geprägte Landschaft auf ruhigen Feld- und Waldwegen durch Felder und Wiesen, Wälder und bewaldete Bachtobel. Ihr Weg führt sie durch enge und weite Täler mit ruhenden und fliessenden Gewässern, entlang den Hängen der sanften Hügellandschaft bis hinauf auf Bergketten und Pässe, wo die körperliche Anstrengung mit einer wunderbaren Aussicht belohnt wird. Am Weg kommen sie an gepflegten Bauernhöfen und alten Gasthäusern, auch ehemaligen Pilgerherbergen, vorbei.

Churfirstenweg

Pilgern auf dem Jakobsweg Schweiz

Übersichtskarte

Rorschach–Einsiedlen

Rorschacher Ast

Wegdistanz via Rapperswil
92 km

Mittlere Wanderzeit
rund 26 Stunden

Höhenmeter
–2237 m / +2724 m

Wegdistanz via Sieben / Lachen
99,5 km

Mittlere Wanderzeit
rund 28 Stunden

Höhenmeter
–2924 m / +3295 m

Rorschacher Ast

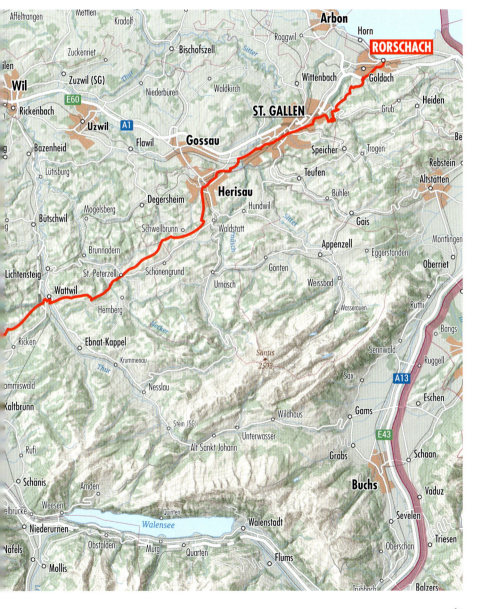

67

Rorschach–Herisau

Wegdistanz
25 km

Wanderzeit
7 Std. 40 Min.

Höhenmeter
–324 m / +690 m

Hinweis
Bequeme Wanderstrecke mit längerem Aufstieg Rorschach–St. Gallen, Pilgerherberge in der Stadt St. Gallen.

Kommen viele Santiago-Pilger aus dem süddeutschen Raum per Schiff am Hafen von Rorschach an, so gelangen heutige Pilgerinnen und Pilger aus der Schweiz vom SBB-Bahnhof entlang der Quaianlagen zum Hafenviertel. Ein Abstecher zum Jakobsbrunnen am Kronenplatz gehört gewissermassen zum guten Start der Pilgerreise. Das Glöckchen auf dem Brunnenstock erinnert an die Jakobuskapelle, welche bis 1834 an diesem Platz stand. Vom Hafenviertel geht es südwärts, den Jakobswegschildern folgend, durch die engen Gassen des Städtchens bis zum Bahnübergang. Nach dem Bahnübergang geht es rechts an der Bahnhaltestelle Rorschach-Stadt vorbei und dann in südwestlicher Richtung durch ein Industriequartier bis zur Appenzellerstrasse. Auf ihr gelangen wir stadtauswärts bis hinauf zum Ortsteil Chellen und zur Autobahn, welche wir weiter westlich, nachdem wir die Hohrain-Landstrasse passiert haben, auf der Mühlebergstrasse queren. Nach kurzem Anstieg gelangen wir zum Schloss Sulzberg. Am Schlösschen und dem stillen Schlossweiher vorbei führt uns ein Strässchen hinauf zum Hof Bettleren, wo es rechts abbiegt und uns oberhalb der Weiher hinüber zur Landstrasse (Bushaltestelle Vogelherd) bringt.

Ihr folgen wir und zweigen kurz danach rechts auf den Umgehungsweg ab, der uns über den Weiler Brand wiederum auf die Landstrasse in Untereggen (Untereggen Vorderhof) führt. Vom Sulzberger-Schlossweiher, der in einer Geländemulde liegt, und

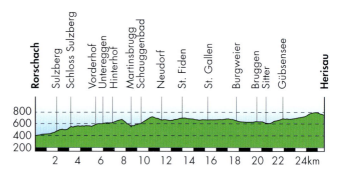

Rorschacher Ast

Jakobsbrunnen
Rorschach

Schlossweiher
Sulzberg

während des Aufstiegs nach Untereggen geniessen wir eine prächtige Aussicht auf den Bodensee. Wir bleiben auf der Dorfstrasse (Goldacherstrasse) und kommen an der barocken Pfarrkirche St. Maria Magdalena vorbei. Nach rund 150 Metern zweigt wiederum rechts ein Umgehungsweg ab, auf dem wir südlich des Dorfes hinauf zum Ortsausgang (Untereggen-Hinterhof) gelangen. Nun geht es auf der Landstrasse hinauf zum Ortsende Untereggen-Hinterhof. Hier verlassen wir die Landstrasse und zweigen links auf den Fahrweg ab, der uns am Hof Schiben vorbei, immer steiler werdend, auf die Anhöhe führt.

Von hier zweigen wir rechts auf einen Fussweg ab, auf dem wir entlang des Waldrandes und über den Wiesenhang hinunter zur sagenumwobenen Martinsbrücke gelangen. Diese überquert die Goldach und das bewaldete Martinstobel. Nach der Brücke nehmen wir links den Zufahrtsweg zum Schaugenbädli, dem wir in südlicher Richtung am Rand des Tobels bis zum Schaugenbädli folgen. Rechts wendend steigen wir dann hinauf zum Hof Riet und weiter zu den Häusern im Ortsteil Schaugen. Nun geht es in nördlicher Richtung zunächst auf der Landstrasse und dann auf einem

Umgehungsweg hinunter auf die Tablatstrasse und an den Stadtrand von St. Gallen. Wir kommen direkt zur Bushaltestelle St. Gallen-Wilen. Notabene: Pilger, die den gut einstündigen Fussmarsch durch die Stadt meiden möchten, können hier den Bus in die Stadt nehmen.

Alternative Route (nicht markiert und nur für erfahrene Wanderer): Nach der Martinsbrücke zweigen wir zunächst links auf den Zufahrtsweg zum Schaugenbädli ab. Kurz danach nehmen wir rechts den Waldweg, der uns aus dem Tobel heraus, über flaches Wiesland zur Bushaltestelle St. Gallen-Wilen führt.

Der Weg führt uns weiter westwärts auf der Martinsbruggstrasse, von welcher wir nach ungefähr 900 Metern links in die Burenbüchelstrasse abzweigen. Auf ihr bleiben wir bis zum grossen Sportfeld. Von dort geht es in südlicher Richtung, die Rehtobelstrasse querend bis zum Bruggwiesenweg. Dieser führt uns am südlichen Stadtrand bei St. Fiden und dem Hagenbuchwald entlang, bis wir zum Goldbrunnenweg (mit dem famosen Goldbrünneli) kommen. Ihm folgen wir bis zur Flurhofstrasse. Auf ihr gelangen wir westwärts bis zur Linsebühlstrasse und der dortigen Maria-Magdalena-Kirche, deren Kirchturm uns wegweisend war. An der Linsebühlstrasse 61 befindet sich auch die Pilgerherberge St. Gallen, die vom dortigen Herbergenverein (www.pilgerherberge-sg.ch, offen: März bis November) betrieben wird. Etwas weiter westlich gelangen wir zum Spisertor und von dort in den weltberühmten Klosterbezirk, welcher zum Weltkulturerbe zählt. Ein Besuch in der barocken Stiftskirche und der Stiftsbibliothek und ein Bummel durch die Gassen der Altstadt mit den zahlreichen alten Riegelbauten und prachtvollen Erkerhäusern gehört zum Tagesprogramm.

Wir verlassen die St. Galler Altstadt (Oberer Graben) in westlicher Richtung und gelangen auf der St. Leonhard-Strasse zur Bahnüberführung und zur dortigen neugotischen St. Leonhard-Kirche (westlich des Bahnhofs von St. Gallen). Nach der Bahnüberführung zweigen wir links auf die Burgstrasse ab, die uns, am Sportgelände vorbei, über die Abkürzung Turner-/Schillerstrasse zu

Marienkirche
Untereggen

den beiden Burgweihern bringt. Die beiden Weiher umgehen wir nördlich auf dem Burgweiherweg; dieser führt uns ins westliche Aussenquartier. Zu sehen sind die Kapelle Maria Einsiedeln und der Tröckneturm. Auf der Ahornstrasse und dem Eisenbahnweg gelangen wir zum weiter westlich gelegenen EMPA-Gebäude. Von dort geht es rechts hinüber auf die Zürcherstrasse. Diese führt uns durch Bruggen, wo am Ortsende die Fürstenlandstrasse einmündet. Vor der Fürstenlandbrücke, kurz nach der Bushaltestelle, zweigen wir links auf die Kräzernstrasse ab. Diese bringt uns an der Stocken-Brauerei vorbei hinunter zur sandsteinernen Sitterbrücke und auf der Gegenseite hinauf zur Bushaltestelle Kräzern. Dort zweigen wir in südlicher Richtung ab und gelangen über die Bahnlinie auf die Gübsenstrasse. Ihr folgen wir am Schlösschen Sturzenegg vorbei hinauf ins 60 Meter höher gelegene Naturschutz-

Spisergasse
St. Gallen

Kirche Herisau

gebiet am Gübsensee. Ein Wanderweg (Gübsebenseeweg) führt uns westwärts, entlang des Sees und der ehemaligen Trasse der Appenzellerbahn, durch ein kurzes Waldstück. Der Weg mündet in die Appenzellerstrasse ein. Auf ihr gelangen wir auf die St. Gallerstrasse, von der wir links die Bahnlinien überquerend und in die Schützenstrasse abzweigen. Etwas weiter westlich nehmen wir links den Fussweg in das Kreckelquartier. Nun geht es auf der Kreuzstrasse am Friedhof vorbei in die Dorfmitte von Herisau. Am Pilgerbrunnen beim Gasthof Adler gönnen wir uns einen verdienten Becher Wasser und schliessen die Tagesetappe in der über 1000 Jahre alten St. Laurentiuskirche ab.

Pilgern auf dem Jakobsweg Schweiz

Herisau–Wattwil

Wegdistanz
23,5 km

Wanderzeit
7 Std.

Höhenmeter
–978 m / +821 m

Hinweis
Bergstrecken; gutes Schuhwerk und Wanderstöcke werden empfohlen.

Bevor wir die Pilgerreise antreten, bummeln wir durchs Städtchen Herisau mit seinen prachtvollen Bürgerhäusern, dem Rathaus, den schmucken Gaststätten und gelangen zur Bushaltestelle Obstmarkt. In südwestlicher Richtung kommen wir dann auf die Schmiedgasse. Dort zweigen wir rechts ab und gelangen über den «Neue und Alte Steig» hinunter ins Alti-Müli-Quartier zum Hauptstrassenkreisel und zur Degersheimerstrasse. Von ihr zweigen wir dann in die Schlossstrasse ab. Ihr folgen wir, bis wir gleich links wendend von der Schlossstrasse rechts haltend am Kraftwerk entlang auf einen einfachen Weg gelangen zum Bauernhof Böhl. Über sanfte Bergwiesen und anschliessend durch den Wald steigen wir in südlicher Richtung hinauf zum rund 200 Meter höher gelegenen Weiler Nieschberg, wo wir unter der Gipfellinde die Aussicht auf Herisau und den fernen Bodensee geniessen. Weiter in Richtung Süden führt uns dann der Bergweg über den Hörnlipass zum Bauerngut Vollhofstatt. Wir bleiben auf dem Bergweg, der leicht ansteigend in westliche Richtung dreht und uns oberhalb Horschwendi über Weideland an Bauernhäusern und Waldrändern vorbei zum Säntisblick führt. Dort queren wir die Zufahrtsstrasse nach Schwellbrunn.

In gleicher Richtung geht es weiter bis hinauf ins Risi und zum 100 Meter höher gelegenen Sitz. Der Weg führt südlich an Schwellbrunn vorbei, auf Alpwiesen und durch den Risiwald hinauf zur

Rorschacher Ast

Ortsgasse Herisau

Risi-Hirschen-Kreuzung. Von dort gelangen wir auf dem Bergsträsschen rechts hinauf zur Anhöhe und weiter westlich über die Hügelkette auf den Sitz. Im Berggasthaus geniessen wir bei einem kühlen Getränk die einmalige Rundsicht über die sanften Hügel des Appenzellerlandes und hinunter ins Tüfenbachtal.

Vom Sitz geht ein Fussweg über die abfallende Bergwiese hinab zur Bergstrasse beim Gasthaus Landscheidi. Dieser Weg ist auch ein Teil des Rätselweges von Schwellbrunn. Die Bergstrasse überqueren wir und steigen südwärts auf die Höchi und von dort längs der Hügelkette weiter über Arnig und Lindschwendi hinunter zum Gasthaus Chäseren. Jetzt beginnt der Abstieg über das hügelige Gelände ins Neckertal. Zunächst kommen wir auf der Bergstrasse und anschliessend auf dem links abzweigenden Bergweg hinunter nach Ämisegg. Auf der Bergstrasse geht es dann hinunter zum Hof Berg. Von hier steigen wir auf dem alten Bergweg hinunter nach St. Peterzell ab. Dort gibt es einige Sehenswürdigkeiten wie die barocke Pfarrkirche, das Rote Haus mit der malerischen Holzfassade und die ehemaligen Propstei.

Nach einer Stärkung im Gasthaus Schäfle, einer alten Pilgerherberge im Appenzeller Stil, überqueren wir auf der Hembergstrasse den Fluss Necker und steigen rechts auf dem Bergweg hinauf ins Bädli. Ein altes Schild zeigt eine Holzwanne mit Pilger mit der Aufschrift «Allhier zum Bad». Durch den Hohlweg gelangen wir zum Weiler Hofstetten mit seinen traditionellen Holzhäusern. Von dort geht es westwärts zum bewaldeten Schlifentobel, welches wir durchqueren. Nach dem Tobel führt uns der Weg in südwestlicher Richtung hinauf zur Streusiedlung Niderwil. Von hier wandern wir in westlicher Richtung über Weidland und durch ein kurzes Waldstück bis kurz vor Heiterswil. Dort drehen wir scharf rechts und steigen hinauf zur Bergstrasse und weiter zum Aussichtspunkt Scherrer mit dem Gasthof Churfirsten.

Mit dem Blick auf den Säntis, die Churfirsten und den Speer beginnen wir den Abstieg über die Schwantleregg und Hütten ins rund 400 Meter tiefer gelegene Toggenburg. Der streckenweise

Rorschacher Ast

Gasthaus Churfirsten

Jakobsweg Risi

steilere Bergweg führt am Nordhang des Eschenberges und durch hügeliges Wiesland, an einsamen Bauernhöfen vorbei, hinunter auf die Hauptstrasse im toggenburgischen Wattwil. Wir überqueren die Hauptstrasse und kommen westlich am Fabrikareal vorbei zur Thurbrücke. Nach der Brücke zweigen wir rechts auf den Auweg ab, der uns entlang der Thur zur Bahnhofstrasse und zum Etappenziel, dem Bahnhof Wattwil, bringt.

Pilgern auf dem Jakobsweg Schweiz

Wattwil–Rapperswil-Jona

Wegdistanz
27 km

Wanderzeit
7 Std. 30 Min.

Höhenmeter
–760 m / +557 m

Hinweis
Anspruchsvollere Wanderstrecke mit Auf- und Abstieg, gutes Schuhwerk und Wanderstöcke werden empfohlen.

Nach einem kurzen, freiwilligen Abstecher ins Kapuzinerinnenkloster Maria Engel, wo uns gastfreundliche Schwestern ihr Kloster zeigten, beginnt unsere Etappe am Bahnhof Wattwil, wo wir durch die Bahnunterführung auf die Rickenstrasse gelangen. Ihr folgen wir in nordwestlicher Richtung bis kurz vor die Feldbachbrücke, wo wir links auf den Burghaldenweg abzweigen. Ihm und der weiter oben einmündenden Laadstrasse folgen wir, an der Burgruine Iberg vorbei hinauf zur Schlosswies, von wo wir auf einer waldigen Abkürzung hinauf zur Schlossweid gelangen. Von dort geht es wiederum bei mässiger Steigung auf der Laadstrasse, über Weideland und an alten Toggenburger Gehöften vorbei, hinauf zum Laad, welches rund 300 Meter oberhalb Wattwil liegt. Nach kurzer Strecke endet die Laadstrasse. Weiter geht es nun auf einem Bergweg in westlicher Richtung am Hof Heid vorbei bis zu Häusern im Hinderlaad. Von hier steigen wir hinunter ins hochmoorige Naturschutzgebiet Bodenwis, von wo wir, nach kurzem Aufstieg in westlicher Richtung, hinauf zur Passhöhe Oberricken kommen. Wir bleiben auf der Bergstrasse und zweigen weiter unten links auf einen Wanderweg ab, der zu einem Waldstück mit Rastplatz und hinüber nach Walde führt. In der kleinen Kirche gibt es ein schönes Bild der Kreuzigung Jesu. Auf der Bergstrasse geht es weiter bis wir weiter südlich zum Weiler Höfli abzweigen.

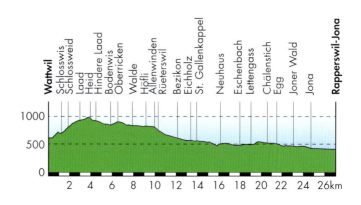

Rorschacher Ast

Pilgern auf dem Jakobsweg Schweiz

Burg Iberg

Gruppe vor Wattwil

Von hier geht es auf einer Zufahrtsstrasse in südlicher Richtung über offenes Weidland sanft hinunter nach Rüeterswil, wo uns die dortige St. Ursula Kapelle, mit den farbenfrohen Bildern aus dem Leben der heiligen Ursula, ein Dorfbrunnen und ein Gasthaus erwarten. Der dortige Ausblick auf den Zürichsee und den Seedamm lässt uns an unser Etappenziel denken. Weiter geht es nun auf der Kirchbodenstrasse in westlicher Richtung bis wir in südlicher Richtung auf den Breitenholz-Zufahrtsweg abbiegen. Diesem folgen wir, am Gehöft Breitenholz vorbei, rechts drehend entlang eines kleinen Waldes und dann südlich abzweigend über leicht abfallendes offenes Gelände nach Bezikon. Von dort geht es südwärts weiter bis zu den Häusern im Bifang. Dort wendet der Weg in westliche Richtung und führt uns am Waldrand entlang und an Eichholz / Grundwies vorbei nach St. Gallenkappel. Wir überqueren die Rickenstrasse, gehen zur barocken Pfarrkirche, die den Heiligen Laurentius und Gallus geweiht ist. Sie birgt einen wunderbaren Hochaltar, eine verzierte Orgel und goldgeschmückte Kanzel sowie seltene Deckenmalereien.

Vom Gotteshaus führt uns zunächst der Kirchweg in westlicher Richtung auf die Geretingen-Zufahrtstrasse. Wir folgen ihr bis sie den Bach querend links nach Süden dreht. Dort folgen wir rechts dem Fussweg und kommen in westlicher Richtung entlang des Waldrandes bis zur Rickenstrasse (kurz vor Neuhaus). Diese queren wir und kommen hinunter auf die Aatalstrasse. Ihr folgen wir bis zu den Häusern im bewaldeten Aatal. Dort quert sie den Aabach und den Autobahnzubringer und dreht links in südlicher Richtung. Unweit der dortigen Jakobskapelle mit der vergoldeten Jakobsstatue und dem Brunnen kommen wir zur Weggabelung, wo sich die zwei Jakobswegrouten Rapperswil-Jona–Einsiedeln und Schmerikon–Siebnen–Einsiedeln trennen.

An der Weggabelung scharf rechts drehend kommen wir auf der Jakobsstrasse und dem Kapellweg auf die Rickenstrasse im Ort Neuhaus. Von der Rickenstrasse zweigen wir rechts auf die Lettenstrasse ab, Wir folgen ihr und dem anschliessendem Feldweg in westlicher Richtung, bis wir beim Weiher kurz vor Eschenbach wiederum auf die Rickenstrasse zurückkommen. Auf ihr ziehen wir durch Eschenbach und kommen nach dem Ortsausgang zum Ortsteil Massholderen, wo wir rechts abzweigen. Übers Feld und längs des Waldrandes gelangen wir in den Eggwald zum Chälenstich. Dort zweigen wir links ab und verlassen den Eggwald. Immer in südwestlicher Richtung bleibend gelangen wir auf Natur-

Walde

wegen, über den Weiler Egg, Hohweg und durch den Jonerwald zum Ortseingang von Jona am Hummelberg. Von hier geht es in westlicher Richtung auf Quartierstrassen bis zur Kreuzung (Bushaltestelle Neuhof). Wir gehen westwärts über den Kreisel, queren die Jona und die Bahngleise und kommen (bei der Bushalte EW) auf die Hanfländerstrasse. Wir folgen ihr in westlicher Richtung und biegen links auf die Attenhoferstrasse ab. Sie führt uns in südlicher Richtung über die Bahnlinie auf die Zürcherstrasse. Diese verlassen wir bei der nächsten Kreuzung und kommen durch die Gassen des Städtchens zum Rapperswiler Hafen.

Von Neuhaus nehmen wir den Weg bis ans Seeufer in Schmerikon (siehe Etappe Neuhaus–Siebnen). Dort verlassen wir den markierten Jakobsweg (ViaJacobi 4) und zweigen rechts auf den Zürichsee-Rundweg in Richtung Bollingen–Rapperswil-Jona ab. Der Rundweg ist entweder mit der grünen Nummer 84 oder einfach als normaler gelber Wanderweg markiert. Auf einem bequemen Strandweg in intakter Uferlandschaft gelangen wir am Kloster Wurmsbach vorbei und durch die Naturschutzgebiete bei Wurmsbach und Busskirch nach Rapperswil.

Chor der St. Ursula-Kapelle

Pfarrkirche St. Gallenkappel

Pilgern auf dem Jakobsweg Schweiz

Neuhaus–Siebnen

Wegdistanz
15,5 km

Wanderzeit
4 Std.

Höhenmeter
–782 m / +612 m

Hinweis
Bequeme Wanderstrecke in der Linthebene.

Der Weg nach Schmerikon führt von der Strassengabelung in Neuhaus, wo sich die beiden Routen trennen, auf einem Strässchen geradeaus weiter ins Risifeld. Dort dreht er zunächst nach rechts. Kurz danach geht es südwärts bis zur Autobahn, an der wir etwa 200 Meter entlang gehen, bis wir sie queren können. Danach kommen wir in südlicher Richtung durchs sumpfige Bürstli zur Anhöhe Goldberg. Hier haben wir einen überwältigenden Ausblick über den Zürichsee, den hügelige Buechberg und die fernen Glarner Alpen.

Der Kirchturmspitze der Schmerikoner Pfarrkirche folgend führt uns der Weg abwärts durchs Lanzenmoos bis zur Kirche St. Jost, mit den prächtigen Altären, der goldverzierten Kanzel und Orgel und den schönen Deckenmalereien. Nun sind es nur noch wenige Schritte bis zum Bahnhof und Hafen von Schmerikon. In dessen Nähe befinden sich das 1610–20 erbaute Haus zum Hirzen, auch Schlössli genannt und einige alte Riegel-Gasthäuser.

Vom Bahnhof Schmerikon wandern wir rechts der Bahnlinie auf dem Seeuferweg in östlicher Richtung bis auf die Zubringerstrasse, von der wir kurz danach links in Richtung Strandbad (Aabachstrasse) abbiegen, um zum kanalisierten Aabach zu kommen. Diesem folgen wir ostwärts bis zur gedeckten Brücke. Dort gehen

Rorschacher Ast

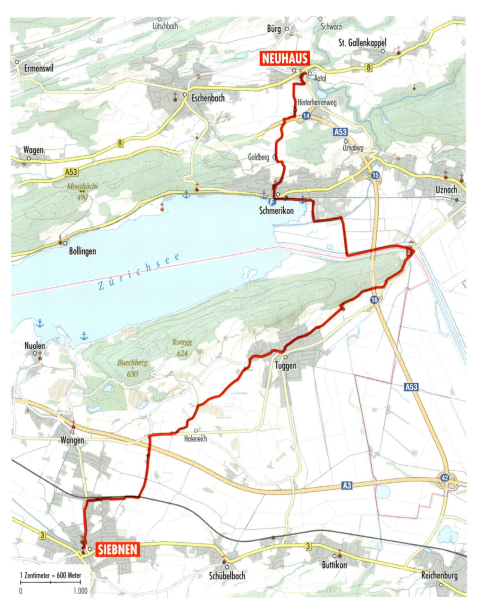

Riegelhaus in Schmerikon

Pfarrkirche Schmerikon

wir auf dem Linthweg in Richtung Süden durch die Grosse Allmeind bis zum Linthnebenkanal. Ihm folgen wir auf dem Kanalweg in östlicher Richtung und gelangen zur Grinaubrücke, mit dem gedrungenen Wehrturm aus dem 13. Jahrhundert, dem im 17. Jahrhundert erbauten Schloss (heute ein beliebter Landgasthof) und der Kapelle mit dem Nothelferaltar.

Wir überqueren die Linth auf der Grinaubrücke, drehen rechts in südliche Richtung und gelangen zum Pumpwerk. Rechts haltend geht es in südwestlicher Richtung weiter, bis wir nach der Autobahn rechts abzweigen, die Alte Linth passieren und auf die Landstrasse bei der ARA kommen. Ihr folgen wir rund 150 Meter und drehen rechts zur Linthbordkapelle (Annelikapelle) ab. Von hier folgen wir einem Feldweg und anschliessend der Aussenquartierstrasse bis wir im Dorfkern von Tuggen auf die Zürcherstrasse kommen. Von ihr zweigen wir rechts auf die Buchbergstrasse ab und kommen an der barocken Pfarrkirche St. Erhard vorbei ans Ortsende von Tuggen. Hier halten wir links und folgen in südwestlicher Richtung einem Flursträsschen, welches uns hinunter zu den Häusern im Paradis an der stark befahrenen Zürcherstrasse führt. Der Zürcherstrasse folgen wir westwärts, bis wir nach rund 400 Meter beim Weiler Bol in Richtung Süden abzweigen. Wir queren die Autobahn und kommen zur Lorettokapelle. In gleicher Richtung geht es weiter bis zur Bahnlinie, die wir unterqueren. Auf dem Strässchen entlang der Bahnlinie kommen wir dann westwärts zur Bahnhofstrasse, auf welche wir links abzweigen, um in südlicher Richtung an der Pfarrkirche und der Niklauskapelle vorbei auf die Zürcherstrasse und die Wäggitaler Aabrücke im Ortskern von Sieben zu kommen.

Brücke Grinau

Pilgern auf dem Jakobsweg Schweiz

Siebnen–Einsiedeln

Wegdistanz
15 km

Wanderzeit
4 Std. 30 Min.

Höhenmeter
–210 m / +655 m

Hinweis
Mittelschwere Bergstrecke, gutes Schuhwerk und Wanderstöcke werden empfohlen.

Weiter geht es auf meist asphaltiertem Weg wiederum parallel zur Kantonsstrasse bis zum Spreitenbach, welchen wir überqueren, um in den Lachener Ortsteil Steinegg zu gelangen. In Steinegg geht es geradeaus weiter und wir kommen in einem Bogen zur Autobahnunterführung. Jenseits der Autobahn führt uns der Weg in den Ortskern von Lachen. Das Hafenstädtchen mit den Gasthäusern am See, der barocken Pfarrkirche zum Hl. Kreuz und der Wallfahrtskapelle im Ried empfiehlt sich auch als Etappenort.

Vom Dorfkern Lachen gehen wir zurück in den Ortsteil Breiten jenseits der Autobahnunterführung. Wir folgen der Breitenstrasse und zweigen nach rund 150 Metern links auf den Burgweg ab. Hier beginnt der Aufstieg zur 520 Meter höher gelegenen St. Meinrad-Passhöhe am Etzel. Ein kurzer Aufstieg führt zunächst am Rand der Rebberge zur St. Johann-Kapelle. Das Kirchlein bietet mit seiner Lage auf 100 Metern über dem See einen einmaligen Blick auf Lachen, den See und die St. Galler und Glarner Alpen. Von dort geht es auf dem Höhenzug, am Restaurant St. Johannisburg vorbei, bis zur Zufahrtsstrasse im Schlipf. Die Spitzkehre umgehend führt unser Pfad durchs Wiesland und über den Chessibach hinauf auf die Bilstenstrasse. Dieser folgen wir bis zur nächsten Spitzkehre und zweigen rechts auf einen historischen Pfad ab,

Rorschacher Ast

der uns längs des Summerholzwaldes weiter oben wieder auf die Bilstenstrasse und auf ihr nach Bilsten führt. Auf einem Höhenweg gehen wir in westlicher Richtung weiter und gelangen über Wiesenhänge und durch kleine Waldpartien nach Schwändi. Wir geniessen den einmaligen Ausblick auf den Zürichsee. Die vergitterte Kapelle am Weg erinnert an die vielen Einsiedeln-Wallfahrer, die hier auf dem Aufstieg zum Etzel vorbeigekommen sind. Kurz nach dem Ortsende zweigen wir links auf einen ansteigenden Bergweg ab, auf dem wir zunächst westwärts hinauf nach Oberschwändi und von dort in südlicher Richtung nach St. Meinrad am Etzel steigen. Der Weg führt durch hügeliges, bewirtschaftetes Weidegebiet, an sumpfigen Feldern und Baumgruppen vorbei, durch den Bannwald (in der Nähe des Meinradbrunnens) bis zu den letzen Kurven der Etzelstrasse. Die Bergwegabkürzung bringt uns die letzte Steigung hinauf zum Gasthof und zur Kapelle St. Meinrad. Vom Gasthof und von der Kapelle St. Meinrad geht es zunächst entlang der Etzelstrasse hinunter zur Tüfelsbrugg mit dem Gedenkstein für den hier geborenen Arzt, Alchemisten und Philosophen Paracelsus (1493–1541) und 250 Meter weiter bis hinauf zur Meieren. Dort verlassen wir die Etzelstrasse und gelangen rechts auf dem Fussweg durch Wiesenhänge oberhalb des Sihlgrabens hinüber zu den etwas höher gelegenen Gehöften Hochmatt / Chammeren. Auf einem Fahrweg über die Allmighochebene gelangen wir in südlicher Richtung beim Wegkreuz wiederum hinunter auf die Etzelstarsse und weiter südlich zum Galgenchappeli.

An diesem Ort mit wunderbarem Ausblick auf den Sihlsee wurden bis 1799 Verurteilte mit Blick auf das Kloster gehängt. Die Etzelstrasse verlassend kommen wir auf dem Feldweg in Richtung Süden zur Einsiedeln-Umfahrungsstrasse. Diese überqueren wir und gelangen auf der Alten Etzelstrasse in den Ortskern und zum Kloster von Einsiedeln.

Der berühmte Ort geht auf den Mönch Meinrad zurück, der im 9. Jahrhundert zurückgezogen im Wald lebte und 861 von zwei Mördern erschlagen wurde. Im Jahr 934 erbaute Eberhard, Domprobst von Strassburg, anstelle der Klause des Meinrad das Benediktinerkloster. 948 wurde die Klosterkirche zu Ehren Mariens und des heiligen Mauritius geweiht und auch die Salvatorkapelle (heutige Gnadenkapelle) erhielt die Weihe. Sie war die ursprüngliche Zelle von Meinrad. Im 12. Jahrhundert fand ein Patroziniumswechsel statt, Maria wurde Patronin. Das Kloster besiedelte 983 Petershausen, 1027 Muri, 1050 Schaffhausen, 1065 Hirsau. In den Jahren 1029–1680 wurde es fünfmal durch Feuer zerstört. Um 1300 setzte die Wallfahrt ein, die im 15. Jahrhundert ihren Höhepunkt erreichte. Ihr Ziel war die von Gott geweihte Kapelle. Die Pilger kamen aus vielen Ländern Europas wie Deutschland, Frankreich, Spanien, Italien oder Ungarn.

Linthbordkapelle

Das Kloster war Sammelpunkt der Reisenden nach Santiago de Compostela. Seit dem 16. Jahrhundert trat das Gnadenbild (15. Jahrhundert) hervor. Es war ursprünglich in Naturfarben gemalt, wurde aber allmählich durch den Rauch der Kerzen schwarz. Seit etwa 1600 ist das Bild mit Stoff bedeckt. Die heutige barocke Wallfahrtskirche wurde 1704–35 erbaut. Die berühmte Klosterbibliothek enthält zahlreiche wertvolle Manuskripte und Wiegendrucke.

St. Meinrad

Einsiedeln–Brünigpass

Der Innerschweiz-Weg in Kürze

Der Jakobsweg durch die Urkantone der Schweiz verbindet die beiden Wallfahrtsorte Einsiedeln und Flüeli-Ranft. Der Weg ist von christlicher Pilger- und Wallfahrtstradition geprägt. Pilger begegnen am Weg vielen Kirchen, Kapellen und Bildstöcken. Diese sind Ausdruck eines gelebten christlichen Glaubens und laden zum Verweilen und Meditieren ein. Der Weg führt zunächst über den Haggeneggpass nach Schwyz und weiter nach Brunnen am Vierwaldstättersee. Von dort gelangen die Pilger mit dem Schiff zur Treib. Von der Treib führen zwei Wege am linken Ufer des Vierwaldstättersees über Beckenried nach Stans und von dort hinauf ins Flüeli-Ranft. Dieser Wallfahrtsort bedeutet für die Pilger, die den Jakobsweg als Weg der Versöhnung erleben, sehr viel, ist doch der heilige Bruder Klaus über Landesgrenzen hinweg bekannt als Stifter des Friedens und der Versöhnung.

Der letzte Wegabschnitt geht dann entlang des Sarner- und Lungernsees hinauf zum Brünigpass – an die Grenze zum Berner Oberland. Der Weg führt entlang ruhender Seen und rauschender Bäche durch eine von Bauern gepflegte Tallandschaft. In voralpiner Landschaft wandern Pilgernde entlang vieler Berghänge, durch bewaldete Bachtobel und Talengen mit schroffen Felswänden. Auf Bergpfaden geht es hinauf durch Schutzwälder und Alpwiesen auf Bergpässe, von wo Wege in andere Talschaften führen. Die Pilgerinnen und Pilger werden dabei körperlich etwas gefordert. Sie entschleunigen sich jedoch und nehmen die Bergwelt und die Natur in Ruhe und mit allen Sinnen wahr.

Am Weg treffen sie in schmucken Dörfern auf eine arbeitsame von der Berglandwirtschaft geprägte Bevölkerung, die trotz starkem Tourismus ihre Eigenständigkeit behalten hat, eigene Werte lebt und Traditionen pflegt.

Ranftpilgerweg

Pilgern auf dem Jakobsweg Schweiz

Übersichtskarte

Einsiedeln–Brünigpass

Innerschweiz-Weg

Wegdistanz
89 km

Mittlere Wanderzeit
rund 38 Stunden

Höhenmeter
−3426 m / +3870 m

Innerschweiz-Weg

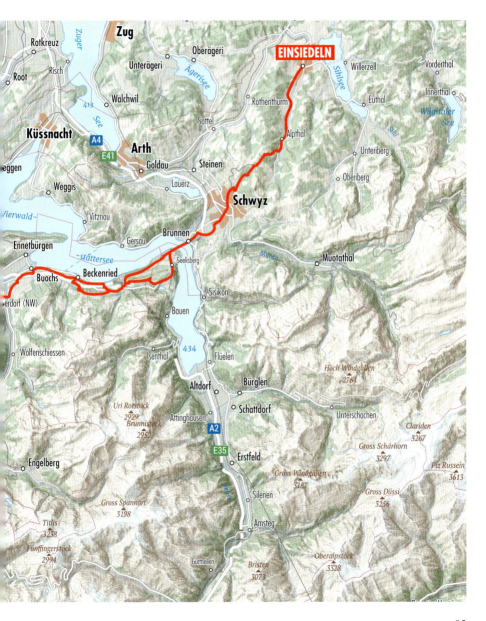

Pilgern auf dem Jakobsweg Schweiz

Einsiedeln–Brunnen

Wegdistanz
25 km

Wanderzeit
7 Std.

Höhenmeter
–1002 m / +560 m

Hinweis
Anspruchsvolle Bergstrecken, gutes Schuhwerk, Stöcke und evtl. mit bergerfahrener Begleitung. Bei starkem Unwetter (Schnee oder Regen) sollte der Weg möglichst nicht (oder nur mit ortskundiger Begleitung) begangen werden.

Der Weg führt von der Klosterkirche zunächst westwärts auf die Ilgenweidstrasse und zweigt in südlicher Richtung auf die Luegetenstrasse ab. Beim südlich gelegenen Fabrikareal (nahe der Haltestelle Altersheim) wendet der Weg scharf rechts ab. Kurz danach biegen wir links auf die Allmeindstrasse ab, auf welcher wir südlich von Einsiedeln, an der Josephkapelle vorbei, zur Brücke über den Bergfluss Alp gelangen. Jenseits der Brücke gehen wir der Alp entlang in südlicher Richtung und zweigen rechts hinüber zum Benediktinerinnenkloster Au ab. Vom Kloster führt uns ein Fahrweg, ein Bächlein querend und an einem Weiher vorbei, ins südlich gelegene Trachslauer Moos, wo wir links abbiegen. Nördlich am Furenmoos vorbei gelangen wir zur Alpthalstrasse in Trachslau und an das Ufer der Alp.

Dort nehmen wir den Weg entlang der Alp bis kurz vor der Einmündung des Eigenbachs, wo wir auf die Alpthalstrasse abzweigen. Dieser folgen wir bis zur Schnürlismattbrücke. Wir queren die Brücke und folgen wiederum der Alp in südlicher Richtung. Die Uferseite wechselnd kommen wir an Alpthal (mit der Apolloniapfarrkirche) vorbei bis zur Malosenbrücke (1018 m. ü. M.). Hier geht es rechts über die Brücke und die Alpthalstrasse auf einen Bergweg, der uns, zunächst durch den Wald, auf die 400 Meter

Innerschweiz-Weg

höher gelegene Haggenegg führt. Es handelt sich um einen anspruchsvollen Bergweg, der nur von Personen mit etwas Bergwandererfahrung und guter Ausrüstung (insbesondere Bergschuhen) begangen werden sollte. Der Weg führt ins bewaldete Malosentobel und weiter in westlicher Richtung durch den Langwald und über die Weiden der Alp Bruust (mit der kleinen, 1795 erbauten Kapelle) hinauf zum Bergsträsschen im Bogenfang. Wir bleiben auf dem Bergweg und steigen in südlicher Richtung über Bergwiesen zur Haggenegg auf 1414 m.ü. M.

Der Haggeneggpass ist der höchstgelegne Übergang nördlich der Pyrenäen. Auf der Passhöhe steht eine Kapelle, die im Jakobsjahr 2010 neu restauriert und eingeweiht wurde. Die schlichte Kapelle mit dem alten Steinkreuz im Zentrum dient den Pilgern als Ort des Verweilens, der Ruhe und Besinnung. Das kleine Gotteshaus ist wunderschön gelegen, mit freiem Blick auf den Schwyzer Talkessel, die Rigi und den Lauerzersee (www.pilgerkapellehaggenegg.ch). Das Berggasthaus wurde 1483 als Pilgerherberge erwähnt. Auch Goethe war zweimal hier (1775 und 1797). Auf der Terrasse des Gasthauses geniessen wir ein einzigartiges Panorama.

Dorfstrasse
Einsiedeln

Innerschweiz-Weg

Pfarrkirche Alphal

Von der Passhöhe führt uns ein steiler Bergweg durch den Schuzenwald hinunter auf den Stock (1246 m.ü. M.). Der Weg windet sich von dort durch den steilen Wald bis hinunter auf die Bergstrasse. Dieser folgen wir und nehmen nach rund 250 Metern rechts die Abkürzung, die uns auf die Lichtung Würzli und wiederum auf die Bergstrasse führt. Ihr folgen wir südwärts, bis wir durch Waldstücke und über einige Bergwiesen hinunter zum Hof Stoffels kommen.

Dort zweigen wir scharf rechts auf den Bergweg ab, auf dem wir in westlicher Richtung über den Büelbach ins Büel und auf die dortige Riedstrasse gelangen. Ihr folgen wir durch den Ort Ried mit der schönen Fridolinkapelle und übers Feldli am Kollegium Schwyz vorbei bis wir auf der Herrenstrasse ins Zentrum von Schwyz kommen.

Sehenswert im Kantonshauptort sind die Pfarrkirche St. Martin mit ihren Barockaltären, der prächtigen Kanzel, der goldverzierten Orgel und den Deckenmalereien, die 1612–18 erbaute Michaelskapelle hinter der Kirche mit einer Pieta im Flügelaltar, das 1642–45 erbaute Rathaus an der Südseite des Marktplatzes, mit seiner prächtig bemalten Fassade (Schlacht bei Morgarten) und der in der Nähe befindliche Archivturm (Museum) mit dem Bundesbrief.

Kollegium Schwyz

Von der Pfarrkirche führt der Weg auf der Schmiedgasse in südlicher Richtung an der 1683 erbauten Büelerkapelle, die der Mater Dolorosa, der schmerzensreichen Muttergottes, geweiht ist, vorbei, bis wir nach dem Ibacher Kreisel links auf den Stägliweg abzweigen. Auf ihm gelangen wir auf die Gotthardstrasse, auf welcher wir die Muota mit der kleinen Erlenkapelle überqueren. Bei der kommenden Strassengabelung gehen wir geradeaus auf dem Feldweg weiter. Er führt uns übers Feld, wo wir in südliche Richtung abbiegen. Wir queren die Grätzlistrasse und gelangen auf die Ingenbohl / Schönenbuch-Landstrasse. Auf ihr kommen wir in westlicher Richtung nach Unterschönenbuch. Wir bleiben auf der Landstrasse und kommen in westlicher Richtung, die Autobahn querend, ins Areal des Klosters Ingenbohl.

Das Kloster trohnt, mit markanter Kirche und Theresianum, auf der Anhöhe. Am südlichen Rand des Klosterareals vorbei kommen wir an den östlichen Dorfrand von Brunnen. Gut sichtbar ist die katholische Pfarrkirche St. Leonhard von 1656–61 mit Barockaltären und der Kreuzigungsgruppe. Dem östlichen Rand des Wohngebietes folgend gelangen wir weiter südlich in den Dorfkern von Brunnen mit seinen stattlichen Bürgerhäusern und Gasthöfen. Nach einem Besuch der 1632–35 erbauten Bundeskapelle oder Dorfkapelle mit der Statue Karls des Grossen kommen wir an das Gestade des Vierwaldstättersees. Auf der Terrasse des Waldstätterhofs warten wir auf die Überfahrt. Der Blick schweift vom Schwyzer Fronalpstock über den Urner See zum Uri-Rotstock und zum Seelisberg. Auch die Pilger im Mittelalter mussten hier übersetzen. Wahrscheinlich war die Wartezeit damals erheblich länger, denn unser Kursschiff steuert bereits die Schiffländte an.

Mythen

Brunnen–Beckenried

Wegdistanz
13 km

Wanderzeit
4 Std.

Höhenmeter
–635 m / +664 m

Hinweis
Anspruchsvolle, schwierigere Bergstrecke, gutes Schuhwerk und Wanderstöcke, sowie eine ortskundige Führung für bergunerfahrene Pilger wird empfohlen.

Vom Schiffsdeck blicken wir auf Brunnen und die kleiner werdenden Mythen zurück. Wie die Sage vom Tellsprung zeigt, war damals die Seefahrt gar nicht so ungefährlich. Schon legt unser Schiff im sicheren Hafen der Treib an. Der Hafen Treib bot früher bei Föhnsturm den in Seenot geratenen Seeleuten Zuflucht. Das bereits 1482 erwähnte Gasthaus war auch Freistätte für verfolgte Straftäter. Das heutige Haus mit urchiger Stube, Kachelofen und Butzenscheiben wurde 1659 erbaut.

Die Strecke von Treib nach Beckenried kann sowohl auf einer leichten, wie auch auf einer schwierigen Variante des Jakobsweges zurückgelegt werden. An der Schiffsstation Treib – und nachher an drei weiteren Standorten – wird auf einer Tafel der Wegverlauf der leichteren Variante angezeigt. Unweit der Treib-Schifflände fährt eine Standseilbahn zum 800 Meter hoch gelegenen Seelisberg. Mit dieser Standseilbahn fahren wir zur Bergstation Seelisberg. Weiter geht es auf der Strasse hinauf ins Oberdorf und rechts haltend weiter bis zur Postautohaltstelle Geissweg unterhalb des Seelis. Dort biegen wir rechts nach Ober Schwand ab und wandern, die Waldlichtung querend, westwärts durch den Bergwald nach Meinig. Eine Bergstrasse führt uns hinunter zum Weidli. Hier treffen wir auf die «schwere Variante» des Jakobsweges. Für eine kurze Zeit bis Emmetten sind beide Wegvarianten vereint.

Innerschweiz-Weg

Um den steilen Abstieg von Emmetten nach Beckenried zu umgehen, biegen wir in Emmetten (ca. 150 Meter nach der Posthaltestelle Emmetten BBE) links in die Ischenstrasse. Auf ihr gelangen wir zur Strassengabelung kurz nach den Häusern von Ischenberg. Wir halten rechts und gelangen geradeaus auf einem Bergweg der hinunter nach Ambeissler führt. Von dort geht es rechts auf einem Bergweg durch den Bergwald hinunter ins Zentrum von Beckenried, wo wir bei der Talstation der Klewenalpbahn wieder auf den offiziellen Jakobsweg stossen.

Für die schwierige Variante Treib–Beckenried führt uns der offizielle Jakobsweg von Treib gemächlich ansteigend hinauf nach Volligen. Wir befinden uns auf dem Waldstätter Weg, der mit dem Nidwaldner Weg identisch ist. In Volligen haben wir eine wunderbare Aussicht auf Brunnen, Schwyz und die Mythen. Neben dem Gasthaus steht die St. Anna-Kapelle. Der Jakobswegbeschilderung folgend führt der Weg, die Seelisbergstrasse verlas-

Auf dem Schiff

Innerschweiz-Weg

Kapelle Emmetten

send, am Seerücken entlang hinauf nach Emmetten. Zunächst geht es in westlicher Richtung durch Weideland und den Spreitenbach querend nach Triglis (666 m.ü.M.). Von hier bleibt der Weg zunächst auf gleicher Höhe und führt durch offenes Weideland und entlang der waldigen Hänge des Stützberges, bis er links auf die starke Steigung abbiegt. Wir steigen durch den steilen Wald hinauf und kommen auf die Sunnwilerbergstrasse. Der steile Bergweg ist mit einem festen Holzgeländer und bei einigen kürzeren Felspassagen mit Drahtseilgeländer abgesichert. Dieser steile Aufstieg bedingt gutes Schuhwerk und kann nur trittsicheren und schwindelfreien Pilgern empfohlen werden. Wir verweisen auf den leichteren Alternativweg über Seelisberg.

Nach Austritt aus dem Wald gelangen wir auf der Bergstrasse am Weidli vorbei und durch den Ortsteil Sagendorf in den Dorfkern von Emmetten. Hier stehen die Heiligkreuzkapelle mit einem Altarbild der Kreuzigung, Votivtafeln und einem Totentanzreigen sowie die Pfarrkirche St. Jakob und St. Theresa mit dem schönen Flügelaltar und der Pieta. Emmetten führt drei Jakobs-

Pilgern auf dem Jakobsweg Schweiz

Treib

Pfarrkirche Emmetten

muscheln im Wappen. Nach der Kirche in Emmetten steigen wir auf der Emmetten-/Dorfstrasse und auf steileren Abkürzungswegen hinunter auf die Schöneck, wo die schmucke St. Anna-Kapelle steht, die zur Rast einlädt. Dabei geniessen wir einen einmaligen Ausblick auf den Vierwaldstättersee.

Durch den Wald führt uns der steile Weg hinunter zum See, wo wir die lärmige Autobahn unterqueren. An dieser Stelle machen wir uns Gedanken, ob und wie dieser stetig wachsenden Mobilität, der Hektik und dem Lärm Grenzen gezogen werden können. Auf der asphaltierten Seestrasse erreichen wir Beckenried. Unübersehbar ist die Pfarrkirche St. Heinrich, erbaut im 18. Jahrhundert vom Luzerner Niklaus Purtschert. In der Vorhalle liegt die aus der alten Kirche übernommene Grabplatte eines Jerusalem- und St. Jakobpilgers. Im Innern der Kirche gibt es Darstellungen von damaligen Jerusalem- und Jakobspilgern.

Beckenried

Beckenried–Stans

Wegdistanz
11 km

Wanderzeit
3 Std.

Höhenmeter
–635 m / +664 m

Hinweis
Bequeme Wanderstrecke mit mässigem Auf- und Abstieg.

Wir gehen zur Talstation Klewenalp, dort folgen wir rechts den Jakobsweg-Wegweisern die uns auf dem Waldstätter Weg in westlicher Richtung ins Oberdorf und zur Wallfahrtskapelle Maria im Ridli führen. Die Kapelle besteht seit zirka 1605. Die Wallfahrtsstätte der Schiffer wurde, damit sie vom See her gut sichtbar war, auf der Anhöhe über dem Vierwaldstättersee im Jahre 1700 gebaut. Man weiss, dass der Gnadenort im 19. Jahrhundert von den armen Innerschweizern sehr geschätzt wurde. Vom Ridli geht es längs der Autobahn hinunter zur Hauptstrasse. Von ihr zweigt die Seestrasse ab, welche längs des Seeufers an den Ortseingang von Buochs führt. Von hier kommen wir auf der Hauptstrasse ins Dorfzentrum. Der Ort ist im Vergleich zu Nachbarorten baugeschichtlich sehr jung. Nicht viele Gebäude sind älter als 200 Jahre, wie auch die sehenswerte Pfarrkirche St. Martin, welche allerdings auf eine Kapelle von 1157 zurückgeht. Auf der Ennerbergstrasse führt uns der Jakobsweg in westlicher Richtung, die Autobahn querend, in den Ortsteil Obergass. Unweit vom Weg steht die Kapelle Sieben Schmerzen Mariä. Sie stammt aus dem Jahr 1662 und wurde im ländlichen Barockstil erbaut. Links haltend steigen wir nach rechts und steigen der Strasse folgend hinauf nach Ennerberg, wo die Lorettokapelle (Santa Casa di Loreto) steht. Sehenswert sind der grosse Prospekt des Villmergerkriegs über dem Portal, sowie das in Lorettokapellen übliche Gnadenbild der Mutter Gottes. Der heutige Jakobsweg führt von der Loretto-

Innerschweiz-Weg

Pfarrkirche Beckenried

kapelle, linkshaltend und die Strasse verlassend, gemächlich ansteigend auf den Waltersberg mit der St. Annakapelle, auch Chäppelisitz genannt. Der Ausblick vom Chäppelisitz auf das Talbecken von Stans ist grossartig. Vom Waltersberg geht es über Hostetten hinunter zur Engelberger Aa. Diese überqueren wir und kommen in westlicher Richtung durch den Ortsteil Oberdorf zur St. Heinrichskapelle. Von dort erreichen wir auf einem Feldweg die Kantonsschule Fidelis und die ersten Häuser von Stans.

Der historische Kantonshauptort kann bis ins 10. Jahrhundert zurückverfolgt werden. Besonders sehenswert sind die imposante Pfarrkirche St. Peter und Paul aus dem 13. Jahrhundert, das daneben liegende Untere Beinhaus mit einer Schädelwand und das Winkelrieddenkmal. Stans war seit dem Mittelalter ein bedeutender Verkehrsknotenpunkt an den alten Handelsstrassen vom Vierwaldstättersee zu den Alpenpässen nach Italien. Anfangs des 18. Jahrhunderts zerstörte ein verheerender Brand grosse Teile des Ortes, dennoch sind zahlreiche historische Gebäude erhalten geblieben.

Dorfplatz Stans

Innerschweiz-Weg

Stans–Flüeli-Ranft

Wegdistanz
16,5 km

Wanderzeit
5 Std.

Höhenmeter
–334 m / +602 m

Hinweis
Wanderstrecke mit Aufstieg Stans–St. Niklausen.

Wir starten in Stans vor dem Winkelrieddenkmal auf dem Dorfplatz. Das Denkmal erinnert an die Schlacht bei Sempach (1386). Es wurde 1865 von Ferdinand Schlöth aus Carrara-Marmor gehauen. Wir steigen die Knirigasse hinauf. Der Weg ist als Jakobsweg und Bruder-Klausen-Weg gut beschildert. Nach dem Aufstieg erreichen wir die Knirikapelle Maria zum Schnee. Die Kapelle wurde 1698 gebaut und 1717 geweiht. Die Bevölkerung hoffte mit dem Gelöbnis des Baus der Kapelle vor Lawinengefahr besser geschützt zu sein. Von der Knirikapelle geht es in westlicher Richtung ohne grössere Steigung an sanften Berghängen mit saftigen Wiesen entlang bis zur Murmatt, wo die Bergstrasse aus Ennetmoos einmündet. Zurückblickend erfreuen wir uns an der herrlichen Aussicht auf Stans, das Stanserhorn, den Pilatus und die Rigi. Vom Heimwesen Hubel erblicken wir die Gemeinde Ennetmoos mit der dortigen Allwegkapelle. Auffallend sind die vielen schönen Bildstöcke, die aus Dankbarkeit oder mit besonderem Anliegen am Weg errichtet wurden. Wir verlassen die Murmatt und ziehen in Richtung Süd-Westen gemächlich absteigend, entlang der Hänge des Rohrnerbergs. Durch Wiesen und Waldstücke an Obwil und Wilti vorbei kommen wir zum Rastplatz Rohrnerberg (mit Bildstock und Kreuz) und zur Einmündung des Zufahrtssträsschens aus Rohren.

Innerschweiz-Weg

Pilgern auf dem Jakobsweg Schweiz

Winkelrieddenkmal

Kirche St. Jakob Ennetmoos

Hier gibt es die Möglichkeit, einen Umweg zum Rohrenchappeli und nach St. Jakob zu machen. Rohren mit dem Rohrenchappeli liegt südlich des Ennetmooser Rieds. Pilgernde, die zum Rohrenchappeli und nach St. Jakob gehen wollen, steigen auf dem rechts abzweigenden Weg hinunter nach Rohren und kommen dann auf der Kantonsstrasse nach St. Jakob. Am Eingang der alten Pfarrkirche in St. Jakob befindet sich eine Jakobusstatue.

Um anschliessend zurück auf den Jakobsweg zu gelangen, überqueren wir in St. Jakob die Hauptstrasse und kommen geradeaus zur nächsten Kreuzung, wo wir rechts auf den Weg abbiegen, der uns über den Rübibach führt. Durch den Chappelwald steigen wir dann entlang des Bachs hinauf ins Ifängi, wo wir auf die offizielle Jakobswegroute stossen.

Wollen wir den Umweg auslassen und auf der offiziellen Jakobsweg-Route bleiben, umgehen wir das Rohrenchappeli und den Ort St. Jakob und bleiben auf der offiziellen Jakobswegroute, auf der wir in südlicher Richtung an den Weilern Halten und Hostet in den Erlenwald und zum, Rübibach kommen. Ihm folgen wir kurz, überqueren ihn und steigen südwärts drehend hinauf ins

Innerschweiz-Weg

Ifängi. Von hier ziehen wir weiter, den Melbach querend, durch den Acheriwald hinauf zum Maichäppeli. Auf der Landstrasse geht es dann 300 Meter weiter, bis wir links auf einen Wanderweg abzweigen, der uns, stets in südlicher Richtung bleibend, an den Wiesenhänge oberhalb der Orte Wisserlen und Kerns entlang nach St. Antoni führt. Unterwegs queren wir den Rufibach und die Kernser-Zufahrtsstrasse. In St. Antoni steht eine Kapelle, die zur Einkehr einlädt. Wir zweigen rechts ab, um kurz danach links auf den Wanderweg zu kommen, der uns hinauf zum Aussichtspunkt Egg mit seiner traumhaften Rundsicht führt. Der Weg führt uns von der Egg über Weidland und am Dominikanerinnenkloster (Gästehaus Kloster Bethanien) vorbei bis zur Strassengabelung im südlich gelegenen St. Niklausen. Pilgerinnen und Pilger sind willkommene Besucher im Bethanienheim. Ein Besuch in der modernen Kapelle lohnt sich.

Bei der Strassengabelung von St. Niklausen folgen wir rechts dem signalisierten Ranftfahrweg (dem heutigen Jakobsweg), der uns über das Grüebi hinunter ins bewaldete Melchaatobel zum Ranft und von dort hinauf ins Flüeli führt.

Möslikapelle

St. Niklausen

Auf der Strecke bietet sich uns wiederum die Gelegenheit für optionale Abstecher.

Auf halbem Weg hinunter zum Ranft zweigt links ein Weg zur Möslikapelle ab. Dies war in frühen Zeiten der eigentliche Jakobsweg in Flüeli-Ranft, der 2005 infolge eines Erdrutsches zwischen der Möslikapelle und dem Ranft verlegt werden musste.

Ein Abstecher zur historisch bedeutsamen Kapelle lohnt sich, auch wenn die Besucher der Möslikapelle, um ins Flüeli zu gelangen, leider auf dem gleichen Weg zurückkommen müssen. Die Möslikapelle des Bruders Ulrich wurde 1484 errichtet. Der Stein im Seitenraum der Möslikapelle diente Bruder Ulrich als Liegestätte. Dank der überlieferten schriftlichen Zeugnisse von Bruder Ulrich haben wir heute Zugang zu den Gedanken und Taten des Bruders Klaus, der nur bedingt schreiben und lesen konnte.

Ein etwas längerer Umweg führt über die Niklausenkapelle ins Flüeli-Ranft. Wir zweigen, bevor wir nach St. Niklausen kommen, beim Bethanienheim links ab und folgen dem Fahrweg ins Türli. Von dort führt ein Weg direkt zur St. Niklausenkapelle. Die Kapelle ist eine der ältesten Sakralbauten mit einem sehenswerten Freskenzyklus im Chor aus dem 14. Jahrhundert sowie barocken Deckenmalereien. Der allein stehende Römerturm ist ein Wahrzeichen. Von der Kapelle in St. Niklausen geht der Weg rechts den Wald hinunter zur Melchtalerstrasse. Diese überqueren wir und gelangen über die abfallenden Wiesenhänge auf den «alten» Ranftweg, der heute nur noch bis zur Möslikapelle führt. Rechts abzweigend kommen wir in nördlicher Richtung zum Ranftfahrweg (heutiger Jakobsweg) der hinunter zum Ranft und dann hinauf ins Flüeli führt. Pilgernde, die nach dem Besuch der St. Niklausenkapelle auch die Möslikapelle besuchen wollen, zweigen auf dem Ranftweg links zur Möslikapelle ab und kommen auf dem gleichen Weg wieder zurück.

Niklaus von Flüe führte bis zu seinem 50. Lebensjahr ein bürgerliches Leben. Er war ein angesehener Mann in der Gemeinde und bekleidete wichtige öffentliche Ämter, wie Richter und Ratsherr.

Mit seiner Frau Dorothee hatte er zehn Kinder. Niklaus von Flüe verliess Haus und Hof mit fünfzig Jahren und zog als Pilger in die Fremde, kehrte aber bald wieder zurück und liess sich als Einsiedler im Ranft nieder. Bruder Klaus, wie er von hier an hiess, wurde von Menschen aus allen gesellschaftlichen Schichten aufgesucht und um Rat gebeten. Er leistete auch wichtige Beiträge zur Festigung der Eidgenossenschaft, die in einem Bürgerkrieg auseinander zu brechen drohte. Er starb am 21. März 1487 und wurde 1947 von Papst Pius XII heilig gesprochen.

Im Flüeli-Ranft gibt es die untere Ranftkapelle, welche im Jahre 1501 erbaut wurde. An der rechten Wand des Schiffs ist in einem aus dem 16. Jahrhundert stammenden Freskenzyklus das Leben des Bruders Klaus dargestellt. Etwas weiter oben steht die obere Ranftkapelle mit dem Eremitenhäuschen. Kapelle und Ermitage wurden 1468 erbaut, aber 1693 völlig neu gestaltet. Auch die Ermitage, welche der Kapelle angeschlossen ist, bildet einen ganz besonderen Wallfahrtsort.

Ranftweg

Flüeli-Ranft–Kaiserstuhl

Wegdistanz
13 km

Wanderzeit
4 Std.

Höhenmeter
−410 m / +690 m

Hinweis
Mittelschwere Bergstrecke, gutes Schuhwerk und Stöcke empfohlen.

Flüeli-Ranft, die Heimat des Schweizer Nationalheiligen Niklaus von Flüe (1417–87), bietet berühmte Sehenswürdigkeiten. Sein Geburtshaus und das von ihm erbaute Wohnhaus, aber auch der Ranft, wo er die letzten 20 Jahre seines Lebens verbrachte, sind viel besuchte Orte. In der Ranftschlucht, die wir vom Flüeli nach wenigen Minuten erreichen können, haben Jakobspilger schon vor mehr als 500 Jahren bei Bruder Klaus Rat gesucht und gefunden. Heute schätzen viele Menschen den Ranft als Ort der Stille und Besinnung. Besonders die idyllische Umgebung der Oberen und Unteren Ranftkapelle an der Melchaa bietet eine einzigartige Atmosphäre. Von Flüeli-Ranft nach Sachseln kommen Pilger entweder auf dem signalisierten Jakobsweg oder auf dem Visionenweg.

Der signalisierte Jakobsweg zweigt im Flüeli links von der Hauptstrasse ab und führt hinunter, in südwestlicher Richtung – am südlichen Fusse des Hügels, auf welchem die von weitem sichtbare Karl-Borromäus-Kapelle steht, vorbei – in einen Wald. Von dort geht es immer in südwestlicher Richtung hinunter, über Felder und durch Waldstücke, an Gross Leh und Endi vorbei, bis zum Ortseingang von Sachseln (Ortsteil Steinen). Von dort führt der Weg hinunter zur Pfarrkirche von Sachseln.

Innerschweiz-Weg

Auf dem Visionenweg gelangen wir vom Flüeli-Ranft durch eine herrliche Landschaft nach Sachseln. Abseits von verkehrsreichen Strassen erleben wir die Visionenskulpturen und eine herrliche Aussicht auf den Sarnersee. Der Visionenweg führt vom Geburtshaus des heiligen Bruder Klaus durch ein Buchenwäldchen mit sechs Visionenstationen zu den Themen: «Vision im Mutterschoss», «Turm-Vision des 16-Jährigen», «Die Entscheidung des jungen Mannes», «Er selbst war der Tabernakel», «Der Vater, Maria und der Sohn danken ihm» und «Österliches Erlebnis von Frau Dorothee». Der Künstler André Bucher hat zu den Visionen von Bruder Klaus sechs Wegzeichen geschaffen, die Beachtung verdienen. Der Weg führt uns dann hinunter zur Pfarrkirche Sachseln.

Borromäuskapelle, innen

Innerschweiz-Weg

Visionenweg

Pfarrkirche Sachseln

Die katholische Pfarrkirche St. Theodul wurde 1672–84 erbaut. Am Eingang zeigt eine Malerei, wie Bruder Klaus Politikern Ratschläge erteilt und so einen Bürgerkrieg verhindert. Er wurde 1947 heilig gesprochen. Der Name Sachseln stammt von der Verkleinerungsform des spätromanischen Wortes «saxum» (= Fels, Stein, Felsgestein). Der obere Dorfteil heisst deshalb auch Steinen. Nebst anderen Sehenswürdigkeiten bietet Sachseln etwas ganz Spezielles: Im Zelebrationsaltar der Pfarr- und Wallfahrtskirche befinden sich die Gebeine von Bruder Klaus. Beim alten Kirchturm finden wir in der Grabkapelle seine erste Grabstätte. Im Museum unterhalb der Kirche gibt es eine umfangreiche Ausstellung über das Leben des Heiligen.

Der signalisierte Jakobsweg führt uns von der Pfarrkirche Sachseln auf der Dorfstrasse und Bahnhofstrasse hinunter zum Bahnhof. Links vom Bahnhof überqueren wir die Bahnlinie und gelangen dort auf den Seeuferweg. Dieser führt uns in südwestlicher Richtung dem Seeufer entlang bis zum historischen Zollhaus.

Variante: Bei der Pfarrkirche Sachseln zweigen wir links in die Edisriedstrasse ab. Diese führt uns an der barocken Josefskapelle vorbei nach Edisried. Kurz danach erreichen wir vor Buoholz die Brünigstrasse. Auf ihr geht es in südwestlicher Richtung bis nach Ewil, wo wir scharf rechts auf den Seeuferwanderweg abzweigen und auf dem signalisierten Jakobsweg ebenfalls das Zollhaus erreichen.

Pfarrkirche Giswil

Beim Zollhaus biegt der Weg von der Bahnlinie rechts ab, führt am sumpfigen Hanenriet vorbei und zweigt dann links in den nördlichen Ortseingang von Giswil (Diechtersmatt) ab. Von dort gelangen wir auf die Brünig-Landstrasse die uns zum Bahnhof von Giswil bringt. Giswil ist eine typische Streusiedlung mit fehlendem historischem Dorfkern. Erstmals wird die Gemeinde in einer Urkunde aus dem Jahre 840 erwähnt. Wegen ihrer günstigen strategischen Lage besass sie einst drei befestigte Burgen.

Von der Brünigbahnstation Giswil an benutzen wir das Trottoir entlang der Brünig-Landstrasse. Beim nächsten Kreisel halten wir links zum Hotel Krone. Von hier blicken wir links zur Ruine Rudenz. Auf dem Burghügel der ehemaligen Burg Hunwil steht heute die Pfarrkirche St. Laurentius aus dem 17. Jahrhundert. Sie wurde mit Bausteinen der ehemaligen Burg errichtet. Neben der Kirche befindet sich die aus der Mitte des 17. Jahrhunderts stammende Beinhauskapelle St. Michael. Als Pilger zweigen wir nach

Innerschweiz-Weg

dem Hotel Krone rechts ab und begeben uns südlich am Burghügel vorbei auf das Strässchen, das schnurgerade südwärts über die Aa nach Buechholz führt. Mit mässiger Steigung geht es in gleicher Richtung durch den Wald bis hinauf zum Viadukt Der Brünigstrasse. Diese Queren wir nach rund 150 Metern, und gelangen oberhalb der Strasse nach einigen Wegwindungen zum Bahnübergang der Zentralbahn. Nach dem Bahnübergang führt uns der Weg über die Summerweid hinauf zum Kaiserstuhl. Hier öffnet sich das Tor zur neuen Talstufe des Lungerersees.

Panorama Lungernsee

Uferweg

Kaiserstuhl–Brünig

Wegdistanz
10 km

Wanderzeit
3 Std. 30 Min.

Höhenmeter
–410 m / +690 m

Hinweis
Mittelschwere Bergstrecke, gutes Schuhwerk und Stöcke empfohlen.

Die schöne Aussicht von der Terrasse des Gasthofes am unteren Rand des Lungerersees ist der Lohn für den Aufstieg. Kurz hinter dem Gasthaus begegnen wir rechtshaltend am Uferweg einem stilvollen Obwaldner Bauernhaus. Weiter geht es nach Bürglen zur reizvollen St. Antoniuskapelle, die auf das Jahr 1686 zurückgeht. Die Kapelle wurde anfangs 1830 vergrössert und wiederum der Gottesmutter, Antonius und Wendelin geweiht.

Ein besonderes Vergnügen ist die Wanderung entlang der ruhigen Uferlandschaft bis zum oberen Seeende vor Obsee. Dieses Dorf ist geprägt von vielen schönen Bauernhäusern, die sich harmonisch in die Landschaft einfügen. Für Pilger bietet sich ein schattiger Rastplatz mit sehr schöner Seesicht an. Danach gehen wir weiter auf der Obseestrasse zur Kapelle St. Beatus. Diese Kapelle wurde in den Wirren der Reformation im Jahr 1567 als willkommener Ausweichwallfahrtsort zum Pilgerort Beatushöhlen am Thunersee gebaut. In ihr gibt es Bilddarstellungen zur Beatuslegende.

Seit alters führen ein westlicher und östlicher Weg von Obwalden gegen den Brünig. Der eine Weg (die Hauptroute) geht westlich der Lungern Pfarrkirche über die Chäppälistiege zur Letzi und weiter

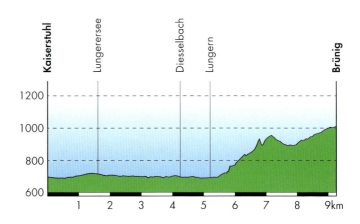

Innerschweiz-Weg

Pilgern auf dem Jakobsweg Schweiz

Bürglenkapelle

Lungerensee

über Sagers Chäppäli, durchs Sewli auf den Brünig. Der andere Weg führt auf dem östlich gelegenen, etwas weniger steilen Saumweg, der Chäppälistrasse (früher Rossstrasse), bis zur Burgkapelle und von dort streckenweise der Bahnlinie entlang und über die Brünig-Bergwiesen hinauf zu Sagers Chäppäli und weiter zum Brünigpass.

Wir wählen die Hauptroute, den auf der Karte eingezeichneten und als Jakobsweg ausgeschilderten alten Brünigweg («historische Chäppelistiege»), der am südöstlichen Dorfrand von Obsee beginnt. Vor uns liegt ein Aufstieg von 386 Höhenmetern. Bei einem grossen Holzbaubetrieb zweigt der Weg rechts ab, hinauf in den teilweise lichten Sattelwald. Der Weg führt uns eine Strasse überquerend quer durch den Wald hinauf zur Brünigstrasse. Im Sattelwald sind erste Spuren eines Römerpfads erkennbar. An mehreren Stellen sehen wir deutlich ausgehauene, alte Treppenstufen, Plattenwege und Wagenräderrinnen aus der Römerzeit. Archäologen haben in diesem Wald Steinwerkzeuge gefunden, welche ca. 10 000 Jahre alt sind. Nach Überquerung der Brünigstrasse zweigt der Weg links in eine besonders urwüchsige Waldlandschaft ab. Unterhalb der Felsen der Balmiflue und an Findlingen vorbei verläuft der Waldpfad bis hinauf zur Letzi, einer natürlichen Felsenenge an der Brünigstrasse, welche früher mit ihrer Sperrmauer als Verteidigungswall der Obwaldner gegen die reformierten Berner diente. Von der Letzi führt der Weg nur kurz entlang der Brünigstrasse, dann biegt er links ab.

Innerschweiz-Weg

Römertreppe

Durch ein kurzes Waldstück und dann über Alpwiesen kommen wir zur Bahnlinie der Zentralbahn bei Sagers Chäppäli. Der Bahnlinie entlang geht es links und rechts längs der Bahngleise durch die Sewlialpwiesen hinauf zur Brünigpasshöhe. In einem der Gasthäuser gönnen wir uns eine Rast und geniessen die prächtige Panoramasicht auf die Berge des Berner Oberlandes mit ewigem Schnee. Die nächste offizielle Pilgerherberge befindet sich in Brienzwiler nach dem Abstieg auf dem Jakobsweg nach Interlaken (www.herberge-brienzwiler.ch, offen vom 1. April bis 31. Oktober).

Brünigpass–Amsoldingen

Der Berner-Oberländer-Weg in Kürze

Auch heute wählen viele Pilgerinnen und Pilger diesen Weg durch die wunderbare Berglandschaft mit schneebedeckten Viertausendern. Sie ziehen entlang der Ufer des tiefblauen Brienzer- und Thunersees mit einer einmaligen Bergkulisse und den tosenden Wasserfällen im Hintergrund. Die gewaltige Schöpfung Gottes erleben sie bei schönem und schlechtem Wetter aus allernächster Nähe. Die hohen Berge, die Gletscher, die grünen Alpwiesen, aber auch die Seen laden zur stillen Betrachtung und Meditation ein. Manche Pilgerinnen und Pilger finden gerade in dieser ruhigen und beeindruckenden Landschaft einen Weg zu sich selbst und zu Gott. Am Weg begegnen sie bodenständigen Berner Oberländern, mit denen sie ins Gespräch kommen und etwas über deren Lebensweise in den Bergen, aber auch deren Sorgen um den Erhalt der Bergdörfer und einer intakten Landschaft hören. Sie begegnen auch fremdsprachigen Ferienreisenden aus den verschiedensten Ländern dieser Welt, welche die weltbekannten Tourismus- und Ausflugsorte in den Bergen meist in Eile besuchen. Pilgernde, welche die Schönheiten der Natur in der Stille mit allen Sinnen erleben wollen, setzen sich als sanfte Touristen geradezu in wohltuender Weise von der Masse der Touristen ab, die oft vorprogrammiert und von Hektik getrieben die renommierten Orte der Bergwelt konsumieren.

Ringgenbergweg

Pilgern auf dem Jakobsweg Schweiz

Übersichtskarte

Brünigpass–Amsoldingen

Berner-Oberländer-Weg

Wegdistanz
99 km

Mittlere Wanderzeit
rund 35 Stunden

Höhenmeter
–2894 m / +2676 m

Berner-Oberländer-Weg

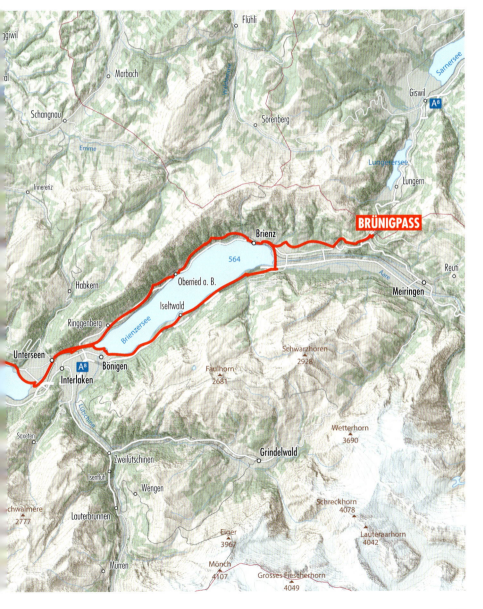

Pilgern auf dem Jakobsweg Schweiz

Brünig–Brienz

Wegdistanz
10 km

Wanderzeit
3 Std. 30 Min.

Höhenmeter
−566 m / +132 m

Hinweis
Anspruchsvolle Bergstrecke, gutes Schuhwerk und Wanderstöcke werden empfohlen.

Der Abstieg vom Brünig nach Hofstetten ist an einigen Stellen steil und rutschig. Aus Sicherheitsgründen sind gutes Schuhwerk und wenn möglich Wanderstöcke zu empfehlen. Alleingehende Pilger sollten sich wenn möglich anderen Pilgern anschliessen. Für weniger geübte Berggänger führt eine empfehlenswerte Alternativroute über Meiringen nach Brienz.

Ausgangspunkt der nächsten Etappe ist der Bahnhof auf dem Brünigpass. Wir folgen den Jakobsweg-Wegweisern und wandern zunächst der Hauptstrasse entlang in südwestlicher Richtung bis kurz nach der Kurve, wo wir rechts auf eine Treppe abzweigen, die wir hinaufsteigen. Oben gelangen wir auf einen Kiespfad, der uns zunächst über die Felsen und anschliessend über die Stützmauer zur Hauptstrasse führt. Ein Naturpfad führt uns von dort – rechts entlang der Hauptstrasse und über den Strassenverbauungen – talwärts. Nach kurzer Strecke biegen wir rechts ab und gelangen über die Wiesenhänge von Herwäg und durch ein Waldstück hinauf zu den ausgedehnten Alpweiden von Bräch.

Berner-Oberländer-Weg

Brienzwiler

Von hier zieht der Weg durch den Uochwald, wo wir zwischen Felsbändern hindurch die Abzweigung zum Aussichtspunkt Tschuggen, den höchsten Punkt unserer Wanderung, erreichen. Von der Abzweigung steigen wir ab und gelangen, dem Lauf des Dorfbaches folgend, in das 400 Meter tiefer gelegene Brienzwiler. Bemooste Steinblöcke und Farnbüsche säumen den steinigen Pfad, der zunächst steil abwärts führt.

Der Bergweg erfordert grösste Vorsicht, obwohl in der Zwischenzeit einige Stufen aus Holzstämmen gesetzt, zusätzliche Absperrungen angebracht und das Geländer an gefährliche Stellen verlängert wurden. Weiter unten kommen wir auf einen alten Saumweg mit Trockenmauern. Bei der Felsenquelle Andresen öffnet sich das Gelände und wir geniessen die erste Aussicht hinunter auf das am Hang liegende Dorf Brienzwiler, welches wir über das Halti und den Dorfweg erreichen. In die Dorfmitte dieses Bergdorfes kommen wir auf der Kreuzgasse. Alte Häuser säumen die Dorfstrasse, und an einem Steinbrunnen (Kind mit Hund) erfrischen wir uns. Der Gasthof Bären wirbt mit Pilgermuscheln am Eingang. Hinweis: In Brienzwiler befidnet sich die offizielle Pilgerherberge (www.herberge-brienzwiler.ch, offen vom 1. April bis 31. Oktober).

Weiter geht es auf der Dorfstrasse und dem Schlossweg. Auf der Hofstetterstrasse kommen wir durch ein kurzes Waldstück zum Reitsportzentrum Bifing. Hier zweigen wir rechts ab und gelangen auf einem breiten Feldweg am Waldrand entlang und über Wiesen mit Ställen zum Eistlenbach mit seinem breiten Geröllbett. Diesen überqueren wir und gelangen hernach in den Rütiwald. Nach dem Wald kommen wir auf der Wylergasse nach Hofstetten.

Notabene: Bis heute führte der Jakobsweg auf der Etappe vom Brünig nach Brienz auf unauffälligen Strässchen von Brienzwiler nach Hofstetten direkt der Grenze des pittoresken und weiträumigen Kulturgutes Ballenberg entlang. Pilgerinnen und Pilger die das Freilichtmuseum Ballenberg besuchen wollen, zweigen beim Bifing-Reitsportzentrum links ab und kommen auf der Fahrstrasse entlang des Waldes zum Eingang des Museums. In der Saison 2018 gewährt das Schweizer Freilichtmuseum Ballenberg bis Ende Jahr allen Pilgern einen Rabatt von zehn Franken auf den Eintritt. Das vergünstigte Ticket ist erhältlich beim Vorweisen des mit aktuellen Stempeln versehenen Pilgerpasses oder eines Pilgerbegleiterausweises / Pilgerbegleiternamensbadges. Für nachfolgende Jahre erkundigt man sich bitte direkt beim Museum: www.ballenberg.ch.

Brienzwilerweg

Hofstettenweg

Hofstetten gehört zur Kirchgemeinde Brienz. Verschiedene Wildbachkatastrophen der vergangenen Jahrhunderte verschütteten grosse Teile der Gemeinden Hofstetten, Schwanden und Brienz. Damit verschwanden auch alte Saum- und Pilgerwege.

An mit Blumen geschmückten Holzhäusern vorbei gelangen wir auf den Dorfplatz. Dort steht ein Eulen-Steinbrunnen und vor dem Gemeindehaus, am Scheidweg, ein aus Kupfer gefertigter Bauer mit seinem Hornschlitten. Am Hotel Restaurant Alpenrose vorbei geht es zunächst einige hundert Meter geradeaus in Richtung Kienholz. Wir kommen an wohnlichen Holzhäusern vorbei auf einen Feldweg, auf dem wir über Wiesen der Allmend zum Studenwald gelangen. Kurz vor dem Wald biegen wir rechts ab und kommen durch den Wald auf einen grossflächigen Wiesenhang (Louwenen-Lauenen) oberhalb von Kienholz. Die Panoramasicht von hier über den Brienzersee ist einzigartig. Die Ortsbezeichnung «Lauene» stammt von 1896, als grosse Teile des Gebiets von riesigen Schlammlawinen der Wildbäche verwüstet wurden. Die verheerende Schlamm- und Wasserkatastrophe wiederholte sich im August 2005, als der Glyssibach und der Schwanderbach grosse Teile von Unterschwanden, Kienholz und Brienz überfluteten.

Nach der Durchquerung der Lauenen zweigen wir nach einem kurzen Waldstück links ab und kommen, am Waldrand und an Bachverbauungen entlang, hinunter auf die Kantonsstrasse im Kienholz. Hier entscheiden wir uns, auf welchem Weg wir nach Interlaken pilgern wollen. Wir wählen zwischen folgenden zwei Varianten:

Variante A: Rechtsufrig über Brienz, Ebligen, Oberried, Niederried, Ringgenberg (Hauptroute). Da die Hängebrücke über den Ebligengraben im Spätherbst und im Winter gesperrt ist, empfehlen wir während dieser Zeit die Route über Giessbach (Variante B) zu begehen. Auskunft über die Wegverhältnisse erteilt die Gemeindeschreiberei in Oberried (Telefon: +41 (0)33 849 13 33). Entscheiden wir uns für die Variante A, folgen wir ein kurzes

Berner-Oberländer-Weg

Stück der Kantonsstrasse, zweigen dann links zur Bahnunterführung ab. Hernach gelangen wir auf dem Strandweg, an der Jugendherberge vorbei zum Bahnhof und zur Schiffländte in Brienz.

Variante B: Linksufrig über «im Brunnen», Giessbach, Iseltwald, Bönigen (Nebenroute und auch Veloroute). Wählen wir hingegen die Variante B, überqueren wir die Kantonsstrasse und folgen der Axalp-Zufahrtsstrasse, die uns ans Seeufer und zum Campingplatz bringt.

Kienholz Brienz

Pilgern auf dem Jakobsweg Schweiz

Brienz–Interlaken (Variante A)

Wegdistanz
19 km

Wanderzeit
6 Std.

Höhenmeter
–592 m / +591 m

Achtung
Die Hängebrücke in Ebligen ist während der Winterzeit (jeweils ca. 31. Oktober bis Anfang April) nicht begehbar. Während dieser Winterzeit empfehlen wir den Alternativ-Jakobsweg, welcher von Brienz-Kienholz zu den Giessbachfällen und von dort über Iseltwald und Bönigen nach Interlaken führt.

Hinweis
Bequeme Wanderstrecke längs des Brienzersees mit Auf- und Abstieg.

Im Kienholz folgen wir gemäss der Variante A dem Strandweg bis zum Bahnhof und der Schiffsländte von Brienz. Von hier gehen wir auf der Seepromenade weiter, bis diese am Ortseingang rechts in die stark befahrene Kantonsstrasse einmündet. Diese überqueren wir und steigen die Dorfstrasse in Richtung Ried und Ebligen ins Dorf hinauf. Wir biegen links zur Bahnlinie ab, welche wir überqueren, um zum Mülibach zu gelangen.

Notabene: Pilger, welche in Brienz die sehenswürdige Dorfkirche (Turm von 1130) auf dem ehemaligen Burghügel besuchen wollen, zweigen nach der Seepromenade rechts ab und kommen an der Geigenbauschule und einigen alten Holzhäusern vorbei zum Gotteshaus. Zurück auf den Jakobsweg gelangen sie, indem sie vor dem Kircheneingang durch die Gasse rechts abbiegen und dann links dem Wegweiser Ried und Ebligen bis zur Bahnlinie folgen.

Nach der Überquerung des Mülibachs führt uns der Weg in westlicher Richtung durch Felder und Waldstücke bis zur Lichtung Ried. Von hier kommen wir durch den Wald (zunächst entlang eines Geröll- und später eines Bachgrabens) auf einen Forst-Themenweg, der westwärts durch die schöne Waldlandschaft aufsteigt.

Berner-Oberländer-Weg

Seepromenade Brienz

Auf ihm werden wir auf verschiedene Baumarten hingewiesen. In einem kleinen Holzkasten finden wir eine Forst- und Waldbeschreibung, die wir am Ende des Themenweges für nächste Wanderer in einen Holzkasten zurücklegen.

Oberhalb von Ebligen erreichen wir den wilden Unterweidligraben (auch Ebligengraben genannt), den wir auf einer leicht schwankenden Hängebrücke überqueren. Diese ist etwa einen Meter breit und 70 Meter lang. Die massive Stahlkonstruktion ist gefahrlos zu begehen (Radfahrer absteigen). Im Winter wird die Hängebrücke wegen Lawinengefahr abgebaut. Auskunft über die Begehbarkeit der Brücke erteilt die Gemeindeverwaltung in Oberried, Tel. +41 (0)33 849 13 33.

Bei gesperrter Brücke müssen wir, bevor wir den Unterweidligraben erreichen, auf einem relativ steilen Pfad nach Ebligen hinuntersteigen, dort den Graben überqueren, um auf der Gegenseite auf einem steilen Bergpfad wiederum auf den Jakobsweg zu gelangen. Ab Spätherbst bis Frühling (April/Mai) empfehlen wir deshalb, die Jakobsweg-Variante B (über Giessbach–Iseltwald) zu wählen.

Berner-Oberländer-Weg

Nach der Hängebrücke geht es auf dem Forstweg in südwestlicher Richtung durch den Wald bis hinunter zum Forsthaus Oberried, wo es einen überdachten Rastplatz mit Feuerstelle und einem Brunnen gibt. Nach kurzer Strecke verlässt unser Weg den Wald und führt auf der geteerten Strasse über Weidland zum Hirscherenbachgraben, wo wir kurz danach, an den ersten Häusern von Oberried vorbei, auf die Panoramastrasse kommen.

Von hier haben wir einen wunderbaren Ausblick auf den Brienzersee und die Berge im Hintergrund. In westlicher Richtung kommen wir zur modernen Kirche von Oberried und wandern abwärts, die Bahnlinie und die Kantonsstrasse querend, zur Schifflände. Der Strandweg führt uns dann entlang der Oberrieder Bucht. Im Dorfteil Derfli biegen wir rechts ab, steigen hinauf zur Kantonsstrasse (Brienz–Interlaken), von wo eine geteerte Strasse rechts abzweigt und uns über das Weidland hinauf zum Haberenwald führt. Von hier folgen wir der Foststrasse in westlicher Richtung und kommen auf einen Waldweg. Auf ihm geht es am Waldrand entlang und hernach durch den Farlouwigraben. Eine Tafel warnt uns vor Steinschlag und Lawinen. Es empfiehlt sich, das gefährdete Gebiet aufmerksam ohne Rast zu durchwandern.

Hängebrücke Ebligen

Bucht Oberried

Burgruine und Kirche Ringgenberg

Nach dem Graben geht es auf einem immer breiter werdenden Forstweg durch Wald und Waldlichtungen hinunter in den oberen Ortsteil von Niederried. Auf Dorfwegen steigen wir hinunter, bis wir kurz vor der Hauptstrasse rechts in Richtung Ringgenberg auf einen aufsteigenden Wanderweg abzweigen. Auf diesem gelangen wir, oberhalb der Kantonsstrasse bleibend, durch den gepflegten Rosswald bis zu einem grossen Steinbruch. Hier nehmen wir geradeaus den mit Trockenmauern gesäumten Weg, auf dem wir, an Holzhäusern und Stallungen vorbei, zum Dorfeingang von Ringgenberg und weiter unten auf die Kantonsstrasse gelangen. Wir bleiben kurz auf ihr und kommen nach einem Umweg am Bahnhof vorbei wieder auf sie zurück. Kurz danach zweigen wir links ab und kommen durch die Bahnunterführung zur Burgruine und Kirche von Ringgenberg. Die reformierte Kirche wurde von Münsterbaumeister Abraham Dünz dem Älteren 1671–74 in die alte Burgruine integriert.

Die neue Wegführung bringt uns von der Kirche rechts am alten Pfarrhaus vorbei und über den so genannten Katzenpfad oberhalb des Seeufers direkt nach Goldswil und zur Eisenbahnbrücke, die über die Aare führt. Vor der Brücke zweigen wir rechts ab und kommen entlang der Aare, immer dem Uferweg folgend, unter dem Autobahnviadukt und der Eisenbahnbrücke durch, zur Beaurivagebrücke in Interlaken. Alternative: Ein lohnender Umweg führt nach der Kirche von Ringgenberg rechts hinauf in den Wald zum idyllischen Burgseeli. Nach dem Seeli steigen wir, unterhalb der Kirchenruine Goldswil, hinunter auf den Uferweg, der uns nach Interlaken führt.

Burgseeli Ringgenberg

Pilgern auf dem Jakobsweg Schweiz

Brienz–Interlaken (Variante B)

Wegdistanz
22 km

Wanderzeit
7 Std.

Höhenmeter
–411 m / +411 m

Hinweis
Bequeme Wanderstrecke mit Auf- und Abstieg Brienz–Giessbachfälle.

Diese Route ist leider nicht mit den Jakobsweg-Wegweisern signalisiert. Wir folgen deshalb ausschliesslich den gelben Ortswegweisern der Berner Wanderwege. Pilgern wird empfohlen, in bergigem Gelände immer nur den offiziellen, gelb markierten Wanderwegen zu folgen und keine Abkürzungen zu nehmen, die nicht signalisiert sind.

In Kienholz überqueren wir die Kantonsstrasse und gelangen auf der Axalp-Zufahrtsstrasse hinunter zum See und zum Campingplatz Aaregg. Das Brienzerseeufer bietet einen einzigartigen Panoramablick über den See nach Westen. Wir folgen der Strasse bis zum linken Seeende, queren die Aare und die Autobahn und kommen im Brunni auf die Axalpstrasse. Von ihr zweigen wir links auf den Wanderwaldweg ab, der uns durch den Wald hinauf zu den Häusern von Engi und auf die Axalpstrasse führt. Wir bleiben kurz auf ihr und zweigen nachher rechts auf den Giessbachweg ab, dem wir westwärts folgen. Eine Abkürzung bringt uns, bevor wir zu den grossen Kurven kommen, rechts hinunter zu den bekannten Giessbachfällen. Die imposanten Wasserfälle bieten ein einmaliges Naturschauspiel. Gewaltige Wassermassen stürzen über 14 Kaskaden in den Brienzersee hinunter. Auch das romantische, im Jugendstil erbaute Hotel Giessbach aus dem 19. Jahrhundert ist ein idealer Abstecher für eine Rast. Von hier geniessen

Berner-Oberländer-Weg

Giessbachfälle

Iseltwald

wir einen herrlichen Ausblick auf den See, die Bergketten und die Dörfer am gegenüberliegenden Seeufer. Der Giessbach kann auch von Brienz aus in kurzer Zeit mit dem Schiff erreicht werden. Eine historische Standseilbahn führt hinauf zum Hotel.

Von der Terrasse des Hotels Giessbach führt der Weg den Berg hinunter. Wir unterqueren die Standseilbahn und kommen weiter in westlicher Richtung auf den romantischen Iseltwalder-Uferweg, welchem wir entlang des bewaldeten Seeufers bis zum Ortseingang von Iseltwald folgen. Am Seeufer entlang gelangen wir an gemütlichen Restaurants vorbei ins Zentrum von Iseltwald. Pilger sind hier sehr willkommene Gäste. Auf sie warten günstige Pilgerspezialitäten. Vom Dorfzentrum, wo die Zufahrtsstrasse nach Interlaken einmündet, geht es auf der Dorfstrasse in westlicher Richtung weiter bis zur Schiffländte. Hier biegen wir links ab und steigen südwärts den Wiesenhang hinauf bis zur Bushaltestelle Mühle, die unterhalb der Autobahn liegt. Auf dem ruhigen Landsträsschen geht es dann westwärts weiter zum Dorfteil Sengg, wo wir die Aussicht auf den See geniessen. Auf einer Fahrstrasse kommen wir von hier über Wiesen und durch den Wald unter dem Autobahnviadukt hindurch hinunter zum See.

Berner-Oberländer-Weg

Wir bleiben auf der Fahrstrasse (teilweise mit Troittoir) und gelangen am Seeufer zum Dorfeingang Bönigen. Hier wechseln wir auf die Seepromenade, auf welcher wir die Schiffländte in Bönigen erreichen. Das alte Dorf Bönigen bietet malerische enge Gassen und viele schöne Bauernhausfassaden. Von der Schiffländte geht es auf dem gut markierten Uferweg nach Interlaken. Der idyllische Weg führt über die Lütschine, am Strandbad vorbei und dem Seeufer entlang bis zum Ausfluss der Aare.

Von hier geht der Weg der Aare entlang, in westlicher Richtung unter der Eisenbahnbrücke hindurch, an den Fabrikgebäuden vorbei und durch das Schiffländteareal bis zum Bahnhof Interlaken-Ost. Beim ehemaligen Zollhaus unterqueren wir die Bahnlinie (Bern–Interlaken), um durch einen Park zur Beaurivagebrücke zu gelangen. Hier können wir über die Beaurivagebrücke auf den offiziellen Jakobsweg gehen, der uns entlang der Aare ins Städtchen Unterseen führt.

ehemaliges Kloster Interlaken

Pilgern auf dem Jakobsweg Schweiz

Interlaken–Merligen

Wegdistanz
12,5 km

Wanderzeit
4 Std. 30 Min.

Höhenmeter
–415 m / +409 m

Hinweis
Bequeme Wanderstrecke mit Auf- und Abstieg.

Auf dem Uferweg gelangen wir am Strandbad vorbei in die Goldey und hernach ins historische Städtchen Unterseen (erbaut um 1280). Seine mittelalterlich anmutenden Häuserfassaden stammen aus dem 17. Jahrhundert. Am malerischen Stedtliplatz mit seinem Kirchturm von 1674 haben wir die Möglichkeit, die Geschichte des Bödelis im Jungfraumuseum kennenzulernen.

Der Weg führt uns vom Stedtliplatz durch die Spielmatte, am Einkaufszentrum (Stedtli) vorbei, über die Helvetiastrasse und das Baumgartenquartier zum Stauwehr der alten Aarmühle. Von hier wandern wir in westlicher Richtung am rechten Aareufer entlang unter der Brücke des Autobahnzubringers hindurch bis zur Weissenau am Thunersee. Bald erreichen wir, rechts abbiegend und an der historischen Ruine vorbei, das Naturschutzgebiet Weissenau. In der Weissenau legten im Mittelalter die Schiffe des Thunersees an der geschützten Wasserburg an. Von der ehemaligen Reichsfeste aus wurden der Schiffsverkehr und der Weg über die Alpenpässe überwacht.

Vom Turm haben wir einen faszinierenden Rundblick auf den Thunersee. Durch das idyllische Flachmoorgebiet gehen wir am Seeufer entlang zur Schiffländte Neuhaus. Ab 1678 bestand hier

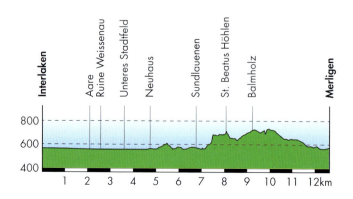

148

Berner-Oberländer-Weg

149

Naturschutzgebiet Weissenau

ein wichtiger Umschlagplatz für den Verkehr aus und ins östlichen Oberland. Das historische Gasthaus ist ein beliebter Ausflugsort. Daneben steht ein historisches Sustgebäude.

Wir wandern nach rechts weiter über den Lombach, am Campingplatz vorbei bis zur Manorfarm. Das historische Fachwerkhaus war im Mittelalter ein Weinlager des Augustinerklosters Interlaken. Noch bevor wir zu den Gebäuden der Manorfarm gelangen, zweigen wir an der Waldecke halbrechts ab. Hier sind wir auf dem ursprünglichen Jakobsweg, der hinter dem Manorhaus hinauf zur Felsengalerie oberhalb des Thunersees führt. Von dort geht es wieder hinunter zum Rast- und Badeplatz Gelbenbrunnen. Nach ca. 300 Metern auf dem Troittoir der leicht ansteigenden Seestrasse zweigen wir links ab und gelangen durch den Wald hinunter zur Bucht von Sundlauenen mit ihrem südländisch anmutenden Charakter.

Der Kiefernwald und das steinige Sundbachdelta sind ein beliebtes Ausflugsziel und laden zum Verweilen ein. Vom westlichen Dorfteil, wo sich früher ein Rebberg des Klosters Interlaken befand, gehen wir am Seeufer bis zur Schiffländte von Sundlauenen. Die kleine Schiffstation ist zwar nicht immer bedient, die Toiletten sind jedoch offen. Nach kurzem Aufstieg gelangen wir zur Thunerseestrasse, die wir überqueren um etwas weiter vorne auf den Pilgerweg zu kommen. Diesem folgen wir und steigen auf der LUK-Treppe, die teilweise mit Geländer und Steinmauern gesichert ist, zwischen den Felsbändern hinauf.

Folgende Doppelseite:
Weissenausteg im Naturschutzgebiet Weissenau

Dieses ausgesetzte Wegstück in der Felsenfluh wurde von Oskar Luk in den Kriegsjahren erweitert. Früher erweckte der aus dem Fels gehauene Pilgerweg Furcht und Grauen. Wir steigen bis zur Anhöhe hinauf, von wo wir dann bequem in westlicher Richtung zu den Beatushöhlen (678 m. ü. M.) kommen. Dort befinden sich die Ruinen der einstigen Pilgerherberge. Weiter oben stand früher eine Wallfahrtskirche mit Kreuzgang und Priesterwohnung. Für die Leute von Beatenberg war diese die Pfarrkirche. Nach der Reformation wurde die Wallfahrtskirche geschlossen. Heute sind nur noch Mauerreste und das Glöcklein vorhanden.

Die Grabstätte des heiligen Beatus, der in der Höhle gelebt haben soll, wurde im Mittelalter von vielen Pilgern aufgesucht. Sie war ein Ort der Einkehr und des Gebetes. Die Beatushöhlen sind auch heute noch ein Treffpunkt vieler Pilger. Viele Menschen kommen wegen der weitläufigen Tropfsteinhöhlen, und nicht wenige von ihnen, weil sie vom Leben des Heiligen und von den Beatus-Legenden gehört haben oder an die Kraft des Ortes glauben. Sehr zu empfehlen ist ein Abstecher hinauf ins Dorf Beatenberg.

Bucht Sundlauenen

Wir verlassen nun den Pilgerort Beatushöhlen in Richtung Merligen. Auf einem bequemen Waldweg wandern wir durch den Wald und steigen beim Chrutbach längs eines Steinbruchs auf die Balmholzanhöhe hinauf. Der Weg führt uns dann oberhalb des Steinbruchs in westlicher Richtung durch das Balmholz. Auf der neugedeckten Brücke überqueren wir den Budelbach und gelangen auf dem absteigenden Pilgerweg oberhalb der Beatenbucht in den Nastelwald, wo wir die Beatenberg-Standseilbahn überqueren.

Weiter geht der Weg hinunter in den Salzacherwald, wo wir oberhalb der Kantonsstrasse bleibend, an den östlichen Dorfeingang von Merligen kommen. Das schöne Dorf empfängt uns mit seinen

Bucht Merligen

Kirche Merligen

gepflegten Hausgärten und südländischem Ambiente. Auf der oberen Dorfstrasse, die kurz nach der Brücke scharf rechts abzweigt, gelangen wir zur weit herum sichtbaren Kirche Merligen. Als Alternative folgen wir dem Dorfsträsschen bis hinunter auf die Hauptstrasse und biegen dort rechts auf die Strasse ab, die hinauf zur Kirche führt.

Von Merligen aus bieten sich zwei Möglichkeiten zur Fortsetzung der Pilgerwanderung an. Der Originalweg führt über Spiez nach Amsoldingen (14 Kilometer) und ist als Wanderland Route Via-Jacobi 4 signalisiert. Mit dem Schiff gelangen wir nach Spiez. Von dort geht es weiter über Einigen bis nach Amsoldingen. Im Winter ist diese Route wegen eingeschränkten Schiffsverkehrs nur zu gewissen Zeiten (siehe Schiffsfahrplan) zu empfehlen.

Die Alternativroute geht über Thun nach Amsoldingen (19 Kilometer) mit durchgehender Signalisation (Wegweiser mit Wanderzielen). Hier gehen wir am rechten Thunerseeufer weiter über Gunten, Oberhofen und Hilterfingen bis nach Thun. Von Thun gelangen wir über Scherzligen, Gwatt nach Amsoldingen. Diese Strecke ist das ganze Jahr über begehbar.

Pilgern auf dem Jakobsweg Schweiz

Merligen–Amsoldingen (Original)

Wegdistanz
13,5 km

Wanderzeit
3 Std. 40 Min.

Höhenmeter
−208 m / +291 m

Hinweis
Seeüberquerung mit Schiff. Bequeme Wanderstrecke.

Bei Pilgern ist der Weg über Spiez sehr beliebt. Mit dem Schiff angekommen, gehen wir an den Seerestaurants (Welle und Pintli) vorbei, um von der Seestrasse rechts auf eine Treppe abzuzweigen, die uns zum Schloss Spiez bringt. Links der Treppengasse steht ein kleiner Rosengarten und rechts lädt die 1000-jährige Schlosskirche Spiez zum Besuch ein. Die dreischiffige romanische Pfeilerbasilika mit Hochchor (Deckenfresken) und Krypta wurde auf einem Vorgängerbau von 700 um das Jahr 1000 herum erbaut. Im Vorgarten finden wir eine Glocke, in die das Gussjahr 1023 eingraviert ist. Gegenüber steht das Haus Roselier, welches 1743 als Wirtshaus errichtet wurde und heute privat ist. Das Schloss beherbergt ein sehenswertes Museum. Vom Turm haben wir eine gute Aussicht auf den See und die Berner Alpen. Neben der Parkanlage beginnt die Schlossstrasse. Am Gärtnerhaus und einigen Parkplätzen vorbei kommen wir zum Ortsteil Kirschgarten.

Der Jakobsweg biegt nach rechts ab und kommt nach einigen Häusern am Naturdenkmal Edelkastanie vorbei in die Rebberge. Beim Winzerhäuschen beginnt der Reblehrpfad. Bald erreichen wir den Katzenstein, einen «mystisch erscheinenden» Findling aus der Eiszeit. Der Granitblock stammt aus Innertkirchen, wurde im 14. Jahrhundert erstmals urkundlich erwähnt und ist seit 1960 geschützt. Weiter geht es 70 Stufen aufwärts. Von hier geht der

Berner-Oberländer-Weg

Schloss Spiez

Weg oberhalb der Weinberge in westlicher Richtung am Waldrand entlang und über den Rücken des Spiezberg, bis er leicht absteigend zu einem Rastplatz (Feuerstelle) kommt. Hier verlassen wir den Wald und wandern auf dem Weidliweg in westlicher Richtung durch die Häuser des Ortsteils bis hinunter zur Thunstrasse, nahe der Bushaltestelle (Gasthof) Kreuz. Eine Unterführung bringt uns sicher hinüber ins Spiezmoos.

Nach der Bahnunterführung zweigen wir auf die Riederestrasse, verlassen diese kurz danach, um rechts auf einen Waldpfad abzuzweigen, der anschliessend in einen breiteren Forstweg einmündet. Durch den Wald gelangen wir nach einer Steigung auf der Riederestrasse zum Weiler Riedere. Beim Gehöft (Wegweiser Kumm–Einigen) biegt unser Weg rechts ab und führt uns über Wiesen hinunter zur Bahnunterführung und weiter auf die Thunerstrasse. Wir folgen der Strasse westwärts auf dem Gehweg und zweigen nach etwa 400 Meter rechts ins das Dorf Einigen ab. Von hier sind es noch etwa 500 Meter bis zur Kirche.

Die Kirche von Einigen liegt nahe der Schiffländte. Im 10. bis 11. Jahrhundert entstanden, ist sie eine der kleineren der 1000-jährigen Thunerseekirchen. Für viele Besucher ist dies ein besonderer Kraftort. Wir ziehen weiter in westlicher Richtung und biegen nach kurzer Strecke beim Wegweiser rechts ab, um auf die Strandbadstrasse zu kommen. Auf ihr gehen wir weiter und biegen kurz vor der «Chanderbrügg» nach links ab. Wir queren auf einer Fussgängerbrücke die Thunerstrasse (bei der Bushaltestelle Chanderbrügg) und kommen nach der Bahnunterführung auf einem Pfad in die Kanderschlucht. Dem Wegweiser Strättligsteg–Gwattegg folgend, kommen wir auf einer metallenen Brücke über die Schlucht. Die Kander floss früher nördlich von Thun (bei Uttigen) in die Aare. Da sie dort viele Überschwemmungen verursachte, wurde 1711–14 der Kanderdurchbruch (Schlucht) geschaffen. Nach der Brücke steigen wir durch den steilen Westhang der Kanderschlucht zur Gwatt-Wimmis-Strasse hinauf. Diese überqueren wir und kommen auf einem breiten Fahrweg, dem Waldrand entlang, zum Strättligturm.

Die Anlage mit der Ringmauer wurde als Pulverturm im Jahr 1619 errichtet. Vom Strättligturm gehen wir auf die Grathöhe, von wo uns der Burgunderweg, oberhalb von Gwatt, über den Moränengrat (Strättlighügel) zur Gwattegg führt. Die Aussicht über den Thunersee und der Blick auf die Berner Alpen zurück ist einmalig. Einige Bänke unter schattenspendenden Linden säumen den Höhenzug. Eine Treppe (44 Stufen) führt zur Gwattegg hinunter. Hier erfahren wir, dass die Burgunder von 888 bis 1033 hier herrschten und dass in dieser Zeit die berühmten 1000-jährigen Thunerseekirchen gebaut wurden. Wir folgen ihm auf einem Fahrweg links abwärts über Weideland und durch ein Wäldchen, bis wir nach Unterquerung der Autobahn zur Alti Schlyffi am Glütschbach kommen. Von hier steigen wir dann der Strasse folgend auf einem Abkürzungsweg hinauf zum Ortsausgang von Zwieselberg.

Schlosspark Spiez

In westlicher Richtung geht es weiter, zunächst auf der Amsoldingerstrasse und dann auf einem Fahrweg entlang des Waldes und durch den Wald bis zum Weidland östlich von Amsoldingen. Der Weg führt dann über die Wiesen und am Waldrand entlang in den Ortsteil Galgacher und biegt dort links ins Dorf Amsoldingen ab. Auf der Dorfstrasse gelangen wir zu der von weither sichtbaren, romanischen Pfeilerbasilika, die ebenfalls zu den alten Thunerseekirchen aus der Burgunderzeit gehört. Unter dem Chor befindet sich die Krypta, neben der Orgel eine Stube mit alten Kapitellen.

Aussicht vom Strättligengrat

Strättligengrat

Merligen–Thun (Alternative)

Wegdistanz
13 km

Wanderzeit
4 Std.

Höhenmeter
–351 m / +421 m

Hinweis
Bequeme Wanderstrecke entlang des Thunersees mit einigem Auf- und Abstieg.

Die Variante am rechten Thunerseeufer führt an der Dorfkirche, dem Friedhof Merligen und an schönen Holzhäusern vorbei, bis er beim Stillebach halb rechts in ein Waldstück abzweigt. Wir steigen, dem Bachtalenweg und der Grönstrasse folgend, auf und gehen links der Bühlstrasse folgend in den Kirchweg. Folgen dann dem Bärenegg- und an einer Kurve weiter dem Rebenweg und kommen über Wiesen zum bewaldeten Bergrücken schliesslich bergab oberhalb des Schlosses von Ralligen an. Wir geniessen die grandiose Aussicht über den See, in die Täler und auf den Niesen. Auf einem Waldweg steigen wir dann auf, uns in westliche Richtung wendend und oberhalb der Kantonsstrasse, zum Stampbachhaus, einer ehemaligen Mühle, die am Ausgang der kleinen Schlucht unmittelbar an der Seestrasse steht. Hier folgen wir der alten Treppe halb rechts hinauf zu einem Rebberg. Längs diesem geht es steil hinauf zur Anhöhe, wo wir links auf den historischen Höhenweg abzweigen. Dieser führt uns oberhalb der Seehalte auf die Verbindungsstrasse Gunten–Sigriswil. Auf ihrem Troitoir gelangen wir hinunter nach Gunten. Ein Abstecher in das alte Dorf mit seiner schönen Kirchenanlage ist zu empfehlen. Pilgerinnen und Pilger, die Steigungen vermeiden und einen regen Strassenverkehr in Kauf nehmen wollen, gelangen auf dem durchgehenden und sicheren Troittoir der Seestrasse ebenfalls von Merligen oder Stampbachhaus nach Gunten.

Berner-Oberländer-Weg

Pilgern auf dem Jakobsweg Schweiz

Schloss Oberhofen

Von der Dorfmitte steigen wir den Aeschlenstutz ein Stück hinauf und wandern dann etwa eine Stunde auf dem Alten Oberländerweg in westlicher Richtung durch schöne Wohnquartiere und einen Laubwald bis zum Örtlibach, den wir überqueren, um dann rechts hinunter abzubiegen. Wir bleiben auf dem Oberländerweg, der uns oberhalb der Thunstrasse an den Ortseingang von Längenschachen führt. Hier biegt der Weg rechts ins Dorf ab, und wir kommen oberhalb der Rebberge an den östlichen Ortseingang von Oberhofen und weiter zum Riderbach. Diesen überqueren wir und biegen links hinunter zur Thunstrasse ab, auf welcher wir zum Schloss gelangen. Die imposante Schlossanlage mit ihrem exotischen Park hat den Ort Oberhofen weit herum bekannt gemacht. Im Museum gibt es historische Objekte zur Beatuslegende und zu Jakobus. Wegen des milden Klimas und der schönen Gartenanlagen wird diese Uferregion auch «Riviera des Thunersees» genannt. Neben dem historischen Heidenhaus, welches früher als Weinkeller des Klosters Interlaken diente, gibt es etliche weitere Sehenswürdigkeiten. Von der Schiffländte beim Schloss gehen wir rechts durch eine Gasse hinauf zum Hotel Moy. Dort zweigen wir links auf den historischen Oberländerweg ab und kommen zur Kirche Hilterfingen, wo wir einen schönen Ausblick geniessen.

Wir bleiben auf dem Weg und kommen in westlicher Richtung zum imposanten Schloss Hünegg mit seinem Museum für Wohnkultur des Historismus und des Jugendstils. Nach dem Verlassen des Hüneggparks folgen wir für kurze Zeit einem historischen Gassenweg. Danach wandern wir für einige hundert Meter entlang der Hauptstrasse bis nach Hünibach. Kurz nach der Hünibachüberquerung biegen wir links zur Schiffländte ab. Hier beginnt der etwa zwei Kilometer lange Uferweg, der uns entlang des Sees und dann entlang der Aare in die Stadt Thun führt. Links abzweigend kommen wir beim Beaurivage über den Steg und die Flussschleuse zum Bahnhof von Thun.

Die mittelalterlich anmutende Stadt Thun betreten wir beim Hotel Freienhof (ehemalige Sust). Dieses Haus bot früher den Reisenden Unterkunft, Schutz und «Freiheit». Das Wahrzeichen der Stadt ist das um 1190 von Herzog Berchtold V von Zähringen erbaute Schloss. Das im Lauf der Jahrhunderte mehrfach erweiterte Gebäude beherbergt seit 1888 in fünf grossen Sälen des Turmes ein Museum mit Ausstellungen zur regionalen Geschichte.

Bucht Gunten

Der frühgotische Rittersaal gilt als einer der bedeutendsten mittelalterlichen Profanräume der Schweiz. Sehenswert ist auch die Stadtkirche, deren Turm aus dem 14. Jahrhundert stammt. In ihrem Inneren beherbergt sie einen Abendmahltisch aus dem Jahre 1602. Während eines gemütlichen Stadtbummels sehen wir, neben vielen weiteren historischen Gebäuden, das Rathaus, Platzschulhaus, Bürgerhaus und Kornhaus.

Schloss Oberhofen Thun

Pilgern auf dem Jakobsweg Schweiz

Thun–Amsoldingen

Wegdistanz
11 km

Wanderzeit
2 Std. 30 Min.

Höhenmeter
–351 m / +421 m

Hinweis
Bequeme Wanderstrecke mit sanftem Aufstieg. Am Standort Gwattegg trifft die Variante von Thun kommend auf die ViaJacobi 4. Gemeinsam führt der Weg dann nach Amsoldingen.

Nach einem eindrucksvollen Rundgang verlassen wir das historische Zentrum und wandern vom Bahnhof den Aarekanal entlang und auf der Seestrasse nach Scherzligen. In diesem Ortsteil steht die legendäre Kirche St. Maria von Scherzligen. Diese Kirche gehört neben der Kirche in Einigen zu den ältesten im Berner Oberland, 761 / 62 erstmals erwähnt. Die ältesten Teile des romanischen Kirchenschiffes stammen aus dem 10. Jahrhundert, die seltenen Wandmalereien aus dem 13.–16. Jahrhundert. Von der Kirche Scherzligen sind es nur ein paar Schritte bis zum prachtvoll angelegten Schloss Schadau. Dort bieten sich schöne Rastmöglichkeiten und die Gelegenheit zum Besuch einer Ausstellung im Schloss. Der Weg führt weiter durch den Park und mündet in die Seestrasse ein, auf der wir nach Dürrenast kommen.

Ein wenig befahrener Weg führt uns in südlicher Richtung, an der Schiffswerft und dem Strandbad vorbei, durchs Sportareal und am Seeufer entlang bis in den Bonstettenpark in Gwatt, ganz in der Nähe der historischen Bettlereiche. Westlich des Gwattlischenmoos biegen wir in südwestliche Richtung ab, queren die Frutigerstrasse (beim Landgasthof Lamm) und die Bahnlinie und steigen durch das Wohnquartier und über Weidland hinauf auf die Gwattegg. Unser Weg mündet hier in den Jakobsweg ein, der

Berner-Oberländer-Weg

Schloss Schadau

von Spiez kommend nach Amsoldingen führt. Wir folgen in südlicher Richtung der Strasse über Weideland und durch ein Wäldchen, bis wir, nach Unterquerung der Autobahn, zur Alti Schlyffi am Glütschbach kommen.

Von hier steigen wir, auf der Strasse und dann auf einem Abkürzungsweg hinauf zum Ortsausgang von Zwieselberg. In westlicher Richtung geht es weiter, zunächst auf der Amsoldingerstrasse und dann auf einem Fahrweg entlang des Waldes und durch den Wald bis zum Weidland östlich von Amsoldingen.

Der Weg führt dann über die Wiesen und am Waldrand entlang in den Ortsteil Galgacher und biegt dort links ins Dorf Amsoldingen ab. Auf der Dorfstrasse gelangen wir zu der von weither sichtbaren romanischen Pfeilerbasilika, die zu den 1000-jährigen Thunerseekirchen aus der Burgunderzeit gehört. Unter dem Chor befindet sich die Krypta, neben der Orgel eine Stube mit alten Kapitellen.

Berner-Oberländer-Weg

Alti Schlyffi

Uferweg Gwatt

Amsoldingen–Romont/ Moudon

Der Gantrisch-Fribourg-Weg in Kürze

Ausgangspunkt dieses Weges ist die berühmte Propsteikirche St. Mauritius in Amsoldingen. Der Weg führt vom deutschsprachigen und reformierten Berner Gantrischgebiet ins «welsche» und katholische Freiburgerland, durch eine Landschaft mit Hügeln und Wäldern und durch Dörfer, die immer noch von bäuerlicher Lebensweise geprägt sind. Kurz vor Freiburg wechseln Sprache und Kultur, aus Freiburg wird Fribourg und der Pilger wird zum «pèlerin». Den Weg säumen auffallend viele stattliche Bauernhöfe mit breiten Dächern und gepflegten Ställen. Sie sind aus Holz gebaut und ihre Fenster sind mit Blumen geschmückt. Auf den Feldern weiden Kühe, deren Fellfarbe beim Übergang ins Freiburgerland von braun auf schwarz wechselt. Die Pilgernden begegnen am Weg einer arbeitsamen und oft zweisprachigen Landbevölkerung. Obwohl die Bauern ihre fruchtbaren Felder und Äcker heute mit modernen Maschinen bestellen und die Tiere beinahe industriell gehalten werden, herrscht keine Hektik. In der hügeligen Landschaft geniessen Pilgerinnen und Pilger eine wohltuende Stille und finden ihre Ruhe und Entschleunigung. Am Weg finden sich Orte, die von alter Pilgertradition geprägt sind und zum Besuch und zur Meditation anregen. So gibt es viele alte Kapellen und Kirchen mit Jakobusstatuen oder Muschelsymbolen, deren Türen den Pilgernden offen stehen, Klöster, die zur Begegnung mit Pilgern einladen, in Tafers die Kapelle mit der berühmten Galgenlegende und alte Gasthäuser, die früher Pilgerherbergen waren. Die Stadt Fribourg bietet als Etappenort viele Sehenswürdigkeiten, die an die frühere Pilgerzeit erinnern.

Klosterruine
Rüeggisberg

Pilgern auf dem Jakobsweg Schweiz

Übersichtskarte

Amsoldingen– Romont/ Moudon

Gantrisch-Fribourg-Weg

Wegdistanz
113 km

Mittlere Wanderzeit
rund 39 Stunden

Höhenmeter
−2128 m / +2309 m

Gantrisch-Fribourg-Weg

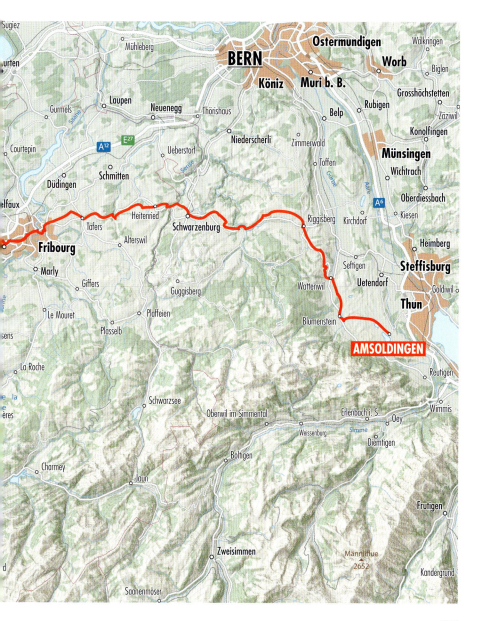

Amsoldingen–Rüeggisberg

Wegdistanz
20 km

Wanderzeit
5 Std. 30 Min.

Höhenmeter
–502 m / +657 m

Hinweis
Bequeme Wanderstrecke mit Auf- und Abstieg.

Der Jakobsweg biegt vor der Kirche beim Parkplatz rechts ab und führt an der Einfahrt zum Schloss vorbei, rechts vom Amsoldingersee über Hübeli und Seematt bis zum Uebeschisee und weiter bis zur Kantonsstrasse. Dieser folgen wir links aufwärts durchs Dorf Uebeschi. Am Ortsausgang zweigen wir rechts auf einen Fahrweg ab, der uns den sanften Hügeln entlang in östlicher Richtung am Gehöft Gänsemoos vorbei bis zum Weiler Schubhus führt, von wo wir auf einem Feldweg über Mühle bis Blumenstein kommen.

Die Kirche von Blumenstein mit Glasgemälden aus dem 13. Jahrhundert ist sehenswert, liegt jedoch nicht direkt am Weg. Vom Dorfkreisel wandern wir zum nördlichen Dorfausgang und bis zum Gasthof Bad Blumenstein.

Dort zweigen wir rechts auf einen Feldweg ab, welcher uns entlang des Fallbachs, über Weidland ins bewaldete Längmoos und zur Gürbe-Einmündung bringt. Nach Überquerung der gedeckten Holzbrücke (Sägerei) geht es entlang der Gürbe, an der Brücke Chriegsried vorbei, bis zur nächsten Gürbebrücke, wo wir scharf links ins Dorf Wattenwil abzweigen.

Gantrisch-Fribourg-Weg

Rastplatz in Riggisberg

Dieser Ort führt im Wappen drei goldene Flügelschwingen auf rotem Grund. Am Kreisel vorbei gelangen wir auf der Dorfstrasse zur reformierten Kirche Wattenwil. Dort zweigen wir kurz hinter der Kirche rechts ab und steigen auf asphaltierter Strasse und auf Feldwegen über Hindere Rain hinauf, an den Häusern der Lörtscherei vorbei, zum 150 Meter höher gelegenen Dorf Burgistein. Nach dem Gasthaus Bir Linde biegen wir rechts in einen Feldweg ein, der uns unterhalb von Schloss Burgistein, am Weiher vorbei, in den Ortsteil Weierboden bringt.

Auf der Höhe zweigen wir rechts auf einen geteerten Fahrweg ab, auf welchem wir über Felder und Wiesen zum Gehöft Breite (Pilgerrast) kommen. Ein Feldweg führt uns von dort in nördlicher Richtung weiter am Ort Elbsche vorbei bis zum Ortseingang von Riggisberg.

Der dortigen Kantonsstrasse folgen wir bis zur Dorfmitte, wo wir die Schwarzenburgstrasse verlassen, um rechts auf der Treppe zur schönen Kirche von Riggisberg aufzusteigen. Von der Terrasse des Gotteshauses geniessen wir eine prächtige Aussicht, die vom Emmental über das Thunerseegebiet und die Jungfrau Region bis zur nahen Gantrischkette reicht. An der Kirche vorbei geht es hinauf auf die Landstrasse beim Spital (Studigasse). Diese verlassen wir kurz danach, um linkerhand auf einem Feldweg über Bergwiesen, am Gehöft Haselmatt vorbei, nach Tromwil zu kommen. Von hier gelangen wir, zunächst entlang der Landstrasse und ab Mättiwil auf einem links abzweigenden Feldweg zum Dorfeingang von Rüeggisberg.

Der Weg führt entlang der Hügelkette und wir geniessen eine schöne Aussicht auf die Berner Alpen, das Gantrischgebiet und die Hügellandschaft des Schwarzenburgerlandes. In Mättiwil vor Rüeggisberg stossen wir auf den Jakobsweg, der von Luzern kommt. Von der ref. Martinskirche führt uns ein Feldweg hinunter auf den grossen Parkplatz vor den Ruinen des ehemaligen Cluniazenserpriorats.

Klosterruine Rüeggisberg

Rüeggisberg–Schwarzenburg

Wegdistanz
10 km

Wanderzeit
2 Std. 30 Min.

Höhenmeter
–502 m / +657 m

Hinweis
Wanderstrecke in Hanglage mit Abstieg.

Nach dem Kloster wenden wir uns westwärts zu dem Tor zwischen zwei Gehöften. Hier führt der alte Klosterweg erst am Waldrand, dann durch schattige Waldungen, einmal über die Strasse, dann wieder durch den Wald hinunter nach Helgisried. Von dort geht es auf einem Berg- und Feldweg, am Hügelhang entlang, über die Weiler Schulhaus und Rohrbach hinunter zur Wislisau-Schwarzwasserbrücke (Strassengabelung). Von hier geht es westwärts, zunächst längs des bewaldeten Schwarwasserufers bis zur Lindenbachholzbrücke, von wo wir die steile Böschung hinauf steigen, um über offenes Gelände am Hof Granegg vorbei hinauf nach Henzischwand zu gelangen. Weiter geht es zunächst nordwärts, dann auf einem Feldweg durchs Moos in Richtung Westen bis nach Elisried. Hier biegen wir links auf eine geteerte Strasse ab und kommen zur Landstrasse beim Gasthof Schönentannen. 50 Meter nach dem Restaurant zweigt in einem spitzen Winkel nach rechts ein Feldweg ab, der uns abwärts am Hof Cheer vorbei auf ein Strässchen und später scharf nach links abzweigend zwischen Wohnhäusern nach Schwarzenburg bringt.

Gantrisch-Fribourg-Weg

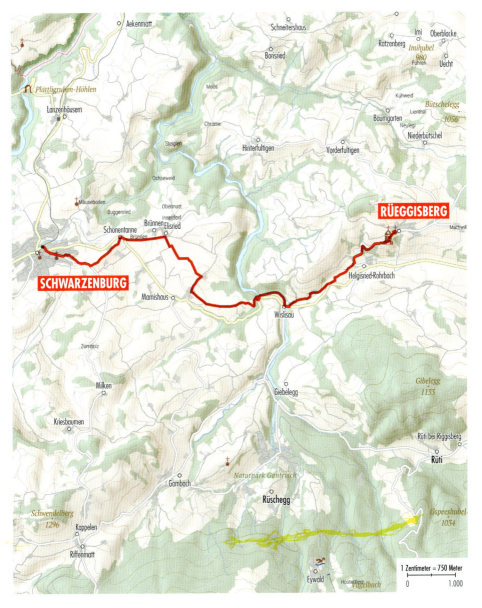

Pilgern auf dem Jakobsweg Schweiz

Schwarzwasser

Klosterruine Rüeggisberg

Gantrisch-Fribourg-Weg

Schwarzenburg

Wir wandern durch den Ort bis zum Bahnhof. In der Ortsmitte von Schwarzenburg steht etwas versteckt die reformierten Kirche Maria Magdalena. Eigenartig ist der sich nach oben verjüngende Turm aus dem 17. Jahrhundert. Am südlichen Ortsrand steht das Schloss Schwarzenburg, welches 1573–75 erbaut wurde und bis 2010 als Amtshaus diente.

Pilgern auf dem Jakobsweg Schweiz

Schwarzenburg–Fribourg

Wegdistanz
20 km

Wanderzeit
5 Std.

Höhenmeter
−434 m / +263 m

Hinweis
Wanderstrecke mit Auf- und Abstieg Abstieg.

Westlich des Bahnhofs biegen wir nach rechts in die Bernstrasse ab. Am Coop vorbei und gegenüber des Parkplatzes biegen wir links ab und gelangen auf einem Fahrweg über Felder zur Wart. Diese lag am Römerweg von Aventicum ins Berner Oberland und hatte vermutlich einen Wachtturm. Auf dem Fahrweg gelangen wir hinunter zu einem Gehöft, vor dem der Weg rechts in den Wald abzweigt. An Sandsteinfelsen vorbei zieht der Weg abwärts zur Torenöli. Der Name Torenöli kommt von einer Ölmühle im Sensegraben. Hier gönnen wir uns vielleicht einen Abstecher zur Grasburg. Diese im 12. Jahrhundert erbaute Reichsfeste verfiel im 16. Jahrhundert zur Ruine. Interessant ist der Fluchtweg von der Grasburg in den Sensegraben.

Von der Torenöli führte in früheren Zeiten der mittelalterliche Weg, Fryburgstrass genannt, zunächst der Sense entlang und dann über den Fluss hinüber. Er war steil und die nicht gezähmte Sense musste von den Zugtieren, welche schwere Fuhrwerke zogen, durchwatet werden, während die Fusspilger auf einem wankenden Steg ans andere Flussufer gelangten. Der Abstieg von 500 Metern Länge war ein in den Sandstein gehauener und mit Flusskieselsteinen gepflästerter Weg. Die im Fels noch heute sichtbaren Radnabenkanten und Trittspuren sind Zeugen früherer Wegnutzung.

Gantrisch-Fribourg-Weg

Torenöli

Heute führt ein gut markierter Weg von der Torenöli hinunter ins beliebte Sense-Naturschutzgebiet mit seiner Auenlandschaft und mit der Ruine der Grasburg im Hintergrund.

Flussaufwärts kommen wir zur Sodbachbrücke, die über die Sense führt, eine gedeckte Holzkonstruktion aus dem Jahr 1867. Neben der Holzbrücke wurde im Jahr 1979 eine Betonbrücke gebaut. Hier überschreiten wir die Kantonsgrenze und zweigen nach kurzer Strecke rechts auf einen aufwärts führenden Hohlweg ab. An den seitlichen Sandsteinwänden sind Inschriften erkennbar. Nach dem steilen Aufstieg erreichen wir auf einem Hochplateau einen Jakobusbildstock.

Von hier führt uns ein Strässchen an den Dorfrand von Heitenried. Rechts steht die weit sichtbare Michaelskirche und an der Hauptstrasse die von 2010 bis 2017 betriebene Pilgerherberge in der ehemaligen Käserei. Wir queren die Landstrasse bei der Bushaltestelle und steigen über Wiesen hinunter zum Lettiswilbach. Durch einen Hohlweg geht es hinauf zum Weiler Winterlingen (Apolloniakapelle), wo wir rechts abbiegen, um zum westlichen Tannenholzwaldrand zu gelangen. Von hier führt der Weg links in Richtung Westen über die Felder, an Nidermonten und Cheer (mit seiner ersten reformierten Kirche im Sensebezirk) vorbei bis zum Ortseingang von St. Antoni.

Sensegraben mit Grasburg

Sodbachbrücke

Auf einer Quartierstrasse kommen wir dann, die Landstrasse querend, zur kath. Pfarrkirche St. Antonius. Am dortigen Brunnen erfrischen wir uns, bevor wir die Kirche besuchen. Im Innern der Kirche sehen wir das alte Taufbecken (Johannes tauft Jesus), eine Bruder-Klaus-Statue, den steinernen Hochaltar und die aus dem 15. Jahrhundert stammende barocke Antoniuskapelle, die in die heutige Kirche integriert ist.

Links neben der Kirche von St. Antoni führt der Weg am Waldrand abwärts. Durch einen Hohlweg kommen wir bei einem Steinkreuz vorbei zum Weiler Wyssebach. Hier bei der Sebastianskapelle queren wir die Landstrasse und kommen über das Feld zur Brücke des Flüsschens Taverna, welches wir überschreiten. Entlang der Taverna (Tafersbach) gelangen wir in westlicher Richtung, an einem kleinen Rastplatz mit Madonna vorbei, bis ins Rohrmoos. Hier biegen wir links auf die Strasse ab, die von Rohr (mit der Heiligkreuzkapelle) kommt und in die Freiburglandstrasse einmündet.

Dieser folgen wir auf dem Troittoir bis nach Tafers, wo wir links zur Kirche und zu den beiden Kapellen gelangen. Links vom Weg steht die 1665 erstmals erwähnte Jakobuskapelle. Die Pflästerung vor der Kapelle wurde neu in Form einer Muschel angeordnet. An die Eingangsfassade ist die Legende des Galgen- oder Hühnerwunders gemalt. Im Innern befindet sich ein Barockaltar mit den Aposteln Johannes, Jakobus und Petrus. Etwas weiter steht die Beinhauskapelle von 1753 mit einer Kreuzigungsgruppe. Gegenüber der beiden Kapellen steht die kath. Pfarrkirche St. Martin, erbaut 1786–89. Der Chor und der vieleckige Turm sind aus dem 16. Jahrhundert. Am Kirchplatz mit dem schönen Dorfbrunnen steht das stattliche, mit Blumen geschmückte Bauernhaus, welches 1780 als Schulhaus erbaut wurde, dann als Sigristenhaus diente und heute ein Heimatmuseum (Sensler Museum) ist.

Vor dem Museum wenden wir uns nach rechts, queren die Hauptstrasse und wandern in nördlicher Richtung durch ein Wohnquartier, biegen links ab und queren die Düdingerstrasse. Auf einem Feldweg gelangen wir zum nordwestlich gelegenen Hof Lamprat. Dort biegt der Weg in den Wald (Lampratholz) ab, von wo er dann über das offene Feld zum Weiler Menziswil und weiter an der Marienkapelle vorbei zur Weggabelung kommt. Rechts, auf dem geteerten Weg, geht es weiter in westlicher Richtung, am Herrengut Hinter Bruch (mit der St. Jost-Kapelle) am Wäldchen Dälhölzli vorbei bis zum Schloss von Uebewil. Am Eingang des Privatschlosses vorbei kommen wir entlang von Stallungen und Bauernhäusern zur 1789 erbauten Kapelle Unserer Lieben Frau, die leider geschlossen ist.

Kirche St. Antoni

Gantrisch-Fribourg-Weg

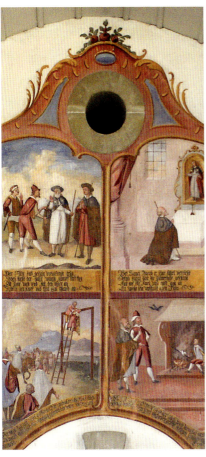

Galgenlegende und Jakobusaltar Pfarrkirche Tafers

Wir verlassen Uebewil und kommen an einem alten verwitterten Steinkreuz vorbei in die Aussenquartiere der Stadt Freiburg. Im Stadtteil Bellevue erreichen wir eine grosse verkehrsreiche Kreuzung, über die der Verkehr in die Stadt fliesst. Wir benutzen die neuere Unterführung, um auf die andere Seite zu gelangen. Ein Aufgang führt zur 1473 erbauten Kapelle St. Bartholomäus. Die vom Verkehr umflutete Kapelle ist leer, verwaist und abgesperrt. Von Fribourg führt der Jakobsweg entweder direkt nach Romont (Variante A) und von dort weiter nach Curtilles oder weiter westlich über Payerne und Lucens nach Curtilles (Variante B).

Fribourg–Romont (Variante A)

Wegdistanz
28 km

Wanderzeit
8 Std.

Höhenmeter
−321 m / +475 m

Hinweis
Der Gantrisch-Fribourg-Weg erstreckt sich auf der Hauptroute über ca. 80 km und kann in drei bis fünf Etappen aufgeteilt werden. Die Alternativstrecke von Fribourg via Payerne mündet bei Curtilles kurz nach Lucens wieder in die Hauptroute, dort bereits in den Jakobsweg der Romandie.

Wer sich die 35 Minuten Fussmarsch durch die verkehrsreichen Vorortsstrassen sparen will, kann am Bahnhofplatz in den Bus der Linie 2 einsteigen und bis Moncor, Haltestelle Belle Croix fahren. Das Steinkreuz befindet sich fünf Minuten südöstlich des Einkaufscenters.

Auf der Avenue de la Gare gelangen wir am Bahnhof vorbei und durch die Unterführung auf die verkehrsreiche Avenue du Midi. Auf dieser zweigen wir bald nach rechts auf die ruhigere Route de la Vignettaz ab und erreichen aufwärts nach 200 Metern links die Route de la Gruyère, der wir 200 Meter folgen, um dann auf die Route du Grand Pré abzuzweigen. Ihr folgen wir bis zum Ende, wo es neben dem Hügel Championd auf einem Fussweg weitergeht bis zum Chemin de Bel Air, von dem wir später links abzweigen, um auf der Route de Villars zum Strassenkreisel zu kommen.

Hier queren wir die Route de Cormanon und gehen hinüber zum Steinkreuz am Waldrand mit der Aufschrift St-Jacques. Seit 1470 (Bau einer Kapelle) war hier am Belle Croix ein wichtiger Durchgangsort für Jakobspilger.

Im Wald von Belle Croix gabeln sich die Jakobswege, rechts nach Payerne (Wegweiser Montagny Payerne) und links nach Romont (Wegweiser Ecuvillens Romont). Wir nehmen die Abzweigung links, die in südwestlicher Richtung durch den Wald führt. Am Waldrand kommen wir zu den oberen Wohnquartieren des Vorortes Villars-sur-Glâne. Wir steigen die aussichtsreichen Hang-

Gantrisch-Fribourg-Weg

Fribourg

lagen von Villars hinunter, um die weithin sichtbare Kirche mit dem Friedhof herum und queren die Bahnlinie Fribourg–Romont.

Entlang der Strasse kommen wir zum Weg, der rechts hinunter nach Ste-Apolline und zur Kläranlage führt. Bei der Waldecke überqueren wir auf einer alten Steinbrücke die Glâne. Am Ende der Brücke steht eine 1566 neu erbaute Wegkapelle mit einem Bild der alten Brücke. Der Weg führt von hier in südwestlicher Richtung, eine Zufahrtsstrasse querend, hinauf bis in den Wald (Bois-de-Monterban). Am südlichen Waldausgang gehen wir entweder geradeaus weiter, queren die Landstrasse Hauterive-Posieux und kommen direkt nach Posieux oder wir zweigen links ab und machen einen Abstecher zur Abbaye de Hauterive. Dorthin gelangen wir am Institut Agricole von Grangeneuve vorbei.

Die Zisterzienserabtei wurde im 12. Jahrhundert gegründet. Die Kirche wurde 1150 erbaut. Besonders sehenswert sind das Grab des Stifters, das geschnitzte Chorgestühl, die Glasmalereien des gotischen Chorfensters aus dem 14.–15. Jahrhundert. Die Klostergebäude wurden im 18. Jahrhundert gebaut. Das heutige Kloster Hauterive wurde, nachdem die Abtei seit 1848 aufgehoben war, erst ab 1973 wieder zur Abtei erhoben. Nach dem Besuch der Abtei kommen wir zurück zum Institut Agricole. An ihm vorbei gehen wir nun am südlich gelegenen Waldrand entlang über Felder in westlicher Richtung bis nach Posieux.

Kapelle Posieux
mit Statue im Innern

Abtei Hauterive

In Posieux sehen wir wenige Meter oberhalb der Strasse die Chapelle du Sacré-Cœur. Am Ortsende zweigen wir rechts auf die Strasse ab, auf welcher wir die Autobahn querend nach Ecuvillens kommen. Wir gehen durch den Ort mit der schönen Pfarrkirche und zweigen am Ortsende links auf den Weg ab, der uns am Flugplatz vorbei führt. In südlicher Richtung gelangen wir entlang des Waldrandes, durch den Wald und über das Feld (Champ de la Croix) nach Posat.

Wir folgen der Hauptstrasse durch den Ort und kommen am Ortsausgang zum Gasthof La Croix d'Or, wo der Weg rechts zur Chapelle de Posat führt. Unterhalb der Kapelle trinken wir aus dem Brunnen Wasser, welches nach der Überlieferung heilsam sein soll. Nach der Kapelle steigen wir in westlicher Richtung entlang des Waldrandes hinunter zur Glâne, die wir über eine Holzhängebrücke überqueren, um auf der Gegenseite durch den Wald (Grands Champs) auf die Felder Devant le Pas zu kommen.

Hier biegt der Weg in westlicher Richtung ab und wir gelangen über Felder und Wiesen, am Weiler La Crétausa vorbei, in den Ort Autigny. Wir gehen südlich der Pfarrkirche durch den Ort und setzen den Weg zunächst in westlicher, dann in südwestlicher Richtung fort. An Gondran vorbei und entlang des Waldrandes kommen wir hinunter zur Glâne. Wir folgen dem rechts abbiegenden Weg entlang der Glâne, die wir bei der nächsten Brücke (Vers le Moulin) queren. Von hier geht es über Weidland und durch den Wald hinauf nach Chavannes-sous-Orsonnens. Die Barockkapelle aus dem 16. Jahrhundert mit ihren schönen Wandmalereien ist sehenswert. Auch Jakobus ist an der rechten Seitenwand dargestellt. Wir gehen an der Kirche vorbei bis zur Strassengabelung am Ortsausgang. Von hier gelangen wir rechts haltend, in südlicher Richtung, dem Lauf des Flüsschens La Neirigue folgend, südlich an den Weilern La Fortune und Fuyens vorbei und durch das Feld (Courts Champs) nach Planchevret, wo der Weg rechts abzweigt. In der Ferne sehen wir bald den Burghügel von Romont.

Kapelle Posat

Der Weg führt uns weiter in westlicher Richtung über landwirtschaftlich genutzte Felder und Wiesen an den Gehöften Les Marais, Longeraie und La Foule vorbei, bis er kurz danach links zur Abtei La Fille-Dieu abzweigt. Die Abtei wurde im 13. Jahrhundert gegründet. Über der Pforte des kleinen Frauenklosters steht die Jahreszahl 1635. Die frühgotischen Chorbögen mit dem dunklen Gestühl und den modernen Glasmalereien verleihen der Klosterkirche eine mystische Atmosphäre. Die Nonnen gewähren Pilgern gerne Unterkunft, wenn sie zu Tageszeiten eintreffen. Westlich des Klosters erreichen wir den Ortsteil Chavannes. Von hier steigen wir in Serpentinen auf den Hügel mit dem mittelalterlichen Städtchen Romont, das uns zu einem Rundgang einlädt.

Stadthügel Romont

Gantrisch-Fribourg-Weg

Stadtturm / -kirche
Romont

Wir beginnen den Rundgang bei der reformierten Kapelle, wo wir einen Blick hinunter auf die Abtei La Fille-Dieu werfen. Dann biegen wir in die Rue de l'Eglise ein. Über den Platz St-Jacques gelangen wir zur Stiftskirche Maria Himmelfahrt (Notre-Dame de l'Assomption). Das Gotteshaus wurde 1451 auf den Grundmauern einer 1434 abgebrannten Kirche aufgebaut. Sehenswert sind die gotischen Glasgemälde aus dem 14.–15. Jahrhundert, die Steinkanzel von 1520 und das geschnitzte Chorgestühl von 1466 (mit Jakobus). Nach wenigen Schritten erreichen wir das Schloss, dessen heutiges Erscheinungsbild auf das 16. Jahrhundert zurückgeht.

Zu sehen sind im Innenhof das grosse Wasserrad (1772) und im Schlossinnern das einzigartige Museum für Glasmalerei. Gegenüber des Schlosses wartet das 1576 erbaute Café-Restaurant Weisses Kreuz (La Croix Blanche – Au Suisse). Von der Stadtmauer mit ihren Türmen sehen wir in der Ferne die Freiburger Alpen.

Fribourg–Payerne (Variante B)

Wegdistanz
20 km

Wanderzeit
5 Std.

Höhenmeter
–335 m / +163 m

Hinweis
Der Gantrisch-Fribourg-Weg erstreckt sich auf der Hauptroute über ca. 80 Kilometer und kann in drei bis fünf Etappen aufgeteilt werden. die Alternativstrecke von Fribourg via Payerne mündet bei Curtilles kurz nach Lucens wieder in die Hauptroute, dort bereits in den Weg der Romandie.

Diese signalisierte Variante des Jakobswegs führt zum überwiegenden Teil auf Hartbelag nach Payerne.

Auf der Avenue de la Gare gelangen wir am Bahnhof vorbei und durch die Unterführung auf die verkehrsreiche Avenue du Midi. Auf dieser zweigen wir bald nach rechts auf die ruhigere Route de la Vignettaz ab und erreichen aufwärts nach 200 Metern links die Route de la Gruyère, der wir 200 Meter folgen, um dann nach rechts auf die Route du Grand Pré abzuzweigen. Ihr folgen wir bis zum Ende, wo es neben dem Hügel Champriond auf einem Fussweg weitergeht bis zum Chemin de Bel Air, von dem wir später links abzweigen, um auf der Route de Villars zum Strassenkreisel zu kommen. Hier queren wir die Route de Cormanon und gehen hinüber zum Steinkreuz am Waldrand mit der Aufschrift St-Jacques.

Seit 1470 (Bau einer Kapelle) war hier am Belle Croix ein wichtiger Durchgangsort für Jakobspilger. Beim Kreuz folgen wir dem Waldweg rechts bis zur Verzweigung der beiden Jakobswege und nehmen den Jakobsweg nach rechts (Wegweiser Richtung Montagny–Payerne). Nach kurzer Strecke erreichen wir die Kuppe des bewaldeten Hügels mit der Lichtung und dem Rastplatz beim Wasserreservoir. Wir gehen rechts hinunter zum Einkaufscenter, auf der Hauptstrasse nach links stadtauswärts und biegen später halbrechts in ein Strässchen ein, auf dem wir in westlicher Rich-

Gantrisch-Fribourg-Weg

tung in den Wald Bois de Moncor kommen. Diesen durchqueren wir auf Hartbelag in nordwestlicher Richtung. Wir überqueren die Autobahn auf einer Brücke und zweigen kurz vor dem Waldausgang (bei der Holzhütte) links auf einen Waldweg ab, der uns an den westlichen Waldrand und weiter zum Village Suisse führt. Hier überqueren wir die Landstrasse und zweigen kurz danach links in den Bois de Verdilloud ab. Diesen Wald durchqueren wir in südwestlicher Richtung und biegen bei der Wegkreuzung (mit Rastplatz und Unterstand) links ab, um weiter südlich auf eine Forststrasse zu kommen, die uns in westlicher Richtung zum Waldrand führt.

Von hier geht es in westlicher Richtung, zunächst auf einem Fahrweg, dann auf der Landstrasse, an den Gehöften Pra Fert und La Sonna vorbei, bis nach Seedorf, welches aus ein paar Gehöften und dem Château de Seedorf besteht. Das heutige Schlossgebäude wurde 1769 vollendet. Heute beherbergt es eine kantonale Sonderschule (Internat) für geistig behinderte Kinder. Wir blei-

Fribourg

ben auf der Landstrasse, auf der wir an Seedorf vorbei ins westlich gelegene Noréaz mit der modernen Pfarrkirche gelangen. Die Gemeinde führt im unteren Teil des Wappens drei Jakobsmuscheln auf blauem Grund.

Unser Weg führt durchs Dorf, an der ehemaligen Auberge Fleur de Lys vorbei. Nach 100 Meter sind beim Chemin de St-Jacques zwei Varianten ausgeschildert:
Variante 1: Nach rechts auf dem Chemin de St-Jacques, der am westlichen Ausgang des Dorfes kurz in einen Feldweg einmündet und dann auf dem geteerten Strässchen durch den Wald der uns in Richtung Moulin des Arbognes führt.
Variante 2: Der Hauptstrasse hinab folgend zweigen wir im Talboden rechts auf den Chemin de Soupierraz ab. Nach dem letzten Hof treffen wir auf ein Natursträsschen, das uns durch den Wald in Richtung Moulin des Arbognes führt.

Bois de Verdilloud

Wir bleiben auf dem Weg westlicher Richtung bis hinunter zur Moulin de Prez im bewaldeten Tobel der Arbogne. Hier biegen wir scharf rechts ab, folgen der Arbogne im bewaldeten Arbognetal (mit Resten eines römischen Aquäduktes, welches Wasser nach Aventicum führte – siehe Hinweistafel). Wir gelangen in nördlicher Richtung an Les Pelons und der Moulin d'Arbognes (mit der imposanten Sägerei) vorbei in den kleinen Ort Les Arbognes. Zur Linken zeigt sich der Rundturm der Burgruine von Montagny-les-Monts, zu der wir über eine kleine Steinbrücke und auf einer Bergstrasse aufsteigen können. Eine Eisentreppe führt zur Turmkrone, von der wir eine prächtige Aussicht über die bewaldeten Hügel ins Broyetal geniessen können. Sehenswert ist auch die katholische Kirche Notre-Dame de l'Immaculée Conception, die im Innern schöne Fresken aus dem Jahr 1646 und eine steinerne Madonna mit Kind aus der Zeit um 1500 birgt.

Wieder im Tal führt eine Brücke über die Arbogne. Auf der Landstrasse folgen wir zunächst dem Lauf der Arbogne, bis wir sie bei La Planche überqueren, um in westlicher Richtung in den Ort Cousset zu kommen. Am westlichen Ortsausgang gehen wir

Kirche Noreaz

geradeaus weiter und überqueren bei Les Granges die Bahnlinie und die Arbogne. Wir gelangen in den Kanton Waadt und biegen nach 300 Meter rechts zur Kirche Notre-Dame de Tours ab, einer freiburgischen Enklave. Dieses zur früheren kleinen Gemeinde Les Granges gehörende Kirchlein stammt aus dem 13. Jahrhundert und wurde mehrmals umgebaut. Im Innern birgt die Kirche einen barocken Hauptaltar mit einer Strahlenmadonna und zwei Seitenaltäre. Nach dem Besuch der Kirche geht es entlang des Waldrandes auf geteertem Weg bis zur Brücke über die Hauptstrasse Lausanne–Bern am Ostrand von Corcelles-près-Payerne.

Der Weg führt über die Strasse geradeaus weiter, um kurz danach links abzubiegen. In südlicher Richtung geht es weiter, an Wohnhäusern vorbei bis zur alten Mühle an der Arbogne, die wir überqueren, um zur Bahnlinie zu kommen. Ihr folgen wir bis kurz vor den Bahnhof Corcelles Sud. Hier zweigen wir links ab und überqueren die Bahnlinie und gelangen, am Rand des Quartiers Le Sansui, teils auf der Strasse und teils auf einem Pfad, über den Chemin du Sansui am Golfplatz vorbei auf die Hauptstrasse (Route de la Fenettaz), die rechts hinunter nach Payerne führt. Wir folgen ihr, queren die Route de Corcelles, unterqueren Bahngleise und kommen auf die Route de la Grosse Pierre. Beim Kreisel vor der Altstadt zweigen wir links ab und kommen auf der Rue de la Gare in einem Bogen zum Bahnhof von Payerne.

Unser Rundgang beginnt am Bahnhof, wo wir rechts zur alten Stadtmauer mit dem 1395 erbauten Turm Barraud abzweigen. Durch die Altstadt kommen wir zur ref. Pfarrkirche Notre-Dame (13./14. Jahrhundert). Vor der Kirche steht der Bannerträgerbrunnen mit Figur von 1542. Die dreischiffige Kirche besitzt eine prächtige Orgel von Melchior Grob von 1787. Im südlichen Seitenschiff erblickt man ein Wandgemälde aus dem 16. Jahrhundert, das das Leichentuch Christi darstellt. Im nördlichen Seitenschiff befindet sich das Grabmal von 1817 mit den vermuteten Gebeinen der burgundischen Königin Bertha († 961). Rechts neben der Kirche befindet sich das spätgotische Gerichtsgebäude von 1571 mit der Freitreppe. Rechts der Treppe erreicht man über einen Hof die ehemalige Abteikirche Notre-Dame. Die dreischiffige Pfeilerbasilika wurde im 11. Jahrhundert auf Anregung des Abtes von Cluny erbaut. Die langen Schiffe, die mächtigen Pfeiler, die aus Quadern mit wechselnden Farben bestehen, und das riesige Tonnengewölbe flössen dem Betrachter Ehrfurcht ein.

Die Kirche ist ein prächtiges Beispiel cluniazensischer Baukunst. 1536 wurde die Waadt von den Bernern erobert und die Reformation eingeführt. Die Abtei wurde aufgelöst. Heute ist die Kirche ein Museum. Links der Apsis befindet sich eine Kapelle aus dem 14. Jahrhundert, die mit Engeldarstellungen ausgemalt ist. Rechts der Apsis ist die Grailly-Kapelle aus dem 15. Jahrhundert, die mit einer Pietà, einer barmherzigen Madonna und Darstellungen verschiedener Heiligen ausgemalt ist. In einer Wandnische an der linken Seite sieht man eine moderne Orgel von 1999. Am anderen Ende befindet sich der Narthex (Vorhalle) mit Fresken aus dem 12. Jahrhundert, darunter Christus als Richter. Eine Treppe führt zur Michaelskapelle im Obergeschoss mit einer Sammlung alter Kapitelle. Hinter der Abteikirche finden wir den alten Brunnen der Serruriers (Schlosser) mit Figur von 1533. In der nördlichen Strasse steht das Croix Blanche, ein altes Gasthaus. Wir wenden uns nun südwärts und gelangen zum Bahnhof, wo wir wieder auf den Jakobsweg treffen.

Pilgern auf dem Jakobsweg Schweiz

Payerne–Moudon (Variante B)

Wegdistanz
22 km

Wanderzeit
3 Std. 30 Min.

Höhenmeter
–34 m / +94 m

Hinweis
Der Gantrisch-Fribourg-Weg erstreckt sich auf der Hauptroute über ca. 80 Kilometer und kann in drei bis fünf Etappen aufgeteilt werden.

Vom Bahnhof folgen wir den Wegweisern des Jakobsweges in westlicher Richtung bis zur kath. Pfarrkirche Notre-Dame. Nach der Kirche biegen wir links zur Broye ab. Von hier führt uns der Jakobsweg 16 Kilometer in südlicher Richtung am östlichen Ufer der Broye bis nach Lucens. Auf dem Uferweg queren wir zunächst die Bahnlinie und die Zufahrtstrasse zur Autobahn. Dann kommen wir entlang der Bahnlinie und anschliessend über Uferwiesen und durch kurze Waldstücke bis zur Brücke von Granges-près-Marnand.

Hier queren wir die Landstrasse und ziehen entlang der Broye in südlicher Richtung weiter. Auf dem von Pappeln und Birken gesäumten Weg kommen wir durch kleine Waldstücke und an der Bahnstation Henniez vorbei, bis kurz vor Lucens. Wir sehen das Schloss Lucens mit seinem mächtigen Rundturm. In Lucens queren wir die Broye und zweigen bei der nächsten Brücke links nach Curtilles ab, wo wir auf den Jakobsweg-Ast stossen, der von Romont kommt und weiter nach Moudon führt. Wir können aber bei der nächsten Brücke auch auf dieser Seite der Broye (der orografisch linken Seite) auf dem Uferweg bleiben, das heisst nicht nach Curtilles gehen und in sechs Kilometern auf dem Uferweg nach Moudon gelangen.

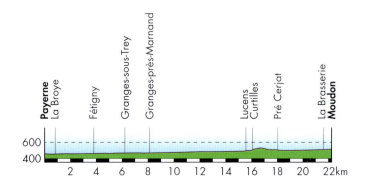

Gantrisch-Fribourg-Weg

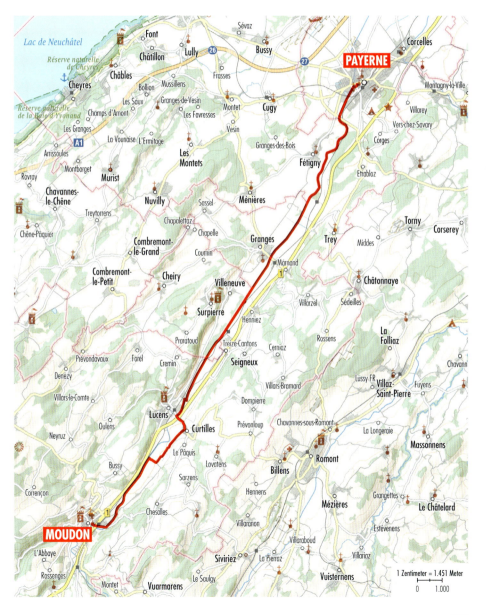

205

Broyeweg

Kirche Granges-
près-Marnand

Romont–Genève

Der Weg der Romandie in Kürze

Der Jakobsweg durch die Französisch sprechende Schweiz führt zunächst durch eine von bäuerlicher Arbeit und Kleinindustrie geprägte Landschaft nach Lausanne. Anschliessend geht es durch die Weinregion längs des Genfersees nach Genève. Zwischen Lausanne und Genève ging der historische Jakobsweg auf vielen Strecken verloren, da der ursprüngliche Pilgerpfad im 18. Jahrhundert zum grössten Teil ausgebaut und verbreitert wurde und der «Route Suisse» weichen musste. Heute gelangen Pilgerinnen und Pilger von Ort zu Ort auf Zufahrtsstrassen, aber auch auf Feld- und Forstwegen, durch Felder, Wiesen, Wälder, kleinere Bachtobel und entlang von Flussläufen nach Lausanne – an die Gestaden des Genfersees. Von Lausanne geht es dann entlang des Genfersees, auf Uferwegen oder durch die Rebberge bis in die Calvinstadt Genève. Verträumte Bauern- und Winzerdörfer und pittoreske Städtchen mit gut erhaltenen historischen Ortskernen, alten Kirchen, Herrschaftshäusern und Schlössern des früheren Landadels säumen den Weg. Alte Gasthäuser und Weinstuben laden zum gemütlichen Verweilen ein. Die beiden Kantonshauptstädte Lausanne und Genève haben neben einem gut bürgerlichen Welschschweizerkolorit auch eine internationale Prägung, beherbergen sie doch neben vielen Touristen aus aller Welt auch weltbekannte Unternehmen und Organisationen. Auf dem Weg entlang des Genfersees, mit einmaliger Sicht über den See ist Frankreich zu erahnen. Diese Fernsicht und die Nähe zur Schweizer Grenze laden zum Sinnieren ein. In der Romandie begegnen Pilgerinnen und Pilger einer sehr freundlichen und weltoffenen Bevölkerung, die ihr kulturelles Erbe zu schätzen weiss und es gerne zeigt. Die durch den Reformator Calvin geprägte Lebenshaltung sickert bei Begegnungen und Gesprächen ein bisschen durch und kann im ökumenischen Sinn zu bereichernden Diskussionen führen. Bei einem Glas Wein lässt es sich gut begegnen und Sprachprobleme werden lösbar.

Säulen in Nyon

Pilgern auf dem Jakobsweg Schweiz

Übersichtskarte

Romont–Genève

Weg der Romandie

Wegdistanz
133 km

Mittlere Wanderzeit
rund 34 Stunden

Höhenmeter
–1461 m / +1446 m

Weg der Romandie

Romont–Moudon

Wegdistanz
15 km

Wanderzeit
3 Std. 50 Min.

Höhenmeter
–381 m / +112 m

Hinweis
Der Weg der Romandie von Romont bis nach Genf erstreckt sich über ca. 130 relativ flache Kilometer und kann zum Beispiel in fünf bis sieben Etappen aufgeteilt werden. Die Fortsetzung in Genf ist die Via Gebennensis.

Bevor wir uns auf den Weg begeben, lädt uns das mittelalterliche Städtchen Romont auf dem Burghügel zu einem Rundgang ein. Wir beginnen bei der reformierten Kapelle, wo wir einen Blick hinunter auf die Abtei La Fille-Dieu werfen. Dann biegen wir in die Rue de l'Eglise ein. Über die Place St-Jacques gelangen wir zur Stiftskirche Maria Himmelfahrt (Notre-Dame de l'Assomption). Das Gotteshaus wurde 1451 auf den Grundmauern einer 1434 abgebrannten Kirche aufgebaut. Sehenswert sind die gotischen Glasgemälde aus dem 14.–15. Jahrhundert, die Steinkanzel von 1520 und das geschnitzte Chorgestühl von 1466 (mit Jakobus).

Nach wenigen Schritten erreichen wir das Schloss, dessen heutiges Erscheinungsbild auf das 16. Jahrhundert zurückgeht. Zu sehen sind im Innenhof das grosse Wasserrad (1772) und im Schlossinnern das einzigartige Museum für Glasmalerei. Gegenüber dem Schloss wartet das 1576 erbaute Café-Restaurant Weisses Kreuz (La Croix Blanche). Von der Stadtmauer mit ihren Türmen sehen wir in der Ferne die Freiburger Alpen.

Wir verlassen Romont mit dem nächsten Zielort Curtilles, welchen wir über Billens und Lovatens erreichen wollen. Wir folgen der Rue du Château und verlassen Romont beim Tour à Boyer. Am Fuss

Weg der Romandie

Pilgern auf dem Jakobsweg Schweiz

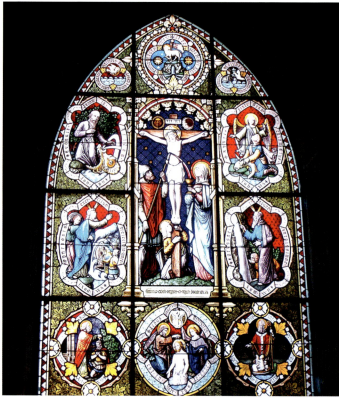

Pfarrkirche Romont

Weg der Romandie

Weiler Hennens

des Hügels führt uns der Jakobsweg etwa zehn Minuten entlang der Hauptstrasse (Route d'Arruffens). Durch Wohnquartiere gelangen wir, die Bahnlinie querend, zum Kreisel beim Elektrizitätswerk. Hier biegen wir nach rechts ab und überqueren die Bahnlinie. Unmittelbar nach der Bahnlinie führt der Weg in nordwestlicher Richtung zwischen zwei Fabriken hindurch zum Waldrand mit dem Rastplatz und dem Bildstock Vierge des pauvres. Von hier gehen wir auf einem Feldweg hinauf nach Billens, mit seinem Gasthaus und der Pfarrkirche St-Maurice an der Kreuzung (200 Meter rechts).

Wir folgen links der wenig befahrenen Strasse bis zum Weiler Hennens. Hier besuchen wir die 1653 erbaute Kapelle St-Bernard. Nach dem Besuch der Kapelle führt uns der Weg zunächst auf der Strasse, dann auf einem Feldweg über den 809 Meter hohen Hügelkamm (Champ Liamon) mit seinem Sendemast. Zunächst steigen wir hinauf bis zum Wegkreuz und dem Rastplatz mit den Steinbänken. Dort geniessen wir die schöne Aussicht auf Romont und die Alpen. Der Höhenweg folgt dann der Kantonsgrenze (FR/VD).

Kirche Notre-Dame Curtilles

Altstadt Moudon

Vom Tal der Broye grüsst uns Lucens mit dem markanten Schloss und in der westlichen Ferne sehen wir die Jurahöhen. Beim Sendemast folgen wir der Jakobsweg-Signalisierung und kommen rechts haltend auf dem landwirtschaftlich genutzten Fahrweg hinunter nach Lovatens (lat. Lovatingis). Ein Mann am Weg sagt uns, dass ein im Ort gefundener Stein mit der Aufschrift «Deae Minervae» auf eine frühere römische Route hinweist.

Curtilles erreichen wir auf dem betonierten Feldweg, der am Schulhaus vorbei hinunter zum Friedhof und von dort dem Waldrand entlang auf die Route de Romont am Dorfeingang von Curtilles führt. Ihr folgen wir durch den Ort bis zur Kreuzung, wo wir beim Café Fédéral links auf den Fahrweg nach Prévondens abzweigen. Curtilles wurde im 11. Jahrhundert vom Lausanner Bischof gegründet.

Notabene: Ein Besuch in der reformierten Pfarrkirche Notre-Dame in Curtilles mit ihren sehenswerten Fresken und Glasmalereien lohnt sich (Schlüssel im Café Fédéral erhältlich).

Der Prévondensfahrweg führt uns durch Spargelfelder und Wiesen in einem grossen Bogen am Hof Pré Cerjat vorbei an die Broye.

Weg der Romandie

Auf dem Uferweg der Broye, der von hohen Birken gesäumt ist, wandern wir südwärts, am schattigen Rastplatz beim Fischweiher (Etang de l'Isle à l'Ours) vorbei, bis wir am Westrand des mittelalterlichen Städtchen Moudon (bei La Brasserie) die Broye überqueren. Im Städtchen Moudon kommen wir am Bahnhof vorbei zur reformierten Kirche St-Etienne, die auch die kleine Kathedrale genannt wird.

Die gut erhaltene Basilika hat neben alten Malereien auch ein im 16. Jahrhundert geschnitztes Chorgestühl und eine französische Orgel von 1764. Der mit Kastanien bestandene Vorplatz, mit seinen Bistros, lädt zum Verweilen ein. Besonders sehenswert ist die Unterstadt an der Broye. Es lohnt sich auch ein Besuch der Oberstadt, mit dem Broyeturm (12. Jahrhundert), Schloss Rochefort (16. Jahrhundert, Museum), Schloss Carrouge und dem Château de Billens.

Altstadt Moudon am Fluss

Moudon–Lausanne

Wegdistanz
28 km

Wanderzeit
7 Std. 40 Min.

Höhenmeter
–509 m / +529 m

Hinweis
Bequeme Wanderstrecke.

Von Moudon geht es über Bressonnaz und Vucherens zum nächsten Zielort Montpreveyres. Am westlichen Ortsrand von Moudon folgen wir der Rue du Château und kommen in einem grossen Bogen durch den Ortsteil Le Bourg wieder hinunter an die Broye, welche wir überqueren. Wir folgen der Broye, die sich durch Flussschleifen windet, bis wir zur Flussschleife in Bressonnaz kommen, wo wir die Hauptstrasse queren und zum Bahnhof gelangen.

Vom Bahnhof geht es dann südwärts über die Broye und anschliessend auf einer alten Steinbrücke über das Flüsschen La Carrouge. Ihm folgen wir für eine kurze Strecke bis zum Steg, über den wir rechts hinüber auf die Kantonsstrasse gelangen. Der Feld- und Fahrweg zweigt gleich wieder nach links ab, kommt zur Hauptrasse zurück und wechselt dann mehrmals die Richtung, bis er über Felder und durch eine Waldparzelle (Bois de Bioley) hinauf zum weit verstreuten Dorf Vucherens kommt. Dort steht eine kleine Kapelle aus dem Jahr 1523. Vom Wasserreservoir und der Mobiltelefonantenne aus geniessen wir einen einmaligen Ausblick nicht nur auf den freiburgischen Moléson, sondern auch auf die Waadtländeralpen (Rochers de Naye, Tours d'Aï et de Mayen, Dent de Morcles). Bei schönem Wetter ist in der Ferne die französische Gebirgskette südlich des Genfersees zu sehen.

Weg der Romandie

Von Vucherens führt uns das Flursträsschen über den Höhenzug (Champ du Bochet). Nach rund zwei Kilometer steigen wir dann oberhalb der Bressonne durch ein kleines Waldstück hinunter auf die Landstrase. Diese und die Bressonne queren wir und kommen an den Häusern von Ecorche Boeuf vorbei zur Strassenkreuzung. Hier folgen wir zunächst der Strasse in südlicher Richtung und zweigen nach rund 200 Meter in südwestlicher Richtung auf ein Natursträsschen ab. Dieses führt uns in den Wald (Bois de la Côte). Auf dem Forststrässchen ziehen wir südwärts durch den Wald und kommen nach etwa 20 Minuten zu einer 5-Strässchen-Kreuzung. Hier zweigen wir rechts auf einen schmalen Pfad ab, der uns steil hinunter zur Bressonne führt.

Diese überqueren wir und steigen dann steil hinauf zur Kapelle La-Cure. Diese schmucke Kapelle wurde 1438 von Mönchen in der Schlucht gebaut. Im Jahr 1758 wurde sie am heutigen Standort neu erbaut. Das Pfarrhaus diente früher als Pilgerherberge. In das nahe gelegene Dorf Montpreveyres, das an der Lausannerhauptstrasse liegt, gelangen wir auf einem Strässchen. Der Orts-

Pfarrkirche Moudon

Weg der Romandie

Kapelle La-Cure
Kapelle Vucherens

name Montpreveyres kommt vom altfranzösischen «Mont des Prêtres». Der Ort gehörte in früheren Zeiten zum Bischofssitz von Lausanne.

Unser nächster Zielort ist Lausanne. Am Ortsausgang folgen wir der Hauptstrasse bis wir nach dem Hotel des Balances links in den Wald (Bois du Grand Jorat) abzweigen und dort wiederum die Bressonne überqueren. In diesem dichten Wald gewährte früher die Pilgerherberge Ste-Catherine Schutz und Unterkunft. Nach einem kurzen Aufstieg folgen wir dem Lauf der Bressonne durch den nördlichen Teil des Waldes, bis wir im Wald zur Strassenkreuzung kommen. Hier gehen wir zunächst nach rechts bis wir an der Waldlichtung wiederum links in ein Waldstück abzweigen und zu den Häusern und dem Gasthaus im Pra Roman kommen. Dem Waldrand entlang geht es in südwestlicher Richtung weiter bis auf die Strasse die zum Chalet-à-Gobet führt. Ihr folgen wir südwärts und zweigen nach etwa 300 Meter in den Wald Bois de Peccau ab, welchen wir in westlicher Richtung durchqueren.

Les Croisettes

Wir kommen zur Bushaltestelle am östlichen Ortsrand von Epalinges (Bus No. 5 alle zehn Minuten werktags; alle 20 Minuten sonntags zum Bahnhof Lausanne und Métro M2 bis Ouchy am See). Durch das Wohngebiet geht es in südlicher Richtung bis an den Waldrand (Bois de la Chapelle), welchem wir bis zum Friedhof folgen.

Hier zweigen wir rechts ab und gelangen auf der Quartierstrassen zur Kreuzung in Les Planches. In nordwestlicher Richtung geht es weiter, durch Wohnquartiere von Les Croisettes – etwas oberhalb der Metroendstation und über die Moudonstrasse – zum bewaldeten Graben des Flüsschens Flon. Hier folgen wir dem bewaldeten Flussgraben, queren das Flüsschen mehrmals und gelangen auf einem gepflegten Waldweg zum Vivarium unterhalb der Autobahnbrücke. Von hier komnen wir auf einem Waldweg hinauf zum Lac de Sauvabelin (mit Gasthaus).

Wir steigen auf den 35 Meter hohen Aussichtsturm aus Holz und geniessen eine einzigartige Aussicht auf den See, die Stadt, die Alpen und den Jura. In nur wenigen Minuten kommen wir dann zum Aussichtspunkt Le Signal mit seiner kleinen Kapelle (Bushaltestelle). Nach einem kurzen Abstieg auf einem bequemen Weg längs des Waldrandes gelangen wir in die Altstadt, zum Palais de Rumine, und weiter zur Kathedrale von Lausanne.

Den Stadtrundgang durch die Kantonshauptstadt Lausanne beginnen wir beim Château Ste-Marie, dem um 1400 erbauten Bischofssitz nördlich der Kathedrale. Das Residenzgebäude diente ab 1536 als Landvogtei der Berner Herrschaft, bis Napoleon 1798 diese Herrschaft beendete. Heute sind kantonale Verwaltungen im Schloss untergebracht. An der Alten Akademie (16. Jahrhundert) vorbei kommen wir zur heute reformierten Kathedrale Notre-Dame, deren Vorgängerbauten bis ins 6. Jahrhundert zurückgehen. Der gotische Kirchenbau wurde 1275 fertig gestellt.

Aussichtsturm Sauvabelin

Über dem mit Skulpturen geschmückten Westportal steht der markante Turm, auf dem uns eine schöne Aussicht auf die Stadt, den See und die Alpen geboten wird. Der dreischiffige Bau mit Querschiff hat schöne Glasmalereien in Fenstern und Rosetten. Die Südrosette entstand 1240. Das geschnitzte Chorgestühl (13. Jahrhundert) ist das älteste der Schweiz. Auf der Südseite des Kathedralenplatzes befindet sich die ehemalige Bischofsresidenz aus dem 11. Jahrhundert, in welcher heute das historische Museum untergebracht ist. Wir steigen die Escalier du marché hinunter und kommen zur Place de la Palude mit dem Rathaus (Hôtel de ville).

Am Gerechtigkeitsbrunnen vorbei kommen wir in südöstlicher Richtung zur Place St-François mit der reformierten Kirche St-François, die 1270 zu einem Kloster gehörte. Sie besitzt ein Chorgestühl aus dem 14. Jahrhundert. Am See im Stadtteil Ouchy steht noch ein Turm der bischöflichen Residenz aus dem 12. Jahrhundert, der 1890 in ein Hotel integriert wurde.

Lausanne–Allaman

Wegdistanz
25 km

Wanderzeit
6 Std. 40 Min.

Höhenmeter
–198 m / +69 m

Hinweis
Bequeme Wanderstrecke mit Seeblick.

Unser nächstes Ziel ist Morges, das wir über St. Sulpice erreichen. Von der Place St. François führt uns der Weg in westlicher Richtung über die belebte Rue du Grand Chêne auf die Avenue Jules Gonin. Ihr folgen wir kurz und zweigen dann links in die Allée Ernest Ansermet ab. Auf ihr geht es weiter, bis wir am Ende rechts abbiegen, um zurück auf die Avenue Jules Gorin zu gelangen. Wir verbleiben in westlicher Richtung und zweigen, nach Querung des Pont Chauderon, links auf den etwas ruhigeren Chemin des Croix rouges ab. Dieser führt uns in südwestlicher Richtung auf die Avenue du Belvédère. Ihr folgen wir entlang des Bahngeländes bis zur Bahnüberführung. Diese überqueren wir und kommen auf der Avenue de Provence in den Ortsteil Malley. Rund 200 Meter nach der Metrostation Provence zweigen wir in südlicher Richtung auf den Weg ab, auf dem wir durchs Vallée de la Jeunesse wandern. Dabei kommen wir am Stadtteil Montoie und am Waldfriedhof vorbei und gelangen zum grossen Vidy-Strassenkreisel. Dort geht es durch eine Unterführung zur St-Lazarus-Kapelle von Maladière (1460 erbaut).

Dann folgen wir den Jakobsweg-Wegweisern und kommen unter der Autobahn durch, rechts abzweigend, auf die Route de Vidy. Diese führt entlang einer Parkanlage (römisches Ruinenfeld mit Museum) und eines grossen Campingplatzes. Notabene: Der Name

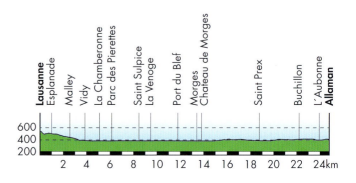

Weg der Romandie

Pilgern auf dem Jakobsweg Schweiz

St-Sulpice

Schloss Morges

Lausanne stammt vom gallo-römischen Lousonna. Ein Abstecher ins Ruinenfeld und das Römermuseum mit einmaligen Exponaten aus römischer Zeit lohnt sich in jedem Falle. Westlich des Zeltplatzes führt uns der signalisierte Weg dann hinunter zum Plage de Vidy (Strandanlage und Strandcafe). Notabene: Der Sitz des Internationalen Olympischen Komitees ist seit 1915 in Lausanne-Vidy und seit 1986 im dortigen Glaspalast.

Alternative: Ein alternativer Weg führt von Lausanne Ouchy entlang des Seeufers bis in den Stadtteil Vidy.

Dem Strand entlang kommen wir auf dem geteerten Uferweg zur Einmündung der Chamberonne. Diese queren wir und gelangen zunächst auf einem Naturweg und dann auf einer gepflegten Uferpromenade mit modernen Skulpturen durch die Aussenquartiere zur Schiffländte von St-Sulpice. Rechts steht das ehemalige Cluniazenserpriorat mit dem wuchtigen Viereckturm aus dem 11. Jahrhundert. Im Innern sind noch Reste von Wandmalereien aus dem 14. Jahrhundert erhalten.

Hinter der Kirche führt uns ein Weg zum See zurück. In einem Wäldchen umgehen wir die Mündung der Venoge und kommen auf einem gepflegten Uferweg durch ein Villenquartier ins Städtchen Morges, welches im 13. Jahrhundert von den Savoyern gegründet wurde. Im hellen Innenraum der reformierten Pfarrkirche (erbaut 1769) steht ein Glasbildporträt des Reformators Zwingli.

Zum Schloss (1286 erbaut) gelangen wir entweder auf der schönen Uferpromenade oder auf Umwegen durch die Altstadt, mit den alten Brunnen, dem Rathaus aus dem 16. Jahrhundert und anderen Bauwerken. Das Schloss diente ab 1536 dem Berner Landvogt und ist heute Waadtländer Militärmuseum.

Nach einer Verweilpause im Städtchen Morges geht es weiter zum nächsten Zielort Allaman. Wir nehmen den Uferweg, der am Schloss vorbei führt, die Mündung der Morges umgeht und vor der Einmündung des Flüsschens Le Boiron nach rechts abzweigt, die Kantonsstrasse quert und zum Bahnhof Tolochenaz führt. Links und dann rechts entlang der Bahnlinie gehen wir durch die Weinberge, bis wir kurz vor St-Prex zum See abzweigen.

Morges

Pilgern auf dem Jakobsweg Schweiz

Marienkirche St-Prex

Stadttor St-Prex

Wir queren die Bahnlinie und Kantonsstrasse und gelangen auf der Seestrasse zum ehemaligen Schloss. Dieses steht an der Seeuferspitze (Pointe du Suchet) von St-Prex. Das Städtchen wurde 1234 gegründet. Am See steht noch ein efeuumrankter Wohntrakt des ehemaligen Schlosses. Vom Ortsbrunnen führt eine malerische Gasse zum alten Stadttor (erbaut 1234), mit seinem Glockenturm und einer Turmuhr aus dem 18. Jahrhundert.

Die reformierte Marienkirche liegt oberhalb der Altstadt. Der heutige Bau wurde im 12. Jahrhundert über einer Vorgängerkirche des 4. Jahrhunderts errichtet. Nach einer kurzen Rast verlassen wir St-Prex beim Stadttor und wandern auf einer Quartierstrasse in westlicher Richtung. Die Strasse führt zunächst entlang des Seeufers, zweigt dann rechts ab und kommt durch Wiesen und an Weinbergen vorbei zum Winzerdorf Buchillon. Beim Friedhof der Dorfkirche biegt der Weg rechts ab und führt dann in westlicher Richtung durch den Wald (Grand Bois) und entlang des Waldrandes hinunter zur Aubonne.

Dabei kommen wir an einem Gartenrestaurant vorbei und queren eine Strasse. Wir queren die Aubonne auf der Brücke und kommen, falls wir Allaman besuchen wollen, auf direktem Weg in nordwestlicher Richtung durch die Rebberge und eine Zufahrtsstrasse querend in das Winzerdorf Allaman mit dem im 15.–16. Jahrhundert erbauten Schloss.

Etwas westlicher steht die reformierte Kirche St-Jean aus dem 14. Jahrhundert und davor das mittelalterliche Maison Rochefort (Weingut der Stadt Lausanne).

Falls wir jedoch Allaman umgehen wollen, folgen wir nach der Aubonnebrücke dem Lauf der Aubonne, durch den Wald und am Rebweiler La Fresaire vorbei, bis wir hinunter zur Einmündung (La Grève) gelangen. Nach der Einmündung gehen wir durch den Wald und durch das Rebgut La Pêcherie (mit Restaurant) bis zur Allaman-Zufahrtsstrasse.

Notabene: Pilger die Allaman besichtigen und dort allenfalls übernachten wollen, gelangen von hier auf dieser Zufahrtsstrasse ebenfalls in den Ort und von dort wieder zurück auf den Jakobsweg.

Schloss Allaman

Allaman–Céligny

Wegdistanz
27 km

Wanderzeit
6 Std. 45 Min.

Höhenmeter
–167 m / +197 m

Hinweis
Bequeme Wanderstrecke mit gutem Seeblick.

Céligny ist unser nächster Zielort. Wir erreichen es über Rolle, Prangins und Nyon. Wir beginnen unsere Etappe beim Weingut La Pêcherie, welches wir auf der See-Zufahrtsstrasse erreichen. Wir folgen in westlicher Richtung der Uferstrasse am Badestrand (Plage) vorbei bis zur Kantonsstrasse, queren diese und kommen rechts auf die Route vignoble, auf der wir durch die Rebberge (La Grand Vigne) hinauf nach Perroy gelangen. Am Schloss Perroy (erbaut 16./17. Jahrhundert) vorbei kommen wir zur Kirche Ste-Marie (1481 neu erbaut und 1828 umgebaut). Von hier hinunter nach Rolle gehen wir auf dem Trottoir der Zufahrtsstrasse.

In Rolle verlassen wir die Kantonsstrasse und gelangen auf der gepflegten Uferpromenade zum Schloss Rolle. Das Schloss Rolle, mit den vier mächtigen Rundtürmen, wurde 1264–69 durch Peter II. von Savoyen erbaut. 1536 setzten die Berner das Schloss in Brand und 1558 wurde es neu aufgebaut. Am Ende der Berner Herrschaft wurde es von der Stadt Rolle gekauft. Es diente als Gefängnis, Gericht, Archiv und Standesamt. Noch heute ist es Amtssitz. Im Südostturm befindet sich die Bibliothek mit 13 000 Bänden.

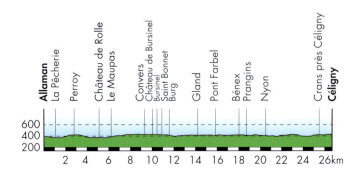

Weg der Romandie

Kirche Allaman

Wir folgen der Uferpromenade und kommen zur katholischen Kirche ohne Turm. Die Glasbilder in der neugotischen Kirche wurden 1929 von Alexander Cingria gemalt. Wenige Meter vom Ufer entfernt liegt die Ile de la Harpe mit einem Denkmal des Emigranten (und Erziehers von Alexander I. von Russland) Frédéric-César de la Harpe (1754–1838). Er war Sympathisant der französischen Revolution und einer der Mitbegründer des neuen Kantons Waadt. Am Ende des Uferweges beim Hafen überqueren wir die Kantonsstrasse. Wir folgen rechts der Route de Gilly. Diese führt uns durch Aussenquartiere entlang eines kleinen Waldstückes bis zum Kreisel, wo wir links abzweigen, um zur Bahnlinie zu gelangen. Diese unterqueren wir und zweigen beim Gehöft Pierruet (mit Weiher) in südwestliche Richtung ab. Der Fahrweg führt uns am Gehöft La Dolle vorbei in einen bewaldeten Bachgraben (Flon de Vincy). Diesen durchqueren wir und kommen in einem Bogen wieder hinunter zur Bahnlinie, welcher wir bis zur Unterführung beim stillgelegten Bahnhofs Bursinel folgen.

Hier zweigen wir in südlicher Richtung ab, queren die Strasse und die Bahnlinie und kommen auf der Zufahrtsstrasse am Schloss und den Weinbergen vorbei ins Dorf Bursinel. Die Türme des Schlosses stammen noch aus dem Mittelalter, der Wohntrakt aus dem 18. Jahrhundert. In gemütlichen Weinkellern bieten uns die Winzer ihre edlen Tropfen zur Degustation an. Wir durchqueren das Dorf auf der Hauptstrasse und gelangen an der Kirche von Bursinel vorbei durch ein Villenviertel nach Dully.

Das Schloss Dully stammt aus dem 15. Jahrhundert und wurde 1884 umgestaltet. Kurz vor dem Parktor des Schlosses biegt unser Weg nach rechts ab und gelangt nach kurzer Strecke in südwestlicher Richtung in den bewaldete Bachgraben, wo wir südwärts gehend die Bäche La Dullive und dann Le Lavasson überqueren. Dann folgen wir im Wald dem plätschernden Lavasson in südwestlicher Richtung und gelangen anschliessend oberhalb La Lignière und den Rebbergen in das Wohngebiet und zur Unterführung beim Bahnhof von Gland (Pilgerherberge: www.pilgerherberge.ch/westschweiz/pilgerherberge-gland). Wir queren die Bahnlinie, folgen ihr kurz und kommen rechts haltend ins Industriequartier und zu den Panzersperren am Ortsende. Nach der Kreuzung überqueren wir auf der befahrenen Strasse das Flüsschen Promenthouse und kommen zu den Häusern in Pont-Farbel und zur Strassenkreuzung. Hier zweigen wir in östlicher Richtung ab und kommen entlang des Waldrandes zur Bahnlinie zurück, welche wir überqueren. Ein Feldweg bringt uns dann längs der Bahnline am Flugfeld vorbei zum Ortseingang von Prangins.

Schloss Rolle

Kirche Prangins
Schloss Prangins

Hier verlassen wir nach kurzer Strecke die Bahnlinie und gelangen links haltend zur reformierten Kirche St-Pancrace. Hinter weiträumigen Obst- und Gemüsegärten erblicken wir das imposante Schloss Prangins (erbaut 1730), welches heute ein Landesmuseum der Schweiz beherbergt. Interessante Ausstellungen bringen dem Besucher die Entwicklung der Schweiz im 18. und 19. Jahrhundert vom Agrarland zum urbanen Industriestaat näher. Von der Schlossterrasse sehen wir hinunter zum Genfersee.

Wir verlassen das Schloss Prangins in südwestlicher Richtung durch eine parkähnliche Grünanlage, biegen rechts zur Bahnlinie ab und kommen entlang der Bahnlinie über das Flüsschen Asse zum Bahnhof von Nyon. Notabene: Die Altstadt, Seepromenade und Schiffländte können von Pragnins auch direkt auf dem Troittoir der Kantonsstrasse erreicht werden.

Nyon hat eine sehr interessante Geschichte. Schon die Kelten siedelten hier in Noviodunum. Nach der Unterwerfung der Helvetier gründete Julius Cäsar 45 v. Chr. die erste römische Stadt Colonia Julia Equestris auf Schweizer Boden. Mit dem Zusammenbruch des römischen Imperiums und den Kriegswirren der Völkerwanderung (Burgunder) verfiel das Städtchen im 5. Jahrhundert. Im Mittelalter blühte Nyon unter der Herrschaft von Prangins wieder auf (11. / 12. Jahrhundert). 1293 kam die Region zu Savoyen und ab 1536 regierte der Berner Landvogt.

Weg der Romandie

Ein kurzer Stadtrundgang ist daher angebracht. Vom Bahnhof wandern wir in wenigen Minuten hinunter zur Altstadt. Das «weisse» Schloss wurde im 13. Jahrhundert von Ludwig I. von Savoyen erbaut. Heute beherbergt es ein Museum für Porzellan und der Geschichte Nyons. Von der Schlossterrasse sehen wir auf die Unterstadt und den See hinunter. Rechts vom Schloss kommen wir zum römischen Forum mit der Cäsarstatue.

Seeblick Nyon

Schloss Nyon

Darunter befindet sich das römische Museum. Die Gasse führt in einem Rechtsbogen zur reformierten Kirche Notre-Dame (12.–14. Jahrhundert). Im Chor dieser Kirche sind Malereien aus der Zeit um 1300 zu sehen. Durch die Porte Ste-Marie kommen wir zu den drei römischen Säulen. Darunter liegt der Yachthafen, weiter links der Tour de César, die mittelalterlichen Stadtbefestigungen und der Maître-Jacques-Brunnen. Das 1996 entdeckte Amphitheater wird zur Zeit noch ausgegraben. Das nächste Wegstück führt uns am Bahnhof Nyon vorbei und entlang der Bahnlinie zur Seestrasse, auf der wir die Bahnlinie überqueren. Dann biegen wir links auf eine Quartierstrasse ab, durchqueren auf einem Fussweg den Bachgraben Le Boiron und steigen den gegenüber liegenden Hang hinauf.

Am Weiler Bois Bougy vorbei kommen wir an den Rand des Waldes Bois Bougy, von wo uns ein bequemer Wanderweg zunächst entlang des Waldrandes und dann in südlicher Richtung durch den Wald führt. Nach Verlassen des Waldes werden wir mit einer einmaligen Aussicht auf den Genfersee belohnt. In südlicher

Richtung kommen wir an den Rand eines Weinberges, wo wir links zur Bahnlinie abzweigen. Dieser folgen wir in südwestlicher Richtung bis zum Bahnhof von Crans-près-Céligny.

Hier steigen wir rechts am Weinberg und dem Schlosspark vorbei hinauf und kommen in einem Bogen ins Dorf Crans (lat. Cranos). Im Wappen führt Crans vier Jakobsmuscheln. Links kommen wir zur Kirche, die um 1500 erbaut wurde. Die Terrasse vor der Kirche ist eine schöne Aussichtskanzel mit Bänken zum Rasten und Verweilen. Unweit der Kirche zweigen wir auf die Céligny-Zufahrtsstrasse, auf der wir über Felder nach Céligny gelangen.

Hier finden wir im Dorfzentrum die kleine Kirche mit dem etwas besonderen Glockenstuhl im oberen Teil der Fassade. Jede der beiden im Jahr 1858 gegossenen Glocken wiegt 500 Kilogramm. Im Kircheninnern erwartet uns eine hübsche Orgel (Schlüssel im Pfarrhaus). Neben der Kirche steht das 1722 erbaute Schloss.

Cäsar

Blick auf das Schloss Crans

Céligny–Genève

Wegdistanz
24,5 km

Wanderzeit
6 Std.

Höhenmeter
–178 m / +149 m

Hinweis
Bequeme Wanderstrecke, vorwiegend durch bewohntes Gebiet.

Von Céligny nach Coppet gelangen wir über Founex und Commugny. In Céligny folgen wir der Hauptstrasse und biegen nach rund 100 Metern in Richtung Château de Bossey ab. Wir kommen am Friedhof vorbei in den bewaldeten Le Brassu Graben, welchen wir durchqueren, um in einem Bogen entlang des Baches und des Waldrandes zum Château de Bossey mit dem schönen Schlossweiher zu kommen. Das 1722 erbaute Schloss gehört seit 1946 dem Ökumenischen Rat der Kirchen und ist Tagungsstätte und ökumenische Hochschule. Wir wandern links um den Privatbesitz herum bis zum ehemaligen Gärtnerhaus. Hier zweigen wir auf den von Bäumen gesäumten Weg, der uns zweimal die Richtung wechselnd durch Felder und an Rebbergen vorbei hinunter ins südlich gelegene Founex bringt.

Das Winzerdorf Founex wurde 1224 erstmals als Fosnay erwähnt. Founex war schon früh besiedelt und kam unter römische Herrschaft. Im 9. Jahrhundert kam es, zusammen mit Commugny, in den Besitz der Abtei St. Maurice. 1257 wurde der Ort an Peter von Savoyen verkauft und 1271 kamen beide Dörfer zu Coppet. Wir durchqueren Founex bis zum Ortsausgang (Achtung! In Richtung Commugny gehen und nicht rechts nach Châtaigneriaz abzweigen). Auf der Strasse bleibend geht es weiter in südwestlicher Richtung bis zur Strassengabelung, wo wir uns rechts halten und

Weg der Romandie

durch ein Wohngebiet mit Rebbergen und Feldern zur Kirche und dem Friedhof von Commugny (lat. Communiacum) gelangen. Eine Vorgängerkirche St. Christophe wurde an der Stelle einer römischen Villa im 6. Jahrhundert erbaut. Die heutige Kirche und das Pfarrhaus stammen aus dem 18. Jahrhundert. Der Weg führt nun von hier ostwärts oberhalb des Flüsschens Le Grenier bis kurz vor den Park des Schlosses von Coppet, wo er nach Überquerung des Flüsschens in südliche Richtung dreht.

Ins Städtchen Coppet gelangen wir auf der Zufahrtsstrasse am Schlosspark vorbei. Im kleinen Coppet steht das 1767 erbaute Schloss. Es beherbergt ein Museum (Wohnen im 18. Jahrhundert). An die Grand Rue reihen sich einige Laubenhäuser aus dem 16. Jahrhundert. Die um 1500 erbaute reformierte Pfarrkirche (ehemals Dominikanerkloster) mit dem Chorgestühl aus dem 16. Jahrhundert kann nur auf Anfrage besichtigt werden. Coppet war schon in der Bronzezeit besiedelt und wurde später als Copetum von den Römern übernommen. Notabene: Falls wir Coppet umgehen wollen, nehmen wir anstatt der Zufahrtsstrasse nach Coppet, die Strasse, die uns in südlicher Richtung durch Wohnquartiere direkt nach Tannay führt.

Château de Bossey

Weg der Romandie

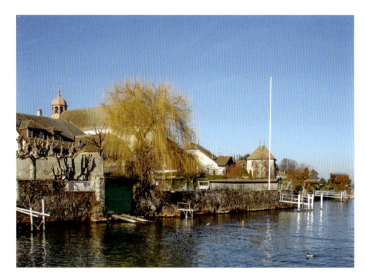

Coppet vom See aus

Von Coppet gelangen wir auf der Zufahrtsstrasse links am Schlosspark und rechts am Bahnhof vorbei zur Bahnlinie, die wir queren. Nachher zweigen wir auf die Zufahrtsstrasse ab, die uns südwärts nach Tannay bringt. Dabei kommen wir rechts am Bahnhof und der Bahnlinie vorbei und durch Wohnquartiere bis ins Zentrum von Tanney. Von hier geht es westwärts durch den bewaldeten Torrybachgraben hinüber nach Mies. Hier folgen wir in südwestlicher Richtung der Zufahrtsstrasse nach Versoix. Bei den Häusern von La Bécassière zweigen wir in östlicher Richtung auf einen Weg ab, der uns entlang des Waldrandes in einem Bogen zur Bahnlinie führt. Dieser und dem kleinen Bach folgen wir zunächst durch den bewaldeten Bachgraben und auf einem mit Bäumen gesäumten Weg bis wir, nachdem wir uns von der Bahnlinie entfernt haben, in den Ortsteil Pont-Céard von Versoix kommen. Hier queren wir die Hauptstrasse und gelangen in südlicher Richtung durch Wohnquartiere an den südlichen Rand des Städtchens, d.h. zum Versoixgraben. Wir drehen links ab und kommen längs des Versoixgrabens zur Bahnlinie. Dieser folgen wir und überqueren die Versoix. Danach halten wir uns rechts und wandern auf der Strasse über Felder in den Genfer Vorort Genthod.

Bei der Strassenkreuzung (beim Friedhof) zweigen wir links ab und kommen in einem Bogen zum Schloss und zur Kirche. Der Weg führt uns dann in südwestlicher Richtung, oberhalb der Bahnlinie und entlang der Rebberge in den Stadtteil Bellevue, wo wir links zum Bahnhof abzweigen. Von hier folgen wir dem bequemen Weg entlang der Bahnlinie. Dabei kommen wir an Les Tuileries vorbei, queren die Strasse und den Autobahnzubringer und zweigen kurz vor dem Bahnhof Chambésy rechts ab. Leicht ansteigend gelangen wir hinauf an den Dorfausgang von Chambésy. Hier erwartet uns ein lohnender Ausblick. Auf einer Panoramatafel sind hier die Berge, vom Moléson (Fribourg) bis zum Mont Blanc (Frankreich), dargestellt.

Wir wandern auf der Strasse, an den Häusern von Les Ormeaux vorbei in den Ort Pregny, wo wir an der kleinen katholischen Kirche vorbeikommen. Von hier sehen wir die Türme des Château de Tourney, in dem 1758 bis 1760 Voltaire wohnte. Nach kurzer Besichtigung des Ortes steigen wir in südöstlicher Richtung, seitlich an den weitläufigen Parkanlagen des Château de Penthes (heute Museum der Stiftung der Schweizer im Ausland) vorbei und die Bahnlinie querend, hinunter auf die Seestrasse.

Ihr folgen wir, unterhalb des UNO-Gebäudes (Palais des Nations) und am Botanischen Garten vorbei bis in den Stadtteil Sécheron (unweit des Denkmals von Mahatma Gandhi), wo wir links durch den Park auf die Uferpromenade kommen. Unterwegs, vor dem Haupteingang des UNO-Gebäudes, sehen wir einen zerbrochenen Holzstuhl (chaise amputée), eine haushohe Riesenskulptur des Schweizer Künstlers Daniel Berset, die von Handicap International gestiftet wurde. Auf der Uferpromenade gelangen wir an der Genfer Hafenanlage und dem Badestrand vorbei bis zur Rhonemündung bei der Rousseau-Insel.

Hier folgen wir nur kurz der Rhoneuferstrasse und zweigen nach rund 100 Meter rechts ab. Der Weg führt uns zunächst in nördlicher Richtung hinauf zum Bahnhof (Place de Cornavin), wo wir eine Etappenrast machen.

Vom Bahnhof gehen wir dann in südwestlicher Richtung an der katholischen Eglise de Notre-Dame vorbei bis zur Rhone-Insel, wo wir die Rhone überqueren. Auf der Insel (l'Île) befindet sich ein Bankgebäude mit einem integrierten Turm der ehemaligen Bischofsresidenz aus dem 13. Jahrhundert. Vom Place Bel-Air steigen wir die Rue de la Cité hinauf und gelangen über die Grand Rue ins Areal der Kathedrale St. Pierre. Unterwegs begegnen wir dem Maison de Saussure, dem Ratshaus der Stadt (Hôtel de ville) und dem ehemaligen Zeughaus (Arsenal) aus dem 16. Jahrhundert. Am Maison Tavel vorbei kommen wir zur Kathedrale St. Pierre.

Der Bau der heute reformierten Kathedrale St. Pierre wurde auf dem Fundament einer Vorgängerkirche um 1150 in romanischem Stil und gegen 1230 in gotischem Stil vollendet. Rechts vom Eingang wurde 1406 die hochgotische Makkabäerkapelle angebaut. Das klassizistische Eingangsportal mit den sechs Säulen wurde 1752 errichtet. Es erinnert an den Römertempel, der einst hier stand. Im Innern birgt die Kirche das Grabmal des Herzogs Rohan (um 1600 Führer der franz. Protestanten) und ein geschnitztes Chorgestühl aus dem 15. Jahrhundert. Für Licht sorgen zwei prächtige Glasrosetten. Ein Besuch in der Kapelle lohnt sich. Der Nordturm kann über 150 Stufen bestiegen werden und bietet einen schönen Ausblick auf den See, die Stadt und die Alpen. Im Südturm schlägt unter dem alten Wachraum noch heute die grosse Glocke von 1407. Im Keller kann man alte Kapitelle von Vorgängerkirchen besichtigen.

Jet d'Eau Genf

Das 120 v. Chr. von den Römern eingenommene Genf wurde im 4. Jahrhundert christianisiert und kam 443 unter die Herrschaft der Burgunder. Danach regierten die Bischöfe, bis sie vom Reformator Calvin vertrieben wurden. 1602 wurde Genf von den Savoyern überfallen und 1798 vorübergehend französisch. 1815 kam es zur Eidgenossenschaft.

Genève ville–Schweizer Grenze

Wegdistanz
8 km

Wanderzeit
2 Std. 20 Min.

Höhenmeter
–28 m / +390 m

Hinweis
Etappe des Jakobsweges Via Gebennensis Genève–Le Puy (France).

Wir empfehlen den französisch-deutschsprachigen «Guide jaune – Praktische Auskünfte», herausgegeben von den Freunden des Jakobsweges (Rhône-Alpes), mit Wegkrokis und ausführlichem Verzeichnis von Unterkunfts- und Einkaufsmöglichkeiten.

Von der Kathedrale folgen wir den Wegweisern abwärts zum Place du Bourg-de-Four, dem ehemaligen römischen Forum. Dann geht es hinunter zur Rue Saint-Léger und auf ihr am Park der Alten Universität vorbei zur Place des Philosophes. Der Weg führt dann auf der Rue Prévost-Martin an der Eglise St-François vorbei bis zur Rue de la Ferme, auf der wir über die Rue de la Colline zur Arve kommen. Diese überqueren wir auf dem Pont de Carouge (Tram) und verlassen die Stadt.

Wir befinden uns nun im Städtchen Carouge. Der Weg folgt den Tramschienen durch die Avenue Cardinal-Mermillod und die Rue Ancienne. Rechts des langen Platzes mit den Platanen steht die katholische Kirche Ste-Croix, mit der sehenswerten Orgel, den Seitenkapellen und den Apostelstatuen. Bei der Place du Rondeau, einem grossen runden Platz mit dem Denkmal Genève à la Suisse, verlassen wir die Tramlinie und wandern auf dem Troittoir die Route de Drize hinauf.

Weg der Romandie

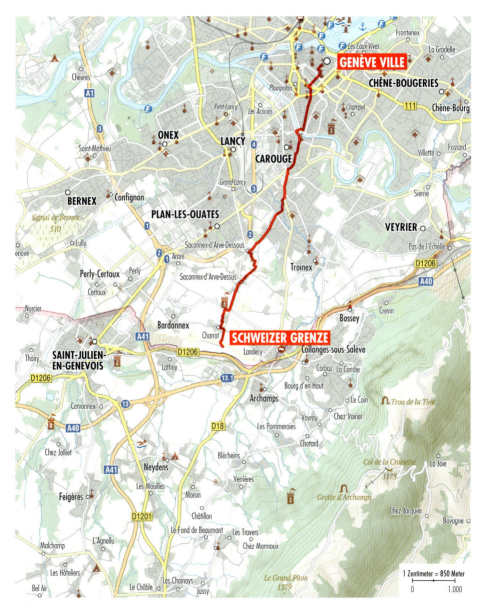

Wir verlassen die Strasse, zweigen rechts ab und folgen dem gepflegten Weg (Chemin du Bief à Dance) über den Bach Drize bis zur Strassenkreuzung, wo die Route de Saconnex d'Arve einmündet, der wir in südlicher Richtung folgen. Kurz vor der Hauptkreuzung im Dorf Saconnex d'Arve biegen wir in südlicher Richtung ab und kommen auf ein stilles Strässchen.

Zur Linken sehen wir den 1300 Meter hohen französischen Bergrücken des Grand Salève und rechts den Turm der ehemaligen Burgfestung. Wir ziehen auf der Strasse durch das Dorf Saconnex-d'Arve-Dessus mit dem Steinkreuz und erreichen auf dem Rad- und Gehweg den Kreisel von Compesières. Rechts steht das Schloss Compesières mit der Kirche, die im 14. Jahrhundert von den Johannitern zur Komturei umgebaut wurden.

Fluss Arve Carouge

Weg der Romandie

Schloss Compesières

In ihr wurden früher Pilger beherbergt und spirituell betreut. Heute sind dort die Gemeindeverwaltung von Bardonnex und ein kleines Museum untergebracht. Gegenüber der Kirche führt der geteerte Weg nach Charrot und hier über eine Strassenkreuzung in südlicher Richtung bis zum Grenzbach Arande. Hier endet an einem unbewachten Grenzübergang der Schweizer Jakobsweg.

Der erste Wegweiser auf französischem Boden heisst uns willkommen und zeigt für den «Chemin de Saint-Jacques – GR 65» bis nach Santiago noch 1854 km an! Fortsetzungsstrecke Genève–Le Puy.

Luzern–Rüeggisberg

Der Luzerner Weg in Kürze

Auf dem Luzerner Weg wandern Pilgerinnen und Pilger vom Vierwaldstättersee durch das katholische Luzerner Hinterland und das reformierte Emmental ins Berner Gantrischgebiet. Der Weg führt von Luzern über Willisau, Huttwil und Burgdorf nach Rüeggisberg durch eine hügelige Landschaft, mit Weideland und grünen Feldern, die von fleissigen Bauern bewirtschaftet werden. Die kleinen Dörfer und Städtchen am Weg zeugen von einem soliden Wohlstand, der durch harte und ehrliche Arbeit von tüchtigen Gewerbetreibenden und zuverlässigen Handwerkern geschaffen wurde. Die gepflegten Dörfer, die aus Holz gebauten Bauernhäuser mit den breiten Dächern und den blumengeschmückten Fenstern aber auch das berühmte Stöckli neben dem Haus für die Alten, erinnern an alte Zeiten, wie sie in den Erzählungen des Schweizer Dichters Jeremias Gotthelf beschrieben sind. Manch gemütliches Gasthaus säumt den Weg und lädt Pilgernde zum Verweilen ein. Die harten Willisauer Ringli gelten als eine geeignete Wegzehrung und die «weltberühmte» gold-braune Bauernrösti und die Emmentaler Meringue sind begehrte und sättigende Pilgerspeisen.

Auf dem Luzerner Weg begegnen uns einige Pilgerstationen, Steinrituale und Pilgerwegzeichen, welche im Rahmen eines Jakobswegprojektes vor mehr als zehn Jahren installiert wurden. Leider sind einige davon von Vandalen beschädigt oder entfernt worden. Auf die noch Verbleibenden werden wir in unserer Wegbeschreibung hinweisen.

Buholzkapelle

Pilgern auf dem Jakobsweg Schweiz

Übersichtskarte

Luzern–Rüeggisberg

Luzerner Weg

Wegdistanz
120 km

Mittlere Wanderzeit
rund 39 Stunden

Höhenmeter
−2811 m / +3171 m

Luzerner Weg

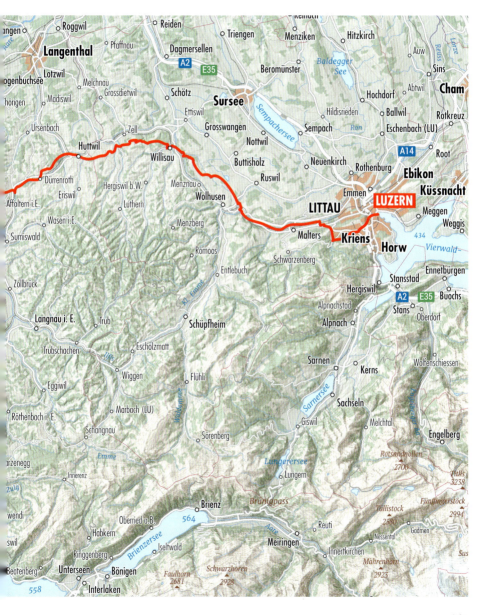

Luzern–Werthenstein

Wegdistanz
21 km

Wanderzeit
5 Std. 45 Min.

Höhenmeter
–328 m / +474 m

Hinweis
Bequeme Wanderstrecke in hügeligem Gelände.

Für Pilgernde ab Brunnen: Die Schifffahrt von Brunnen über den Vierwaldstättersee nach Luzern dauert ca. zwei Stunden. Mit dem Zug sind es 45 Minuten.

Auf der Bahnhofstrasse kommen wir westwärts längs der Reuss an der bekannten Kapellbrücke mit dem Wasserturm, dem Wahrzeichen von Luzern, vorbei. Um 1300 als Teil der Stadtbefestigung erbaut, ist sie die älteste erhaltene Holzbrücke Europas. Die Bilder unter dem Dach der Brücke wurden 1614 gemalt. Viele davon fielen vor einigen Jahren einem Brand zum Opfer. Etwas weiter unten zweigt rechts der Rathaussteg in die Altstadt mit ihren bemalten Zunfthäusern ab. Oberhalb der Altstadt thront die 870 Meter lange Museggmauer mit ihren trutzigen Türmen, um 1400 als Stadtmauer angelegt.

Nach der Kapellbrücke und dem Rathaussteg gelangen wir zur Jesuitenkirche. Diese 1666–77 erbaute Barockkirche ist sehenswert. Wir biegen links ab und kommen zur ehemaligen Franziskanerkirche (erbaut 1270–80). Das prunkvoll ausgestattete Kirchenschiff ist einen Besuch wert. Im Kircheninnern beim linken Seiteneingang befindet sich in der Vorhalle eine kraftvolle und elegante Stuckfigurengruppe. Sie stellt den kleinen Jakobus als Kind mit seinem Bruder Johannes (Evangelist) dar. Der gut signalisierte Jakobsweg schwenkt nun in südwestliche Richtung ab und führt entlang der Klosterstrasse an kantonalen Verwaltungsgebäuden und dem Bahntunnel vorbei bis zur Bruchmattstrasse. Ihr folgen wir an der Gewerbeschule vorbei und zweigen

Luzerner Weg

zunächst links auf die Berglistrasse und anschliessend rechts auf den Gigeliweg ab, der uns an den südlichen Rand des Gigeliwaldes führt.

Diesen streifen wir nur kurz und ziehen dann in südwestlicher Richtung durch Wohnquartiere des Dattenbergs. Der Weg führt am Chupferhammerfeld vorbei, hinunter auf die Luzerner Hauptstrasse in Kriens. Auf ihr bleiben wir und zweigen nach rund 300 Metern links auf die Fenkernstrasse ab. Nun geht es in Richtung Obernau am Ortskern von Kriens mit seiner Pfarrkirche vorbei. Links haltend gelangen wir in südwestlicher Richtung auf Fusswegen und Quartierstrassen am Ortsteil Hackerain vorbei zum Weiler Geissrüti. Von hier geht es den Hängen des Schlossberges entlang unterhalb des Waldes zum Ortsteil Brunnhöf am südlichen Ortsrand von Obernau.

Kapellbrücke Luzern

Luzerner Weg

Ausblick vom Dattenberg

Pfarrkirche Kriens

Hier endet die Buslinie vom Bahnhof Luzern. Pilgerinnen und Pilger, welche einen Fussmarsch durch städtisches Gebiet vermeiden wollen, können mit dem Bus bis zu dieser Haltestelle fahren und die Pilgerreise hier antreten. Weiter westlich führt uns ein Wanderweg entlang des Waldrandes. Dieser mündet hinter dem Weiler Rodel in die Obernaustrasse ein. Auf ihr gehen wir kurz zurück, um dann links in den Schachenwald abzuzweigen. Durch den Wald folgen wir in nördlicher Richtung dem Lauf des Ränggbachs bis zur Lichtung Steibruchhof. Entlang des Ränggbachs kommen wir von hier zum Wanderwegsteg. Auf ihm überqueren wir den Ränggbach und steigen die bewaldete steile Flanke des Ränggbachgrabens hinauf. Der mit Geländern und Holzplanken gesicherte Weg führt an Felswänden, Wasserfällen und kleinen Rastplätzen vorbei. Ein gutes Schuhwerk empfiehlt sich. Oberhalb der Rängglochschlucht geht es dann durch den Wald, wo sich danach der Weg in westliche Richtung wendet und hinunter in die Talebene führt. Beim Abstieg über die Wiesenhänge kommen wir am Karrenhaus vorbei, wo wir rechts abbiegen, die Luzerner Strasse queren und auf einen Fahrweg einmünden, der uns am Hof Untersentimatt vorbei zu einem kleinen Kanal in der Ebene führt. Hier biegen wir links ab und kommen entlang des Ortsrandes von Blatten zur barocken St. Jost-Kapelle.

Pilgern auf dem Jakobsweg Schweiz

Luzerner Weg

St. Jost-Kapelle

Von hier gehen wir in nördlicher Richtung über das Feld, kreuzen die Bahnlinie, kommen zur Kleinen Emme und weiter westlich zur Brücke (Blatterbrugg). Auf dem südlichen Uferweg der Kleinen Emme gelangen wir von hier in westlicher Richtung nach Werthenstein. Nach den grossen Unwettern des Jahres 2006, bei dem weite Teile des Emmenufers weggerissen wurden, wurde grossflächig eine neue Uferlandschaft gestaltet. Der Uferweg verläuft, mit wenigen Ausnahmen, meist in Ufernähe über Wiesen oder durch Uferwäldchen. Er zieht nördlich an Malters mit der Kirche St. Martin, Ennigen und Schachen, wo er den Rümligbach überquert, vorbei, kreuzt mehrere Landstrassen und auch die Bahnlinie beim Schofgrabe.

Kurz vor Werthenstein verengt sich das Flusstal. Nach einer Biegung erblicken wir oberhalb eines Felsenbandes das Kloster Unsrer lieben Frau, dem wir nun entgegenwandern. Das Kloster wurde gegründet als Folge einer wundersamen Lichterscheinung um 1500 und erreichte als regionaler Wallfahrtsort seine Hochblüte im 17. und 18. Jahrhundert. Sein Quellwasser ist weit herum bekannt für seine Heilkraft. Wir verlassen die sehenswerte Klosterkirche und steigen auf der Zufahrtsstrasse zur Emme ab. Im Abstieg treffen wir rechts in einer Grotte auf das Gnadenbrünneli. Auf einer gedeckten Holzbrücke überqueren wir die Emme und kommen in nordwestlicher Richtung zum Bahnhof.

Blattenweg

Werthenstein–Willisau

Wegdistanz
14,5 km

Wanderzeit
3 Std. 50 Min.

Höhenmeter
–237 m / +205 m

Hinweis
Bequeme Wanderstrecke in hügeligem Gelände.

Der Weg führt uns nach Werthenstein in Richtung Norden, teils auf einer verkehrsarmen Strasse und teils auf Abkürzungen über mit Obstbäumen durchsetzte Wiesen, an den Weilern Rain, Wiprächtige, Grofehuse vorbei bis hinauf vor der Bielmühli. Dort steigen wir links zum Bilbach hinunter, den wir überqueren. Nachdem wir die Wolhuserstrasse überquert haben, steigen wir auf der Gegenseite in nördlicher Richtung entlang der Hügelhänge nach Buholz und kommen dabei an den Weilern Büel mit dem Pilgerzeichen «Schweigen» und Chriesbaumen vorbei.

Am Weg begegnen wir der Landgerichtskapelle, wo bis 1798 Hochgericht gehalten wurde. Am Ortseingang von Buholz steht die schön ausgemalte Barockkapelle St. Gallus und Erasmus und wenige hundert Meter oberhalb des Dorfes im Galgebergwald die historische Richtstätte (1798 aufgehoben). Wir verlassen Buholz westwärts, kommen am kleinen Armesünderchäppeli vorbei und steigen über die Felder rechts hinauf zum sagenumwobenen Galgebergwald, den wir im nördlichen Teil durchqueren. Dabei bietet sich uns ein schöner Ausblick auf den Soppensee.

Wir verlassen den Wald und ziehen in nordwestlicher Richtung an den Hügelhängen entlang bis zur Geissstrasse, der wir bis in den Ort Geiss folgen. Hier steht die sehenswerte Pfarrkirche

Luzerner Weg

Blick auf Werthenstein

Büelweg

St. Jakobus mit schönen Altären im Spätrokokostil. In den Seitenaltären finden wir links die Muttergottes und rechts den Heiligen Jakobus. Gegenüber der Kirche steht der stattliche Landgasthof Ochsen. Wir verlassen Geiss beim Jakobsbrunnen und folgen der Strasse, die uns nach Elswil bringt.

Wir bleiben auf der Strasse und ziehen durch die Hügellandschaft in westlicher Richtung, bis wir rechts auf einen Feldweg abzweigen, der uns unterhalb eines markanten Hügels zur Studeweid mit der kleinen Kapelle führt. Hier queren wir die Landstrasse und wandern entlang der Hügelkette in nördlicher Richtung am Weiler Badhuet mit der Pilgerstele «Auf dem Jakobsweg» vorbei bis zu den Gebäuden im Schwand. Links haltend kommen wir um den Schwandberg herum nach Hinderwald am südlichen Rand der Ostergauebene. Rechts unten in der Ebene sehen wir die grossen Fischzuchtweiher. Nach den Häusern zweigen wir links ab und kommen in westlicher Richtung entlang des Waldrandes zum Flüsschen bei Ischlagmatt.

Hier biegen wir rechts auf einen Fussweg ab, der uns durch die Ebene und über das Flüsschen Seewag auf die Willisauerstrasse im Ortsteil Ostergau führt. Ihr folgen wir und zweigen nach kurzer Strecke links auf einen Uferweg ab, auf dem wir, die Seewag querend, in nordwestlicher Richtung, an der ehemaligen LEGO-Fabrik vorbei und durch ein Industriequartier, bis zur Strassengabelung kurz vor dem Kreisel am östlichen Willisauer Dorfrand kommen. Über den Kreisel gelangen wir, die Bahnlinie querend, am Bahnhof vorbei und durchs Untertor in die Altstadt von Willisau. Willisau mit seinen historischen Brunnen wurde viermal durch Feuersbrünste zerstört, das letzte Mal im Jahr 1704. Weltbekannt sind die Willisauer Ringli. Am Ende der Hauptgasse steht auf der linken Seite etwas erhöht die katholische Pfarrkirche St. Peter und Paul.

Unteres Tor
Willisau

Willisau–Huttwil

Wegdistanz
15,5 km

Wanderzeit
4 Std. 20 Min.

Höhenmeter
–276 m / +367 m

Hinweis
Bequeme Wanderstrecke in hügeligem Gelände.

Die Altstadt verlassen wir in westlicher Richtung durch das 1551 errichtete Obertor. Hinter dem Stadttor steht zur Rechten die 1674–75 erbaute barocke Wallfahrtskapelle Heiligblut (17. Jahrhundert) mit einer schön bemalten Holzdecke und Wandbildern mit der Legende der wilden, gotteslästerlichen Kartenspieler. Der Weg biegt nach rechts und steigt nordwärts am Friedhof und dann an einem Wildgehege vorbei zum Holzkreuz auf dem Gütsch. Hier haben wir eine prächtige Aussicht auf Willisau und bis zum Pilatus. Wir gehen westwärts zum Waldrand, biegen kurz danach in den Willbrigwald ab, den wir in nordwestlicher Richtung durchqueren. Im Wald biegt unser leicht ansteigender Weg nach einer Wegkreuzung und einem Rastplatz in Richtung Westen ab und gelangt auf offenes Weideland.

Am Gehöft Schwarzwald vorbei kommen wir nach einer Wegkurve zum Weiler Olisrüti. Hier steigen wir in westlicher Richtung den Hügel hinauf bis an den Rand des Howaldes, dem wir bis zur Waldspitze und um diese herum folgen, bis wir in Richtung Westen abzweigen. Wir queren den Fahrweg und kommen zum Gehöft Im Bärnet. Am Weg beim Gehöft Ankerain beggenen wir der Pilgerstele «Macht und Ohnmacht». Weiter geht es dann zum südlich gelegenen Hegihof. Ab hier folgen wir der Landststrasse in Richtung Zell – nach 200 Metern steht ein Haus mit dem Pilgerzeichen «Bewegen» – bis wir unterhalb des Waldrandes, am süd-

Luzerner Weg

Kapelle Willisau
Willibriggweg

lichen Rand der Zällerallmend, links auf den Feldweg abbiegen. Auf ihm kommen wir am Weiler Buechwald vorbei und durch ein Waldstück hinunter zur Luthern.

Über die dortige Brücke gelangen wir zu den Häusern in Vorder-Schache und weiter rechts abzweigend auf der Huttwilerstrasse am Stosschäppeli vorbei zur Strassengabelung Stoss. Hier drehen wir scharf links ab, überqueren den Warmisbach. Seinem Lauf folgen wir auf einer Zufahrtsstrasse durch ein Kies- und Betonindustriegelände bis zur Wegabkürzung am Waldrand, wo wir rechts auf einem Feldweg über den Hang hinauf nach Ufhusen steigen. Im Bergdorf auf der Grathöhe steht die 1780 erbaute Pfarrkirche St. Johann und Katherine. Unter der Orgel hängt an der Empore das Gnadenbild der Maria vom guten Rat.

Wir verlassen Ufhusen in der Dorfmitte und gelangen südwärts über Wiesenhänge hinunter in den bewaldeten Graben des Cholerlochbaches. Auf der Gegenseite steigen wir in westlicher Richtung hinauf und wandern entlang des Waldrandes, bis wir kurz vor dem Waldende links abbiegen und in südlicher Richtung am Hof Neuhof vorbei auf die Landstrasse kommen. Am Waldrand begegnet uns eine weitere Pilgerstele, die dem Thema «Geld» gewidmet ist – auch für Pilger ein wichtiges Thema. Wir queren die Landstrasse und gelangen durch ein Wäldchen und entlang des Wiesenhangs in den Chammerewald.

Diesen durchqueren wir am nördlichen Rand und biegen vor dem Waldende rechts nach Huttwil-Rüttistalden ab. In westlicher Richtung kommen wir über die Langete bis zur Eriswilstrasse, welche wir überqueren, um auf dem parallel verlaufenden Friedhofweg ins Zentrum des Städtchens und auf die Hauptstrasse von Huttwil zu kommen. Sehenswert sind die ref. Stadtkirche, der schöne Marktbrunnen und das Hotel Mohren, seit dem 13. Jahrhundert eine bedeutende Pilgerherberge.

Pfarrkirche Ufhusen

Huttwil–Burgdorf

Wegdistanz
23,5 km

Wanderzeit
6 Std. 30 Min.

Höhenmeter
–580 m / +475 m

Hinweis
Wanderstrecke mit Auf- und zum Teil steilem Abstieg in hügeligem Gelände.

Wir durchqueren Huttwil auf der Hauptstrasse und zweigen nach dem Bahnhof südlich des Spitals auf eine Quartierstrasse ab, die uns in den Ortsteil Fiechten bringt. Wir biegen rechts ab, queren den Rotbach und steigen kurz danach auf einer Zufahrtsstrasse in südwestlicher Richtung die Hänge des Fiechtenbergs hinauf, bis wir bei einer grossen Kurve links auf einen Wanderweg abzweigen, der uns entlang des Waldrandes in den Rothaulewald führt. Am Waldrand treffen wir auf ein Steinritual. Wir durchqueren den durchgehend bewaldeten Höhenzug und kommen in südlicher Richtung auf eine Lichtung und an den Rand des Chalteneggwaldes. Wir folgen dem Waldrand in südlicher Richtung oberhalb des Weilers Oberrotmatt und kommen nach einem kurzen Waldstück und über offenes Weidland zum Weiler Kaltenegg. Von hier wandern wir rechts abbiegend auf die Anhöhe und steigen dann auf einem Feldweg in südlicher Richtung entlang der Wiesenhänge und am Weiler Chnubel vorbei hinunter ins südliche Dürrenroth ab.

Nach Überquerung der Hauptstrasse kommen wir zum Bahnhof. Am Dorfplatz mit den zwei prächtig renovierten Gasthäusern befindet sich die St. Maria-Kirche in einer parkähnlichen Anlage. Sie wurde 1768 in ein spätbarockes Saalgotteshaus umgebaut. Am Park vorbei gelangen wir auf die Strasse, die uns in westlicher Richtung zum Weiler Gärbihof führt. Nach einigen schönen al-

Luzerner Weg

Fiechtenweg

ten Häusern zweigt der Weg links in den Rotwald ab. Am Waldrand treffen wir auf die Pilgerstele «Leben in der Region Trachselwald». Wir durchqueren in südwestlicher Richtung den nördlichen Teil des Waldes und kommen auf die Zufahrtsstrasse, die uns zum Weiler Unterwaltrigen bringt. Unterwegs sehen wir das Pilgerzeichen «Hören». In Unterwaltrigen folgen wir dem Feldweg in südlicher Richtung und kommen entlang des Hügelhanges in den Wald oberhalb von Häusernmoos. An der Strassengabelung im Wald biegen wir scharf rechts nach Häusernmoos ab, überqueren den Rotbach und die Bahnlinie und kommen auf die Strassenkreuzung, wo wir links auf die Strasse nach Herbrig abzweigen.

Luzerner Weg

An einer Scheunenwand finden wir das nächste Pilgerzeichen «Beten». In Herbrig, dessen Ortsnamen sich von Herberge ableiten lässt, beginnt der Aufstieg zum Aussichtspunkt Lueg. Der stetig ansteigende Weg führt auf Strassen und Fusswegen, über Weidland, durch kleine Wälder und auch durch einen bewaldeten Bachgraben hinauf auf die Bergwiesen unterhalb des Luegwaldes. Im Aufstieg queren wir einige Zufahrtsstrassen und wir kommen an den Weilern Juch und Junkholz vorbei. Die letzten Meter führt ein steiler Fahrweg zum Aussichtspunkt. Neben dem Militärdenkmal finden wir einen Rastplatz mit Feuerstelle. Das Panorama ist überwältigend, von der Jurakette zu den Emmentaler Höhenzügen und von den Berner Alpen zur Gantrischkette und den Fribourger Alpen.

Kirche Dürrenroth

Unter dem Aussichtsort liegt idyllisch am Hang der Weiler Heiligenland. Der Weg führt unterhalb des Aussichtspunktes über die Passhöhe und am Landgasthof Lueg (mit Bushaltestelle) vorbei und biegt dann links von der Strasse ab. Wir wandern über Bergwiesen in westlicher Richtung abwärts und kommen nach einem Wald wiederum auf die Luegerstrasse. Diese verlassen wir kurz danach und zweigen links auf ein Zufahrtssträsschen, welches

Luegdenkmal

Luegweg
Leuenhohle

uns über das Weidland am Weiler Heimismatt vorbei zum Hof Gerstler führt. Hier dreht das Strässchen in nördliche Richtung und wir kommen kurz danach auf einem links abzweigenden Waldweg zurück auf die Luegerstrasse nach Kaltacker. Der stattliche Gasthof zum Hirschen, wartet hier auf hungrige Pilger. An der Strassengabelung kurz nach dem Ortsende verlassen wir die Strasse, drehen links auf den Egg-Zufahrtsweg ab, der in südwestlicher Richtung, am Schulhaus vorbei und entlang des Waldrands auf die Anhöhe Egg steigt. Von der Egg geht es entlang des beweideten Höhenzugs, südlich am Weiler Sandgrube vorbei, an den Waldrand.

Durch den Wald und entlang des Waldrandes kommen wir zur Waldecke, von wo der Weg an den steilen Hängen des Leuehölzli-Waldes hinunter ins tiefe Tal der Emme führt. Dabei durchqueren wir einen mystisch anmutenden schluchtartigen Hohlweg, genannt die Leuenhohle. An den hohen Sandsteinwänden gibt es Spuren eingravierter Namen und Zeichen. Im nahe gelegenen Landgasthof Sommerhaus erwartet uns eine kräftige Mahlzeit. Wir lassen den Landgasthof rechts liegen und kommen dem Waldrand entlang zum ehemaligen Siechenhaus mit der Bartholomäuskapelle (geschlossen), beide aus der zweiten Hälfte des 15. Jahrhunderts.

Luzerner Weg

Schon sehen wir die Häuser und Türme von Burgdorf. Auf der Strasse erreichen wir am Fusse der Gisnauflüe die Emme, welche wir auf der überdachten hölzernen Wynigenbrücke überqueren. In südwestlicher Richtung kommen wir zur reformierten Pfarrkirche (erbaut 1471–90). Das sehenswerte Gotteshaus beherbergt einen Lettner von 1512 und ein Chorgestühl von 1647. Der von Steinmetzen kunstvoll behauene Lettner bildet die Trennwand zwischen Chor und Kirchenraum und gilt als der schönste der Schweiz. Südöstlich der Kirche steht auf dem Burgberg das trutzige Zähringerschloss aus dem späten 12. Jahrhundert.

Neben Amtsstuben ist auch ein Museum darin untergebracht. Der Jakobsweg führt uns durch malerische Gassen zwischen Kirche und Schloss durch die Altstadt. Wir sehen den Brunnen mit der Justitia, Bürgerhäuser, Zunfthäuser und Laubengänge, sowie das 1750 erbaute Stadthaus. Aus der Altstadt heraus führt uns der Weg in die Unterstadt, von wo wir in südwestlicher Richtung weiterwandern.

Schloss Burgdorf

Burgdorf–Bern

Wegdistanz
30 km

Wanderzeit
7 Std. 40 Min.

Höhenmeter
–818 m / +784 m

Durch die Wohnquartiere von Burgdorf kommen wir zum Bahnhof Steinhof der Bahnlinie Burgdorf–Langnau–Konolfingen. Durch die Unterführung beim Bahnhof gelangen wir ins Quartier Steinhof. Wir folgen dem Quartiersträsschen und steigen auf einem Feldweg auf eine flacher werdende Hügelwiese, von wo wir eine prächtige Aussicht auf die Stadt und das Schloss Burgdorf geniessen. Der Weg führt zur Rothöhe-Zufahrtsstrasse, quert sie und folgt dem Waldrand. Nach 200 Metern zweigt er links in den Pleerwald ab und kommt zu einer 7-Weg-Kreuzung, wo sich ein kleiner Rastplatz befindet. Von hier geht es südwärts hinunter ins Underbärgetal. Am Hof Gansern vorbei kommen wir auf die Oberburgstrasse.

Dieser folgen wir kurz, drehen rechts ab. Übers Feld kommen wir zum Mattenhof. Hier folgen wir zunächst der Zimmerbergstrasse und zweigen kurz danach links auf den Fahrweg ab, der über den Hügelhang hinauf zum Weiler Schupposen führt. Hier biegen wir rechts ab und steigen auf dem Wanderweg in westlicher Richtung hinauf nach Althus, von wo wir auf der Zufahrtsstrasse ins höher gelegene Zimmerberg gelangen.

Luzerner Weg

273

Aussicht vom Schloss Burgdorf

Beim Aufstieg kommen wir am Pilgerzeichen «Lassen» vorbei. Wir bleiben auf der Hügelhöhe und ziehen in südwestlicher Richtung, über Weideland und am Waldrand entlang bis in den Eybergwald. Diesen durchqueren wir oberhalb der steilen Waldhänge des Krauchtals bis wir beim Weiler Banziloch ins Tal absteigen. Am nördlichen Rand der Chrüzflue kommen wir zu den ersten Häusern und auf die Hauptstrasse von Krauchthal. Auf ihr durchqueren wir das Dorf in südlicher Richtung und statten der reformierten Kirche (1794 erbaut) einen Besuch ab.

Am Dorfausgang kurz vor dem Ortsende zweigen wir links auf die kurvenreiche Strasse ab, die an der Strafanstalt Thorberg vorbei hinauf zum 170 Meter höher gelegenen Weiler Schwändi führt. Der auf dem Hügel thronende Thorberg mit der heutigen Haftanstalt geht auf eine frühere, vorreformatorische Klostergründung zurück, die der Heiligen Paula geweiht war. Mit Blick auf die Haftanstalt denken wir an die Menschen hinter den Gittern und fragen uns, was dieses Gefangensein für sie bedeutet.

In Memoriam Joe Weber «es chunnt scho guet» haben die Söhne von Joe und der Verein Jakobsweg für Joe Weber als Freund und Förderer der Jakobswege eine Pilgerbank bei der Scheune der Familie Kilchenmann beim Hof Schwändi aufgestellt. Von Schwändi führt der Höhenweg stetig ansteigend und in südwestliche Richtung drehend durch den Äbnitwald zum Hof Tannebode. Von hier geht es entlang des Waldrandes in südlicher Richtung am Hof Sunnerain vorbei und durch den Utzigewullwald. Vom südlichen Waldrand geht es über offenes Weidland entlang des Allmithöhenzugs zum Weiler Hubel. Wir geniessen die prachtvolle Fernsicht über die Stadt Bern bis zu den Berner Hochalpen.

Beim Weiler Hubel beginnt der relativ steile Abstieg über den Hügelhang hinunter nach Utzigen. Beim Schloss Utzigen, mit öffentlich zugängigem Park und Café, aus dem Jahr 1669 können wir einen Halt einlegen (Bushaltestelle). In der Dorfmitte nahe der Kreuzung wartet zudem wie in alten Pilgerzeiten das Gasthaus Zum durstigen Bruder (1770 erbaut) auf durstige Pilger. Am

Schloss (heute Wohn- und Pflegeheim) vorbei führt der Weg über Wiesen und Felder zum Hof Weier mit dem Pilgerzeichen «Schweigen», wo er rechts zum Waldrand abbiegt. Entlang des Waldhangs kommen wir hinunter nach Boll im Lindental.

Wir durchqueren Boll auf der Hautpstrasse in südwestlicher Richtung mit einem kurzen Abstecher zum Bahnhof und zweigen am westlichen Ortsende links auf eine Quartierstrasse ab. Entlang des Lindentalbachs, den wir zweimal queren, kommen wir in südwestlicher Richtung über die Worble zum Gehöft Wiler. Weiter geht es südwärts durch die Waldhänge hinauf ins Dorf Dentenberg. Hier wartet ein gemütliches Gasthaus auf uns. Wir folgen der Zufahrtsstrasse bis zum westlichen Ortseingang, nehmen die Abkürzung über die Wiese und kommen zurück auf die Zufahrtsstrasse bei der Käserei.

Kurz nach der ehemaligen Käserei Dentenberg zweigt der offiziell beschilderte Jakobsweg nach rechts ab und führt uns nach Amsleberg. Von dort geht es weiter in westlicher Richtung den Wald hinunter ins Gümligental. Beim Verlassen des Waldes kommen wir beim Schützenhaus Muri-Gümligen vorbei. Auf der Talgegenseite betreten wir das Grossholz. Der Weg führt uns in den Erholungswald am Ostermundigenberg und am Quartier Rütibüel vorbei. Am Waldrand entlang geht's weiter, am Dennigkofen-

Bauernhaus Zimmerberg

Bad vorbei bis ins Aussenquartier von Ostermundigen westlich der Steinbrüche. Von dort geht der Quartierweg in westlicher Richtung bis in die Obere Zollgasse. Unter der Bahnlinie querend kommen wir an den Rand des Schosshaldenwaldes. Ihm folgen wir zunächst in südlicher und dann in nördlicher Richtung bis zum Schosshaldenfriedhof. In westliche Richtung drehend geht es entlang des Friedhofs, nördlich vom Kleezentrum und die Autobahn querend, durch das Schönberg Quartier den Haspelweg hinunter bis zum Bärenpark an der Aare in Bern.

Ein Abstecher in die historische Stadt Bern lohnt sich. Das Fussgängerleitsystem der Stadt Bern zeigt uns den Weg über die Nydeggbrücke bis zum Berner Münster (hin und zurück 1 Kilometer). Bern bietet viele Möglichkeiten zum Übernachten und Einkaufen, nebst vielen Sehenswürdigkeiten lohnt es sich in der Stadt zu verweilen.

Hinweis: Ab der ehemaligen Käserei Dentenberg gibt es zwei Routen, welche beide nach Kehrsatz führen. Wer sich für die Variante über Gümligen entscheidet folgt der Route B:
100 Meter nach der ehemaligen Käserei (nach dem Ortsausgang Dentenberg) zweigt bei einem Wegweiser mit einer kleinen Via-Jacobi-Schautafel, die auf die Variante hinweist, der Weg links

Worblenbach Boll

Luzerner Weg

Schloss Utzigen

nach Gümligen zum Dentenbergwald ab. Den Wald durchqueren wir auf der gleichen Strasse und kommen eine Kurve abkürzend unweit des Kriegsdenkmals an den südlichen Waldrand des Gümligenbergs. Vom Weltkriegsdenkmal gelangen wir auf einem Fussweg in westlicher Richtung entlang des Waldrandes zu den ersten Wohnhäusern von Gümligen. Wir biegen in südlicher Richtung ab und gelangen durch ein Wohnquartier zu einer Kreuzung mit dem Dorfbrunnen und der reformierten Kirche von 1953. Sie wurde 1954 eingeweiht. Beeindruckend sind die Pilgerfigur an der Aussenwand und die Glasfenster von Max von Mühlenen (entstanden zwischen 1954 und 1964). Nach dem Besuch in der Kirche führt uns der Weg in einem Bogen am Tor des 1735 erbauten Schlosses Gümligen vorbei.

Weiter geht es nach Süden, den Hüenliwald und das Auguet, mit der Auguetbrücke über die Aare, direkt nach Kehrsatz. Dieser Weg ist nicht mehr als ViaJacobi 4 ausgeschildert.

Pilgern auf dem Jakobsweg Schweiz

Bern–Rüeggisberg

Wegdistanz
21,7 km

Wanderzeit
5 Std. 30 Min.

Höhenmeter
–572 m / +866 m

Hinweis
Bequeme Wanderstrecke in sanfter Hügelladschaft.

Wir starten in Bern beim Bärenpark unsere Etappe nach Rüeggisberg. Wir verbleiben auf dieser Seite der Aare und wandern entlang des Flusses durch die Englische Anlage und beim Schwellenmätteli vorbei bis zum Dählhölzli. Kurz vor dem Tierpark benützen wir den Schönausteg, überqueren die Aare und folgen dem Ufer bis zum Eichholz, wo wir in südlicher Richtung die Eichholzstrasse hinauf den Ort Wabern (Gemeinde Köniz) erreichen.

Wir gehen auf der Seftigenstrasse zirka 200 Meter in Richtung Westen. Bei der Dorfstrasse geht es dann in Richtung Talstation der Gurtenbahn. Kurz nach der Überquerung der Bahnlinie führt der Weg in Hanglage in südöstlicher Richtung durch Wald und offenes Gelände an Mätteli, Schalestei, und Rossacher vorbei bis zum Ortsteil Undere Gurte und von dort die Gurtenstrasse und Hubelhohle hinunter nach Kehrsatz. Bei der Einmündung in die Zimmerwaldstrasse treffen wir auf die Jakobsweg-Variante, welche vom Dentenberg über Gümligen, den Hüenliwald und das Auguet mit der alten Holzbrücke direkt nach Kehrsatz führt.

Der Weg führt vom Auguet herkommend südwärts durch den Ortsteil Ober-Selhofe, am Schulhaus und der modernen Kirche des ökumenischen Zentrums vorbei, nach Kehrsatz. Wir besuchen das ökumenische Zentrum mit dem Kirchenraum und dem Raum der Stille, der von beiden Konfessionen (reformiert und katholisch) genutzt werden kann und geniessen den vorzüglichen Pilgerkaf-

Luzerner Weg

Obermuhlern

fee. Im Südosten von Kehrsatz liegt in einem Park der 1780–83 erbaute Landsitz Lohn. Er dient dem Bund zur Repräsentation für Staatsbesuche. An gewissen Tagen im Jahr ist der Landsitz der Öffentlichkeit zugänglich (Daten siehe Internet). Im Zentrum von Kehrsatz steht der 1580–90 erbaute und 1745–52 zum barocken Landsitz ausgebaute Blumenhof. Seit 1990 ist der Blumenhof Sitz der Gemeinde.

Vom Ortszentrum geht es in südlicher Richtung bis zur Gürbetalbahnlinie, die wir nördlich des Bahnhofs queren. Weiter südlich queren wir die Landstrasse Bern–Wabern–Wattenwil. Wir folgen zunächst in südlicher Richtung der ansteigenden Strasse, die nach Englisberg führt und biegen dann links auf eine abkürzende Quartierstrasse ab, die weiter oben wiederum auf die Englisbergstrasse einmündet. Dieser folgen wir nur kurz und zweigen rechts auf einen Wanderweg ab, auf dem wir zunächst durch den Wald und dann über den Wiesenhang und einen Bachgraben querend hinauf zum Altersheim Kühlewil gelangen. Am Altersheim vorbei geht es südwärts über Wiesland zum Weiler Kühlewil und von dort in den Chüliwilwald, den wir auf einem Forstweg in südlicher Richtung durchwandern. Dabei kreuzen wir zwei Zufahrtstrassen und verlassen den Wald unweit vom Hof Allmid. Auf einem Fahrweg kommen wir südwärts bleibend zunächst am Waldrand entlang und dann über offenes Weideland hinunter zum Weiler Obermuhlern. Hier macht unser Weg einen Bogen nach links und wir kommen über den Hügel zur Strasse Kehrsatz–Riggisberg, auf der wir nach Niedermuhlern wandern. Wir bleiben auf der Strasse und ziehen an der Käserei und Bushaltestelle vorbei durchs Dorf bis zum Ortsteil Holzmatt.

Luzerner Weg

Von hier führt uns ein Fahrweg in südlicher Richtung, an den Höfen Riederweid und Unteres Rattenholz vorbei an den Waldrand des Ratteholzwaldes. Hier zweigen wir links auf den Forstweg ab, der uns in einem Bogen hinauf auf den Fahrweg beim Gehöft Buchweid bringt. Von hier haben wir einen prächtigen Blick auf die Emmentaler Hügel, das Gürbetal, die Berner Voralpen und Viertausender und die Gantrischkette. Wir wandern auf der Strasse südwärts zum Weiler Gschneit, wo uns ein Gasthaus erwartet. Der Weg kreuzt hier die Strasse nach Oberbütschel und führt uns links haltend nach Leueberg. Beim Parkplatz Leueberg (Bushaltestelle) steigen wir aufwärts zur Gedenkstätte und zum Aussichtspunkt.

Unter einer schattigen Baumgruppe befindet sich beim Taveldenkmal ein Rastplatz mit Panoramatafeln. Unter uns breitet sich die grossflächige, grüne Ebene des Gürbetals aus. Dahinter erheben sich die mächtigen, gletscherbedeckten Bergmassive des Berner Oberlandes. Wir verlassen die Gedenkstätte des bernischen Mundartdichters (Rudolf von Tavel, 1866–1934) und wandern südwärts auf Feld- und Forstwegen durch den Tannwald.

Kurz vor dem südlichen Waldausgang dreht der Weg in westliche Richtung und wir erreichen über Weideland den Weiler Mättiwil, wo wir auf den Jakobsweg treffen, der vom Berner Oberland nach Fribourg und Romont führt. Auf einem Feldweg in Richtung Westen erreichen wir unser Ziel Rüeggisberg mit der schönen Kirche und der eindrücklichen Klosterruine.

Obermuhlern

Dorfstrasse Niedermuhlern

Rankweil–St. Peterzell

Der Vorarlberg-Appenzeller-Weg in Kürze

Auf dieser Wegstrecke gelangen die Pilger, die aus Vorarlberg oder Tirol kommen, nach St. Peterzell. Dort treffen sie auf den Schweizer Jakobsweg (ViaJacobi 4). Dieser kommt von Rorschach und führt nach Einsiedeln.

Das Appenzellerland wird bei einem mittleren Höhenniveau von 800 Metern durch eine hügelige, von Weideland und verstreuten Dörfern geprägte Landschaft, charakterisiert. Diese dünn besiedelte Kulturlandschaft, fernab von Hektik und stressigem Massentourismus, eignet sich besonders gut für Pilger, die Ruhe und Zeit zur inneren Einkehr suchen. Die kleinen und bäuerlichen Dörfer am Weg, mit den für die Region typischen bunt bemalten Holzhäusern, laden zum Verweilen und zur Begegnung mit der arbeitsamen und traditionsbewussten Bevölkerung ein. Der Jakobsweg durch das Appenzellerland lädt in seiner Einmaligkeit nicht nur zur Besinnung sondern auch zum Barfussgehen ein.

Das «Rote» oder «Falcksche» Haus St. Peterzell

Pilgern auf dem Jakobsweg Schweiz

Übersichtskarte

Rankweil– St. Peterzell

Vorarlberg- Appenzeller- Weg

Wegdistanz
52 km

Mittlere Wanderzeit
rund 17 Stunden

Höhenmeter
–1432 m / +1585 m

Vorarlberg-Appenzeller-Weg

Pilgern auf dem Jakobsweg Schweiz

Rankweil–Eggerstanden

Wegdistanz
21,1 km

Wanderzeit
6 Std.

Höhenmeter
−174 m / +607 m

Hinweis
Bis Hirschensprung bequeme Wanderstrecke, ab Hirschensprung Bergstrecke.

Wie eine Burg thront die Wallfahrtskirche auf dem Liebfrauenberg – von weitem sichtbar oberhalb von Rankweil. Seit dem 14. Jahrhundert ist die Liebfrauenkirche ein bedeutendes Wallfahrtsziel. Hier sammelten sich seit dem Heiligen Jahr 1300 die Pilger zu ihren Fahrten nach Rom und nach Santiago de Compostela. 1986 wurde die Liebfrauenkirche offiziell als Basilika gewürdigt. Die Gnadenkapelle mit ihrer 1460 geschnitzten Marienstatue wurde 2006 renoviert. Unterhalb des Liebfrauenberges steht seit dem 12. Jahrhundert die romanische Kirche St. Peter. Unsere Pilgerreise führt am Bahnhof Rankweil vorbei der gelb-weissen Markierung folgend auf der asphaltierten Gemeindestrasse bis zum Dorfende.

Unter der Autobahn hindurch geht es dann zum Ortsteil Brederis und nach rund 45 Minuten erreichen wir die St. Anna-Kapelle. Von dort gehen wir auf einem Güterweg bis zur Fahrstrasse, queren diese mit Vorsicht und kommen an den Paspels-Baggerseen vorbei durch die Rheinebene nach Meiningen-Zollamt. Die St. Agatha-Kirche in Meiningen wurde 1609 erbaut. Wir überqueren die Grenze bei Oberriet, den Rhein und die Autobahn. Danach zweigt unser Pilgerweg links ab und führt unter der Ruine Blatten durch.

Vorarlberg-Appenzeller-Weg

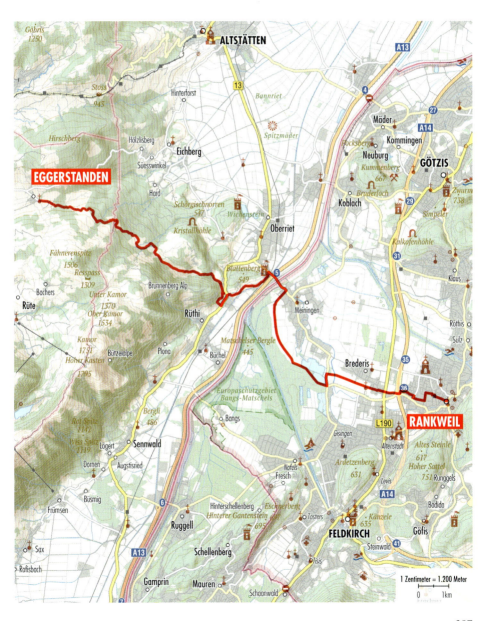

St. Anna-Kapelle

Das autofreie Strässchen entfernt sich beim Güetli von der SBB-Linie in einem Rechtsbogen um den Blattenberg herum und wir erreichen nach weiteren 45 Minuten den Weiler Hirschensprung.

Kurz vor dem Hirschensprung kommen wir zu einer kleinen Kapelle. Von dort geht es rechts zunächst bergauf auf der verkehrsexponierten Fahrstrasse (Vorsicht ist geboten) durch die Felsenenge des Hirschensprungs. Dahinter geht es in Richtung Freienbach. Über den Weiler Rehag erreichen wir, teils auf Pilgersteigen und teils auf der Strasse, den ehemaligen Wallfahrtsort Freienbach mit der modernen Kirche Maria Heimsuchung.

Wir folgen zunächst der Bergstrasse Richtung Chienberg bis zu einer Rechtskehre, wo wir dann auf den rot-weiss markierten Bergweg abzweigen, der geradeaus längs des Freienbaches in Richtung Eggerstanden führt. Nach steilem Aufstieg durch den Bergwald erreichen wir die Alp Oberrieter Strüssler. Von dort geht es über Weiden und durch Wäldchen zur Wogalp und weiter hinauf zur Neuenalp, wo die Kantonsgrenze zwischen den Kantonen St. Gallen und Appenzell-Innerrhoden überschritten wird.

Vorarlberg-Appenzeller-Weg

Auf einem bequemen, teils asphaltierten Forstweg gelangen wir zur Wallfahrtskapelle Maria Hilf zum Bildstein. Ab dort geht es sanft nach Eggerstanden hinab. Die moderne Kirche in Eggerstanden ersetzte eine im 18. Jahrhundert gebaute Kapelle. Die beiden Gasthäuser Neues und Altes Bild erinnern an einen ehemaligen jahrhundertealten Bildstock.

Kapelle vor dem Hirschensprung

Weg zur Wogalp

Eggerstanden–Urnäsch

Wegdistanz
19,4 km

Wanderzeit
5 Std. 15 Min.

Höhenmeter
–339 m / +281 m

Hinweis
Bequeme Wanderstrecke mit sanftem Auf- und Abstieg.

Wir verlassen Eggerstanden und wandern auf Feldwegen hinunter nach Steinegg. Am Kapellenweg neben einer alten Linde steht die kleine St. Jakobus-Kapelle aus dem Jahr 1660. Im Ort steht die grössere, 1590 erbaute St. Magdalena-Kapelle. Die Strasse folgt den Gleisen der Bahnlinie Wasserauen–Appenzell entlang der Sitter. Neben einer Brücke steht die aus dem 18. Jahrhundert stammende St. Anna-Kapelle. Auf dem Fussweg gelangen wir längs der Sitter nach Appenzell, dem Hauptort des Kantons Appenzell-Innerrhoden.

Der Name des Ortes stammt von Abbacella, einem Gutshof des Abtes des Klosters St. Gallen, welcher im 11. Jahrhundert zur selbstständigen Pfarrei wurde. Sehenswert sind die Pfarrkirche St. Mauritius mit Chor, Turm und Krypta aus dem späten 15. Jahrhundert, den Deckenfresken und Wandbildern, sowie das Rathaus und die bunt bemalten Holzhäuser mit den typisch geschweiften Giebeln. Am Kapuzinerkloster vorbei erreichen wir den westlichen Dorfausgang von Appenzell.

Dort folgen wir kurz der Umfahrungsstrasse und wandern dann über Wiesen auf der alten Reichsstrasse nach Gontenbad. Beim Altersheim überqueren wir die Strasse und hinter dem Naturmoorbad das Bahngleis. Der Barfussweg führt uns dann in Rich-

Vorarlberg-Appenzeller-Weg

Pilgern auf dem Jakobsweg Schweiz

St. Magdalena-
Kapelle Altarraum

Ortsbild von
Appenzell

tung Gonten, welches wir über den Feldweg in der Nähe des Bahnhofs erreichen. In der Wallfahrtskirche St. Verena findet sich das Gnadenbild Maria Trost aus dem 17. Jahrhundert und ein Glasgemälde, das Jakobus als Sennenpatron zeigt. Weiter geht es wieder auf dem Barfussweg in Richtung Jakobsbad. Hier geniessen wir den einmaligen Ausblick auf den Säntis und den Kronberg.

Unterwegs erfahren wir, dass im Mittelalter, nahe des Kronberggipfels, ein Einsiedler lebte und dass es dort seit dem 15. Jahrhundert eine St. Jakobus-/ St. Bartholomäus-Kapelle gibt. Unterhalb des Gipfels entspringt die Jakobsquelle, deren Wasser als heilkräftig galt.

Der bequeme und gut signalisierte Weg wird gern barfuss begangen. Zwischen Gonten und Jakobsbad werden im Restaurant Skilift auch im Sommer Gäste bedient. Beim Campingplatz stossen wir dann auf die kleine, 1771 erbaute und 2002 renovierte, St. Anna-Kapelle. Kurz vor Jakobsbad überqueren wir den Wissbach, wo wir bei der Brücke (dank der Haltestange) ein wohltuendes Fussbad nehmen können.

Dann kommen wir unter der Bahnlinie hindurch zur Talstation der Gondelbahn und weiter zum Kurhaus Hotel Jakobsbad. Hier endet der Barfussweg. Nur einige Minuten entfernt lädt uns das Kloster Leiden Christi mit einer sehenswerten Klosterkirche zum Verweilen und Meditieren ein. Das Kapuzinerinnenkloster ist für seine Kräuterapotheke bekannt. Hinter dem Kloster beginnt der Besinnungsweg. Diesem folgen wir aufwärts, bis wir über Bergwiesen, durch Waldpartien und an Gehöften vorbei die Alp Studen und etwas weiter oben die Alp Unter-Lauftegg erreichen. Dann geht es über den Chräghof und das Haumösli in Richtung Urnäsch hinunter – zunächst auf Bergwiesen und dann auf einem landwirtschaftlichen Strässchen.

Wir verlassen die Strasse, um auf einem Wiesenpfad zur Bahnlinie hinabzusteigen. Diese überqueren wir vor der neuen Widenbrücke, um von dort am Bahnhof vorbei ins Dorf Urnäsch zu kommen. Im Mittelalter war die heutige reformierte Kirche den Aposteln Philippus und Jakobus geweiht. Besonders sehenswert sind der Dorfkern mit den bunten Holzhäusern aus dem 17. und 18. Jahrhundert sowie das Appenzeller Brauchtumsmuseum.

Ausblick auf Urnäsch

Urnäsch–St. Peterzell

Wegdistanz
11 km

Wanderzeit
3 Std. 45 Min.

Höhenmeter
–919 m / +697 m

Hinweis
Bequeme Wanderstrecke mit sanftem Auf- und Abstieg.

Auf dem Kronenplatz mit dem Sylvesterklausbrunnen beginnt auf der anderen Seite der Strasse Urnäsch–Herisau die Tüfenbergstrasse, auf welcher wir bis zum oberen Dorfteil weitergehen. Dort zweigen wir ab und steigen über Buechen und Hintereggli zur Alp Folenweid auf. Hier weiden Fohlen und wir vergessen natürlich nicht, das Gatter beim Durchgang zu schliessen. Wir geniessen die wunderbare Aussicht auf die Berge der Ostschweiz bis zum Bodensee, den wir als Silberstreifen wahrnehmen.

Von der Passhöhe wandern wir leicht abwärts über den flachen Bergrücken des Tüfenberges und an der Felsengruppe des Fuchsstein vorbei. Für kurze Zeit folgen wir der Bergstrasse und zweigen dann rechts ab, um an einigen Gehöften vorbei hinunter ins Tal zu kommen. So gelangen wir ins Dorf Schönengrund wo der Tüfenbach durch den Ort fliesst.

Die Häuser nördlich des Baches gehören zum Dorf Wald, welches zur Gemeinde St. Peterzell gehört. Hinter Schönengrund überqueren wir den Tüfenbach nach Wald, gehen bald von der Strasse nach links ab und kommen nach Tüfi. Dann geht es hinauf zum Gasthof Kreuz wo wir die Strasse Herisau–St. Peterzell queren und auf der alten Landstrasse leicht aufwärts in Richtung Ämisegg bis

Vorarlberg-Appenzeller-Weg

Pilgern auf dem Jakobsweg Schweiz

zum Weiler Stofel gelangen. Dort wechseln wir auf einen landwirtschaftlichen Weg, der über den Weiler Rüti wiederum zurück auf die Hauptstrasse führt. Auf deren Troittoir gelangen wir ins Dorf St. Peterzell. Der Ortsname stammt vom ehemaligen Kloster Cella sancti petri, welches 1555 zur Propstei des Klosters St. Gallen wurde.

Ausblick von der Folenweid

Felsengruppe Fuchsstein

Gasthaus Rössli St. Peterszell

Blumberg–Rapperswil-Jona / Tobel

Der Schaffhauser-Zürcher-Weg und der Thurgauer-Klosterweg in Kürze

Der Weg von Blumberg nach Schaffhausen führt durch ein landschaftlich reizvolles Hügelgelände mit vielen Wäldern und Trockenwiesen. Pilgernde steigen zunächst vom Stadtteil Randen auf den Hohen Randen und weiter zur grünen Schweizer Grenze. An der Schwedenschanze und dem Hagenturm vorbei geht es über Heidenbomm und Talisbänkli ins Hemmentalertal und weiter nach Schaffhausen. Dort beginnen der Schaffhauser-Zürcher-Weg und der Thurgauer-Klosterweg, welche beide auf den Schweizer Jakobsweg (Konstanz–Einsiedeln, ViaJacobi 4) treffen. Der Schaffhauser-Zürcher-Weg (Schaffhausen–Rapperswil-Jona) führt zunächst entlang des Rheins ins Städtchen Rheinau. Rheinau liegt im Zürcher Weinland. Weiter geht es auf dem Uferweg bis kurz vor die Thurmündung. In südlicher Richtung führt der Weg ins Flaachtal durch das Naturschutzgebiet Thurauen, und östlich entlang des Irchels geht es in südlicher Richtung in die Stadt Winterthur. Besonders lohnend ist hier der Aufstieg auf die historisch bedeutsame Kyburg. Auf Flur- und Waldwegen geht es nach Pfäffikon. Das letzte Wegstück nach Rapperswil führt über Wetzikon durch die Hügel- und Moorlandschaft des Zürcher Oberlandes, welche zu Urzeiten vom Linthgletscher geformt wurde. Ein Kleinod ist das Ritterhaus Bubikon, die besterhaltene Kommende des Johanniterordens in Europa. In Rapperswil-Jona warten eine pittoreske Altstadt und eine schöne Pilgerherberge auf Pilgerinnen und Pilger (www.pilgerherberge.ch, offen vom 1. April bis 31. Oktober).

Thurgauer-Klosterweg (Schaffhausen-Tobel): Dieser führt durch eine Fluss- und Hügellandschaft und durch Dörfer und Städtchen bis zur Johanniterkomturei in Tobel. Der Name «Thurgauer-Klosterweg» leitet sich von den zahlreichen ehemaligen Klöstern und kunsthistorisch bedeutsamen Kirchen und Kapellen ab, an denen der Weg vorbeiführt.

Klosterkirche Rheinau

Pilgern auf dem Jakobsweg Schweiz

Übersichtskarte

Blumberg– Rapperswil- Jona / Tobel

Schaffhauser- Zürcher-Weg

Thurgauer- Klosterweg

Wegdistanz
186 km

Mittlere Wanderzeit
rund 49 Stunden

Höhenmeter
−2645 m / +2188 m

Schaffhauser-Zürcher-Weg

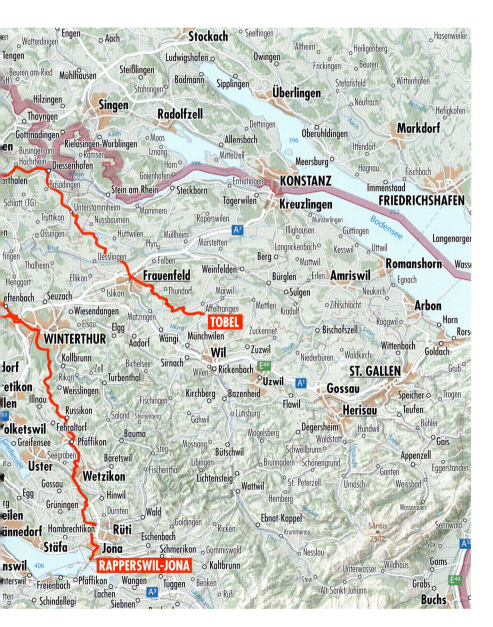

Blumberg–Schaffhausen

Wegdistanz
25 km

Wanderzeit
6 Std. 15 Min.

Höhenmeter
−647 m / +355 m

Hinweis
Bequeme Wanderstrecke mit sanftem Auf- und Abstieg. Für diese Etappe sollten Pilgerinnen und Pilger genügend Verpflegung und Flüssigkeiten mitnehmen. Zwischen Randen / Blumberg bis Schaffhausen gibt es keine Verpflegungsmöglichkeiten.

In Blumberg biegen wir den blauen Schildern des Jakobsweges folgend von der Hauptstrasse in die Friedhofstrasse ein. Über die Gartenstrasse, Bergmann- und Bergstrasse gelangen wir an der Ecke Sudetenstrasse / Untere Zinnen ans Ortsende. Auf dem Feldweg wandern wir geradeaus, unterhalb des kleinen Buchbergs entlang, über die Landstrasse Blumberg–Epfenhofen, im Wald leicht bergan nach Randen, dem kleinsten und höchstgelegenen Stadtteil von Blumberg.

Von dort geht's Richtung Süden, zuerst auf dem Radweg, dann die Landstrasse nach Epfenhofen überquerend, leicht ansteigend bis zum Wanderparkplatz. Dort biegen wir nach rechts ab in den Bohlkopfweg. Schon bald kommen wir zum Schwarzen Stein, dem nördlichsten Grenzstein der Schweiz. Halb links geht's der deutsch-schweizerischen Grenze entlang zum Randen- oder Klausenhof.

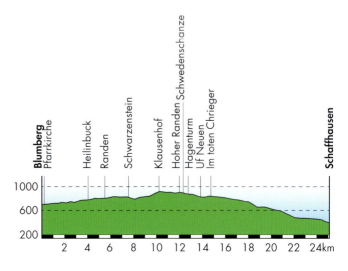

Schaffhauser-Zürcher-Weg

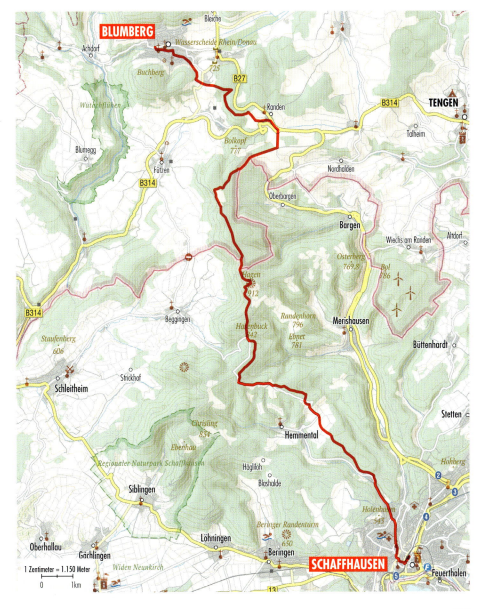

Frühlingsboten

Immer geradeaus gehen wir Richtung Hagenturm, bei der Abzweigung Wilhelmshüttenweg gehen wir leicht rechts. Am Schlagbaum vorbei gelangen wir bald zur Abzweigung Schwedenschanze. Der Name erinnert an den Dreissigjährigen Krieg, als schwedische Truppen das Gebiet mehrfach heimsuchten.

Die Schaffhauser bauten an dieser exponierten Stelle eine Artilleriestellung. Es lockt ein kurzer Abstecher zum Aussichtspunkt, der uns einen schönen Blick nach Westen über den Schwarzwald und das Dorf Beggingen beschert. Der kurze Umweg über den Hagenturm lohnt sich ebenfalls, vor allem bei schönem Wetter. Vom 40 Meter hohen Turm haben wir einen herrlichen Rundblick mit dem ganzen Alpenkranz. Zur Zeit der napoleonischen Kriege diente dieser höchste Punkt des Kantons Schaffhausen den Franzosen als Signal- und Übermittlungspunkt. Die Umgebung war zu jener Zeit unbewaldet. Wir wandern weiter über Heidenbomm, Im toten Chrieger zum Talisbänkli. Dort wählen wir den kürzeren Weg nach Schaffhausen, über das Klosterfeld. Nach dem Rändli geht's auf dem Birchsteig leicht hinunter zur ersten Siedlung von Schaffhausen.

An der Bushaltestelle Sommerwies können wir den Bus zum Bahnhof nehmen, oder wir wandern die ca. 2,5 Kilomter entlang der Hauentalstrasse und dann links in die Nordstrasse bis zum Restaurant Schützenhaus und wieder links die Steigstrasse hinunter zum Bahnhof. Wenn wir einen Tag Pause einlegen möchten, so wäre Schaffhausen eine hervorragende Wahl. Die gut erhaltene und belebte Altstadt mit ihren über 150 Erkern, dem Münster und Kloster Allerheiligen aus dem 11./12. Jahrhundert, der eindrucksvollen Stadtfestung Munot aus dem 16. Jahrhundert und den Hallen für Neue Kunst bietet mehr, als wir in einem Tag besuchen können. Im Sommer empfiehlt sich zudem ein Bad in der schönen historischen Flussbadeanstalt.

Graf Eberhard von Nellenburg und seine Ehefrau Ita gelten als Gründer von Schaffhausen. Sie erhielten im Jahre 1045 von König Heinrich III. das Markt- und Münzrecht. Vier Jahre später gründeten sie das Kloster Allerheiligen. Die Stadt und ihre Bürger kamen schnell zu Reichtum, weil mit dem aufkommenden Fernhandel die Handelswaren in Schaffhausen wegen des Rheinfalls von den Schiffen auf Fuhrwerke umgeladen werden mussten.

Zudem kreuzte sich in Schaffhausen die ost-west verlaufende Rheinroute mit dem Handelsweg aus Süddeutschland nach Italien (zuerst über die Bündnerpässe und später über den Gotthardpass). Finanziell spielte im Mittelalter vor allem der Salzhandel eine wichtige Rolle. Schaffhausen besass zeitenweise die grössten Salzvorräte der Eidgenossenschaft. Salz aus Bayern und Tirol wurde meist auf dem Wasserweg, das heisst über den Bodensee und den Rhein nach Westen und Süden transportiert. Daran erinnert noch heute der Salzstadel an der Schiffländte, direkt neben dem ebenfalls eindrücklichen Güterhof. Am Rheinufer siedelten sich zudem schon früh wegen der Nutzung der Wasserkraft Gewerbe und Industriebetriebe an, darunter u.a. die IWC Uhrenmanufaktur. Die Wasserkraft wurde über komplizierte Drahtseil-Transmissionen in die verschiedenen Betriebe übertragen. Höhepunkt der Ausnutzung der Wasserkraft bildete wohl der 1866 als kühnes Bauwerk bei den Stromschnellen erbaute Moserdamm, der später

Schwedenschanze

Schweizer Grenze

Hagenturm

zum Flusskraftwerk ausgebaut wurde. Die heutige Münsterkirche wurde um 1100 erbaut. Der romanisch-gotische Kreuzgang des Klosters Allerheiligen gilt als der grösste Kreuzgang in der Schweiz.

Im Innern des Kreuzganges wurde ein mittelalterlicher Kräutergarten rekonstruiert. Im ehemaligen Kloster befindet sich heute ein bemerkenswertes Museum mit unzähligen, interessanten Exponaten aus der Frühzeit bis zur Gegenwart, u. a. der berühmten Schillerglocke von 1486. Auf einem Stadtbummel sollte man zudem folgende Plätze und Sehenswürdigkeiten nicht verpassen: Fronwagplatz, das eigentliche Zentrum mit den beiden Metzger- und Mohrenbrunnen; als Fortsetzung nach Norden die Vorstadt mit ihren zum Teil herrschaftlichen Bürger- und Zunfthäusern bis zum Schwabentor («Lappi tue d'Augen uf»); die etwas einfachere Weber- und Karstgasse, der Platz mit der Konstanzischen Schütte (bischöfliches Amtshaus 1528–1813), der Kirchhofplatz mit der St. Johann-Kirche, die 1248 erstmals erwähnt und 1517 zu einer grossen, fünfschiffigen Kirche erweitert wurde (heute bekannt für Bachfestspiele); die Vordergasse mit ihren ebenfalls zum Teil reich verzierten Häusern, u. a. dem Haus «zum Ritter» von 1492 (bedeutendste Renaissancefresken nördlich der Alpen); neben dem Münster und dem Kloster Allerheiligen die Beckenstube mit dem Regierungssitz (ehemaliges Zeughaus), der Herrenacker mit dem Kornhaus und die Oberstadt mit dem Obertorturm und dem Haus zum Steinbock mit seiner schönen Rokoko-Stukkatur. Ausserhalb der Altstadt lohnt sich der Besuch des Munots, der eindrücklichen, aber nie im Ernstfall erprobten Stadtfestung, die 1564–89 nach Ideen von Albrecht Dürer erbaut wurde. Über den Munotstieg gelangen wir an der Südseite durch die Reben in die belebte Unterstadt und an die Schiffländte.

Schaffhauser-Zürcher-Weg

Schaffhausen

Mohrenbrunnen
Schaffhausen

Pilgern auf dem Jakobsweg Schweiz

Schaffhausen–Rheinau

Wegdistanz
10,5 km

Wanderzeit
2 Std. 45 Min.

Höhenmeter
−110 m / +60 m

Hinweis
Bequeme Wanderstrecke mit sanftem Auf- und Abstieg.

Von Schaffhausen zum Rheinfall empfehlen wir, der ausgeschilderten ViaRhenana zu folgen. Bei der Schiffländte überqueren wir die Brücke nach Feuerthalen und wandern auf der Südseite des Rheins abwärts am Kraftwerk vorbei und mit schönem Blick auf die Altstadt und den Munot, bis zum ehemaligen Winzerdorf Flurlingen. Dort überqueren wir den Rhein abermals und wandern auf der Nordwestseite dem Fluss entlang zum Rheinfall, dem wohl eindrücklichsten Wasserfall Europas.

Wer sich etwas Zeit nehmen will, steigt in eines der Boote und fährt zum Felsen in der Rheinmitte und anschliessend auf die gegenüberliegende Seite zum Schloss Laufen. Die Wassermassen sind beeindruckend. Etwa ein Kilometer unterhalb des Rheinfalles gelangt man auf der Fussgängerbrücke wieder zurück auf die Nordwestseite des Rheins.

Im Dorf Nohl verlassen wir den ausgeschilderten Rheinuferweg und biegen rechts in den Dorfkern. Nach wenigen Metern biegen wir links ab in die Hauptstrasse (signalisierter Veloweg) und machen einen kurzen Aufstieg durch den Wald Richtung Altenburg / D.

Schaffhauser-Zürcher-Weg

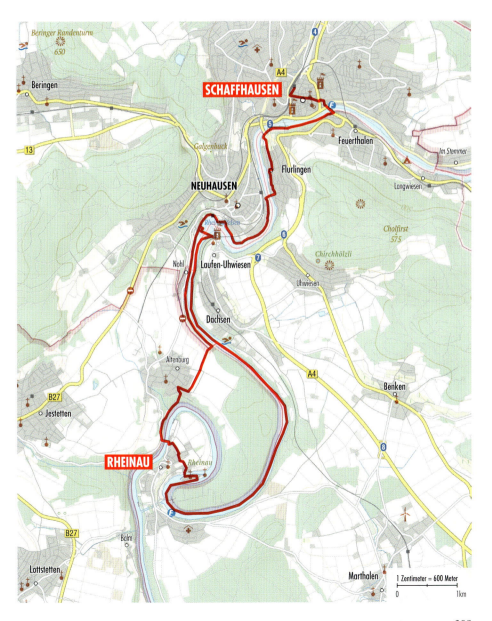

Rheinfall

Am Ende des Aufstiegs, kurz vor dem stillgelegten Zollhaus biegen wir links in einen Feldweg (nicht ausgeschildert). Nach weiteren 100 Meter biegen wir vom Feldweg wieder links ab und wandern dem Waldrand entlang, bis wir nach ca. 500 Meter zum historischen Keltenwall (Schanze) gelangen. Dieser knapp ein Kilometer lange Wall schützte eine der grössten Keltensiedlungen Mitteleuropas, das Doppeloppidum Altenburg/Rheinau in der doppelten Rheinschlaufe.

Auf dem Wall wandern wir südwärts. In der Hälfte ist ein Teil der historischen Pfostenschlitzmauer wieder aufgebaut worden (mit Schautafel). Am Ende der Schanze biegen wir rechts ins Dorf Altenburg/D. Nach ca. 100 Meter biegen wir links in den Trottenweg ein und sogleich noch einmal nach links ab. Nach 50 Meter benutzen wir rechts hinunter einen verwachsenen Wiesenweg (nicht signalisierte Abkürzung) bis zum Rheinuferweg.

Rheinabwärts gelangen wir über die historische Holzbrücke (1355 erstmals erwähnt; nach dem Brand 1804 wieder aufgebaut) nach Rheinau. Mit einem Gruss an den Brückenheiligen Nepomuk verlassen wir auf unserem Jakobsweg nun endgültig deutsches Gebiet.

In Rheinau lohnt sich ein Besuch der Klosterinsel, mit dem ehemaligen Benediktinerstift und seiner barocken Stiftskirche, landschaftlich reizvoll auf der Rheininsel gelegen.

Klosterinsel Rheinau

Pilgern auf dem Jakobsweg Schweiz

Rheinau–Winterthur

Wegdistanz
27,5 km

Wanderzeit
7 Std. 45 Min.

Höhenmeter
–261 m / +345 m

Hinweis
Bequeme Wanderstrecke mit sanftem Auf- und Abstieg.

Nach dem Besuch der Klosterinsel wandern wir unterhalb des Rebhanges Chorb flussaufwärts dem Rheinufer entlang, bis wir nach 500 Meter rechts zu einer Abzweigung kommen. Wir nehmen den Aufstieg rechts hinauf, Richtung Ellikon. Dabei durchwandern wir den Keltengraben, die zweite historische Festungsanlage, die in der vorrömischen Zeit den südlichen Teil des Doppeloppidums Rheinau/Altenburg schützte. Wir überqueren die Hauptstrasse und gelangen wieder an den Rhein hinunter, dort wo das Wasser des Rheinau Kraftwerkes wieder in den Rhein zurückgeleitet wird. In reizvoller Landschaft wandern wir flussabwärts, bis wir nach ca. 2,5 Kilometer an einen Rast- und Badeplatz am Rheinufer gelangen.

Zwei Minuten südöstlich davon, dem Waldweg folgend bis zu einer kurzen Treppe hangaufwärts, können Pilgerinnen und Pilger das Fundament eines römischen Wachturms mit Doppelgraben und Wall besichtigen, der im 4. Jahrhundert n. Chr. als Teil der Rheinbefestigung von Basel nach Stein am Rhein erbaut worden ist.

Bis zum malerischen Fischerdörfchen Ellikon, mit seiner Flussfähre für Fussgänger, wandern wir weiter dem Rhein entlang. Danach geht's durch das Naturschutzgebiet Thurauen, wo wir die

Schaffhauser-Zürcher-Weg

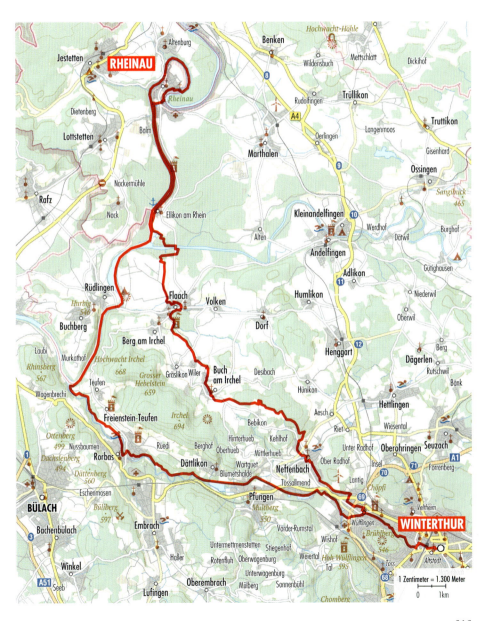

Effekte der kürzlich erfolgten Renaturierung der Thur von der Brücke aus beobachten können (Mäanderbildung). Danach verlassen wir die ViaRhenana und wandern in südlicher Richtung weiter nach Flaach. Rechts vom Hotel Engel geht der Wanderweg eine kleine Treppe hoch und danach rechts in Richtung Buch am Irchel. Durch das romantische Eigental wandern wir leicht ansteigend dem Langwiesbach folgend an Berg am Irchel mit seinem Schloss Eigental vorbei, bis nach Buch am Irchel.

200 bis 300 Meter nach dem Hof und Schloss Eigental lohnt sich ein kurzer Abstecher an den Langwiesbach zur linken Seite. Mit etwas Glück können wir die spektakulären Biberdämme sehen (bis zwei Meter hoch und zehn Meter breit).

In Oberbuch biegen wir links ab Richtung Neftenbach und Winterthur und gelangen zum höchsten Punkt oberhalb von Buch a.I., von wo wir einen herrlichen Ausblick Richtung Alpen, aber

Fähre Ellikon

Römischer Wachtturm Ellikon

auch zurück zum Zürcher Weinland und den Schwarzwald haben. Weiter geht's dem Waldrand entlang Richtung Neftenbach und Winterthur. Im Vorort Winterthur Wülflingen, Haltestelle Lindenplatz, können wir den Stadtbus zum Hauptbahnhof Winterthur nehmen.

Wenn wir zu Fuss weitergehen wollen, pilgern wir beim Lindenplatz Wülflingen an die Eulach hinunter und gelangen nach gut zwei Kilometer flussaufwärts zum ehemaligen Hochhaus der Sulzer AG (wo die Eulach überdeckt wird). Wir biegen links ab und gelangen nach wenigen Metern zum Hauptbahnhof und zur Altstadt von Winterthur.

Als alternative Route gibt es ab dem Rheinfall im Sommer eine regelmässige Schiffsverbindung nach Rheinau (Mändli Boote). Bei der Klosterinsel in Rheinau wird der Pilgerweg fortgesetzt.

An Sonn- und Feiertagen gibt es sogar eine Schiffsverbindung bis zur Tössegg. Etwas oberhalb des Schiffsteges Tössegg können wir das Fundament eines weiteren römischen Wachturmes (370 n. Chr.) besichtigen. Von dort wandern wir an der Nordostseite der Töss entlang durch den Wald nach Rorbas. Bei der Badeanstalt wechseln wir das Flussufer für kurze Zeit. Im Zentrum von Rorbas gehen wir links über die dreibogige, sog. Römerbrücke wieder zurück auf die Nordseite und gelangen nach Freienstein. Wir überqueren die Hauptstrasse, gehen ein paar Schritte bergauf und biegen nachher rechts ab Richtung Pfungen und Winterthur Wülflingen. Oberhalb des Dorfes erblicken wir an exponierter Stelle die Burgruine Altenteufen der 1116 erwähnten Freiherren von Teufen, Lehensträger des Klosters Rheinau. Berühmtestes Mitglied der Familie war der Minnesänger Wernher von Teufen (um 1220). Unten an der Töss sehen wir die ehemalige Baumwollspinnerei.

Wir folgen der Töss am Nordufer ca. sieben Kilometer bis nach Tössallmend (ARA auf der südlichen Flussseite), wo wir die Töss überqueren. Nach einem weiteren Kilometer kommen wir zur Einmündung der Eulach. Wir überqueren die Töss und wandern der Eulach entlang nach Wülflingen. Im Zentrum (Lindenplatz) können wir den Stadtbus zum Hauptbahnhof nehmen, oder wir wandern wie oben beschrieben der Eulach entlang ins Zentrum weiter.

Die Stadt Winterthur blickt auf eine lange Besiedlungszeit zurück. Die ältesten Funde zeigen, dass die Gegend schon seit rund 6000 Jahren besiedelt ist. In der Römerzeit wurde im heutigen Oberwinterthur die Siedlung Vitudurum gegründet. Um 1200 wurde die Stadt von Graf Hartmann III. von Kyburg gegründet. Nach dem Aussterben der Kyburger ging sie in den Besitz der Habsburger über. 1467 wurde die Stadt an Zürich verpfändet und blieb in der Folge bis zum Franzoseneinfall von 1798 zürcherisches Untertanengebiet.

Im 19. Jahrhundert erlebte die Stadt, die sich gerne in einem gesunden Wettbewerb gegen das benachbarte Zürich sieht, einen rapiden wirtschaftlichen Aufschwung, insbesondere durch Textil- und Maschinenproduktion sowie Handel (Sulzer, Rieter, Volkart u. a.). Interessanter Zeitzeuge ist das Sulzer Areal (fast gleich gross wie die ganze Altstadt), das nach dem Wegzug von Sulzer nach Oberwinterthur frei wurde und nun für Wohnen, Gewerbe und

Freizeit umgenutzt wurde. Mit der Zürcher Hochschule für angewandte Wissenschaften (ZHAW) beherbergt Winterthur die grösste und älteste Fachhochschule der Schweiz.

Ein gemütlicher Bummel durch die belebte Altstadt und der Besuch der gotischen Stadtkirche (St. Lautentius) lohnen sich. Winterthur bietet auch eine Vielzahl von beachtlichen Museen, insbesondere das Museum Oskar Reinhart «Am Stadtgarten» (600 Werke deutscher, schweizerischer und österreichischer Künstler vom 18. bis 20. Jahrhundert), die Sammlung Oskar Reinhart «Am Römerholz» (eine der bedeutendsten Privatsammlungen des 20. Jahrhunderts, Hauptwerke der alten Meister und der französischen Malerei des 19. und frühen 20. Jahrhundert, insbesondere des Impressionismus), das Kunstmuseum Winterthur (moderne Kunstsammlung der Schweiz), die Villa Flora (Französische Malerei des 19. und 20. Jahrhunderts in der ehemaligen Privatvilla des Sammlerehepaars Hahnloser), das Technorama der Schweiz (Technisches Museum) und das Fotomuseum Winterthur (Bus empfohlen mit Ausnahme für Museum Reinhardt am Stadtgarten und die Villa Flora).

Steinberggasse

Stadtkirche Winterthur

Pilgern auf dem Jakobsweg Schweiz

Winterthur–Pfäffikon

Wegdistanz
22 km

Wanderzeit
6 Std. 15 Min.

Höhenmeter
–259 m / +360 m

Hinweis
Bequeme Wanderstrecke mit sanftem Auf- und Abstieg.

Frisch gestärkt verlassen wir die Altstadt durch die Steiggasse (ein Block südwestlich der Stadtkirche) in südlicher Richtung. Wir überqueren die Steinberggasse sowie die Technikumstrasse (zugeschütteter Stadtgraben) und steigen via einen eindrücklich grossen und parkähnlich gepflegten Hohlweg (Turmhaldenstrasse) auf den Heiligenberg (ehemaliges Stift der Augustiner Chorherren beim Rosengärtli, heute ist davon leider nichts mehr zu sehen). Nach einem kurzen Blick zurück auf die Stadt Winterthur geht's weiter durch die Hochwachtstrasse zur Breiti und von dort aus im Walde Richtung Bruderhaus. Im Mittelalter existierte dort eine kleine Einsiedelei mit Kapelle (erste urkundliche Erwähnung 1395).

Wer hier eine Rast einlegen will, ist im Bruderhaus mit dem Wildpark gut bedient. Auf dem Weg Richtung Eschenberg (nach Osten) wandern wir anfänglich dem Findling Lehrpfad entlang und lernen en passant noch etwas über die Funde aus der letzten Eiszeit vor ca. 10 000. In einer grossen Waldlichtung liegt das Bauernrestaurant Eschenberg mit schöner Terrasse. Von dort geht's beschwingt bergab exakt auf die Kyburg zu, wobei allerdings noch ein kurzer Wiederaufstieg zu bewältigen sein wird.

Schaffhauser-Zürcher-Weg

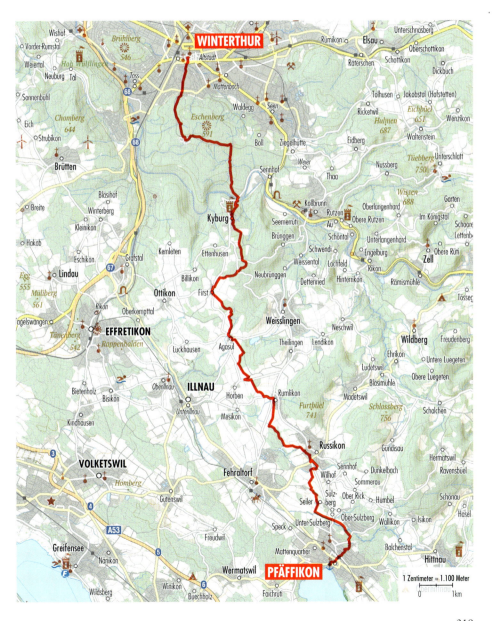

Bruderholz

Hohlweg Winterthur

Die Töss überqueren wir auf der alten gedeckten Holzbrücke aus dem Jahre 1846. Danach beginnt der gut gesicherte Aufstieg von rund 160 Meter zur Kyburg hinauf.

Die Kyburg gilt als die historisch bedeutendste Burg zwischen Limmat und Bodensee. Stolz liegt sie auf drei Seiten steil abfallend auf einem Felssporn über dem Tösstal. Sie hat den Europapreis «Museum des Jahres 2002» erhalten. Nach dem Aussterben der Kyburger (1264) wurde die Burg kurzfristig habsburgisch. 1424 erwarb die Stadt Zürich die Anlage und machte sie zum Sitz ihrer grössten Landvogtei.

Durch den jahrhundertelangen Gebrauch ist die hoch- und spätmittelalterliche Bausubstanz gut erhalten geblieben. Ein Blick zurück nach Norden zeigt uns bei gutem Wetter nebst den langen Schwarzwaldrücken auch die erloschenen Vulkankegel des Hegaus.

Das beschauliche Landstädtchen Kyburg, ursprünglich als Vorburg geplant, liegt zwischen den beiden noch gut sichtbaren Trockengräben (Schanzen) und der Burg. Zwei Gasthöfe verpflegen die Gäste seit Generationen – der Hirschen zum Beispiel besitzt das Tavernenrecht seit dem 15. Jahrhundert

Schaffhauser-Zürcher-Weg

Im Dorf Kyburg biegen wir links von der Hauptstrasse ab und wandern weiter auf dem kantonalen Wanderweg Richtung First, Agasul, Pfäffikon.

Nach dem Durchschreiten der beiden erwähnten Trockengräben steigt der Weg sanft an bis zum Waldrand. Ruhebänklein laden ein zu einem weiten Rückblick auf die mit sanften Hügeln gesäumte Landschaft von Rhein, Thur und Töss. Ein abwechslungsreicher Waldweg führt zur Hochebene des sonnigen Weilers First. Ein Weitblick in die Alpen tut sich auf. Auf Feld- und Waldsträsschen erreichen wir den Weiler mit dem eigenartig lautenden Namen Agasul, der politisch – wie auch First – zur Gemeinde Illnau-Effretikon gehört.

Flur- und Waldsträsschen bringen uns zum Weiler Rumlikon und weiter zum stattlichen Dorf Russikon. Gutes Beobachten der gelben Wanderwegzeichen im Dorf erleichtert das Finden des verwinkelten Weges. Am Dorfrand dem Bächlein in Flussrichtung folgen, bei der Hauptstrasse die Bachseite wechseln und dann dem geschwungenen Strässchen rechts bis zum höchsten Punkt mit der Ruhebank folgen. Kurz danach ist der Wanderweg wieder gut bis Pfäffikon markiert. Über Feld- und Waldwege, Strässchen und Strassen erreichen wir die ersten Häuser und dann den Bahnhof Pfäffikon.

Tössbrücke Kyburg

Schloss Kyburg

Pfäffikon–Rapperswil-Jona

Wegdistanz
23,5 km

Wanderzeit
6 Std.

Höhenmeter
–195 m / +61 m

Hinweis
Bequeme Wanderstrecke mit sanftem Auf- und Abstieg
Pilgerherberge Rapperswil.

Beim Bahnhof Pfäffikon gelangen wir via Unterführung, Bankstrasse, Postgasse und Rappengasse zur Seestrasse und stehen plötzlich vor dem mächtigen Turm der ref. Kirche. Am selben Ort standen schon ein karolingisches und ein romanisches Gotteshaus. Der heutige Bau entstand in den Jahren 1484–88. Pfäffikon ist 1395 als Marktort bezeugt. Von hier aus wurde die Zürcher Oberländer Viehwirtschaft mit Salz versorgt. In dem Verwaltungs- und Marktort lebten wohlhabende Familien, die im Salz-, Fisch-, Leinen-, Getreide- und Eisenwarenhandel tätig waren.

Der Hauptteil der Bevölkerung lebte von Ackerbau und Viehwirtschaft. Ab 1715 wurden die Torfmoore für Heizzwecke ausgebeutet. Im 17. Jahrhundert kam Heimarbeit auf, die im 18. Jahrhundert die Hälfte der Bevölkerung ernährte. Mechanische Spinnereien, Webereien und Seidenzwirnereien nutzten die beschränkte Wasserkraft und konkurrenzierten die Heimarbeit. Zwischen dem Dorf und der 1876 erstellten Bahnlinie entstand bis um 1900 ein regionales Dienstleistungszentrum. Und nun geht's direkt zum See.

Am Pfäffikersee fanden sich mesolithische Geräte, mehrere neolithische Ufersiedlungen, darunter ein Einbaum von 4000–3500 v. Chr. und ein Pfahlrost von 2865 v. Chr., eine bronzezeitliche Landsiedlung mit Grab, ausserdem diverse hallstatt- und latènezeitliche Gräber.

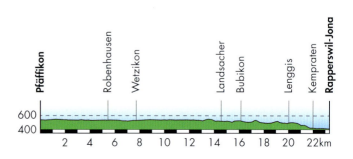

Schaffhauser-Zürcher-Weg

Pilgern auf dem Jakobsweg Schweiz

Reformierte Kirche
Pfäffikon

Der Weg geht nun nach links, eine kurze Strecke dem Ufer entlang und dann durch einen Naturpark mit Feuchtwiesen und einem alten, lockeren Baumbestand an der «Badi» vorbei zum römischen Kastell Irgenhausen oder was davon übrig geblieben und zwischen 1898 und 1908 umfassend renoviert worden ist.

Ein Abstecher auf die kleine Anhöhe bezahlt sich mit einer schönen Aussicht über den See und das Zürcher Oberland. Bei klarer Luft bilden die Alpen einen imposanten Abschluss gegen Süden. Das Ufer des Pfäffikersees ist flach, sumpfig und an wenigen Stellen nur auf Wegen begehbar. Grosse Teile der Uferzone und der Wasserfläche stehen unter Naturschutz. Flora und Fauna zeigen je nach Jahreszeit eine grosse Vielfalt.

Gut markierte Wege bringen uns zum Strandbad Auslikon. Eine Besenbeiz lädt zu einer Pause ein. Weiter dem See entlang erreicht man die Steganlage für kleine Segelboote. Bei der nächsten Abzweigung nach ca. 150 Metern verlassen wir den Uferweg und stapfen in Richtung Oberwetzikon / Wetzikon bis zur Wegspinne mit den roten Wegweisern für die Radrouten.

Hier müssen wir uns entscheiden: Der direkte Weg führt an den Stadtrand von Oberwetzikon zur katholischen Kirche und der Hauptstrasse nach ins Zentrum von Wetzikon und zum Bahnhof. Innerhalb Wetzikons gibt es keine gelben Wegweiser. Ab Oberwetzikon fährt ein Bus zum Bahnhof. Wählen wir den Weg nach rechts, Robenhausen, Industrielehrpfad, so können wir die Ruhe und die Natur noch etwas länger auf uns wirken lassen. Der kleine Umweg bringt einige Überraschungen. Wir folgen jetzt den Bezeichnungen Industrielehrpfad und halten uns an die linke Seite der Aa bis zur viel befahrenen Usterstrasse, queren die Aa und dann die Usterstrasse.

Der Weg führt jetzt auf der rechten Seite der gestauten Aa weiter, wo lange noch nichts von Industrie zu sehen ist. Beide Ufer sind von Büschen und Bäumen gesäumt und das Flüsschen weitet sich zu einem ansehnlichen Weiher. Jetzt ragt ein Hochkamin in den

Himmel, das wohl schon lange nicht mehr in Betrieb ist. Das Fabrikgebäude beherbergt heute das Heimatmuseum. Bei der nächsten kleinen Brücke rechts bleiben. Die Aa wird hier zum zweiten Mal gestaut. Wenig später gelangen wir zu einer weiteren ehemaligen Fabrik. Es sind die Gebäude der 1971 stillgelegten Hammerschmiede und Giesserei Honegger, die seit 1980 als «Kulturfabrik» betrieben wird.

Nach der Kulturfabrik gelangen wir zuerst zur Haldenstrasse und überqueren dann die Zürcherstrasse. Nach rechts geht's zur Bushaltestelle Mesikon. Der Bus fährt zum Bahnhof. Zu Fuss geht's nach links bis zur Kreuzung mit der Blinklichtanlage. Der Weg ist jetzt nicht mehr gelb markiert.

Die Bertschikerstrasse bringt uns nach rechts weg vom Verkehr und über die Bahnlinie Wetzikon–Uster. Nach ca. 60 Metern weist ein Schild nach links zum Bahnhof und nach weiteren 300 Metern zeigen sich auf der Schellerstrasse wieder die vertrauten gelben Wegweiser. Zum Ortskern benutzen wir die Fussgängerunterführung beim Bahnhof an der Guyer-Zeller-Strasse. Das nächste Etappenziel heisst Bubikon.

Fabrikweiher Wetzikon

Schwanenfamlie

Blick zum Bachtel
Bubikon

Wir erreichen es auf der direkten Route indem wir der Guyer-Zeller-Strasse folgend 1,2 Kilometer geradeaus gehen bis uns dann nach einer Rechts- und einer Linkskurve der Wald aufnimmt.

Wer etwas mehr Zeit hat, dem sei die Variante über Grüningen empfohlen. Ab der Bahnunterführung führt die abwechslungsreiche Route via Grüt, Chindsmüli zum mittelalterlichen Städtchen Grüningen und von dort über Itzikon, vorbei an grossen Rietwiesen nach Sennschür und Bubikon.

Vor uns wartet eine einzigartige Landschaft mit zahlreichen in grossen Rietflächen eingebetteten Drumlins, stumme Zeugen des längst geschmolzenen Eises des Rhein- und Lintgletschers. Wir folgen immer dem Weg nach Bubikon. Nach der zweiten Querung der Bahnlinie Wetzikon–Rüti geht's vor dem Weiler Hellberg scharf nach links in den Wald. Dort sind die gelben Markierungen genau zu beachten. Nach der Überführung über die Oberlandautobahn erreichen wir Herschmettlen und über Sennschür unser Etappenziel Bubikon, wo von weitem der Turm der reformierten Kirche grüsst.

Von der Dorfmitte führen zwei Routen zum Ritterhus: die eine via Dorfstrasse, Bahnhof und Ritterhausstrasse oder die ruhigere durch ein Wohnquartier und über Feld. Bei der letzteren folgen wir zuerst der Ritterhaustrasse zweigen dann nach dem Künstlerhaus nach links in die Allmenstrasse zum Ritterhausweg. Unser Etapenziel Ritterhus ist nun in Sichtweite. Dieses gilt als die am besten erhaltene Komturei des Johanniterordens in Europa. Die Geschichte des Ordens geht zurück ins 11. Jahrhundert und ist eng mit den Kreuzzügen und dem Pilgerwesen ins Heilige Land verbunden. Die Bruderschaft, die dem Hl. Johannes dem Täufer gewidmet war, pflegte kranke und bedürftige Pilger. Zunehmend übernahm der Orden aber auch militärische Aufgaben, wie den Schutz von Pilgern auf ihrer Reise.

Nach dem Verlust des christlichen Königreichs Jerusalem im Jahre 1291 musste sich der Orden schrittweise auf die Insel Rhodos und später Malta zurückziehen. In der Reformation spaltete sich die Organisation in einen reformierten Johanniter- und einen römisch-katholischen Malteserorden. Mit dem Verlust von Malta 1798 endeten die militärischen Aufgaben, beide Orden konzentrieren sich seither auf karitative Aufgaben und unterhalten u.a. Spitäler in verschiedenen Ländern.

Ritterhus Bubikon

Barenberg Bubikon

Das Ritterhaus in Bubikon liegt zwar nahe am Jakobsweg nach Einsiedeln, hatte aber offenbar keinen direkten Zusammenhang damit. Gegründet wurde es von den Freiherren von Toggenburg und Rapperswil um 1192. Die ältesten Bauteile sind das Bruderhaus und die Kapelle mit ihren romanischen Wandmalereien aus der Zeit um 1210.

In den Bauernunruhen von 1525 wurde die Komturei geplündert und anschliessend vom Kanton Zürich eingezogen. Seit 1936 gehört es der damals gegründeten Ritterhausgesellschaft Bubikon. Diese rettete das einzigartige mittelalterliche Baudenkmal vor dem Verfall und richtete ein Museum über Haus und Ritterorden ein.

Nach dem geschichtsträchtigen Haus folgen wir der Ritterhausstrasse bis zur Einmündung in die Hauptstrasse (bei der Bushaltestelle Dienstbach), folgen dieser nach rechts für ca. 80 Meter. Ein steiler Fussweg links der Hauptstrasse bringt uns auf den Chapf, wo uns Ruhebanke zum Verweilen und zum Geniessen einer prächtigen Aussicht einladen.

Weiter geht's durch die Moorlandschaft zum Egelsee mit Schwimmbad und Kiosk. In dieser Landschaft wurde früher Torf gestochen. Beim Barenberg überrascht ein herrschaftliches Haus mit Sonnen- und Turmuhr.

Bald treffen wir auf die Kantonsgrenze Zürich–St. Gallen bei der Hauptrasse, folgen ihr ein kurzes Stück nach links bis zur Abzweigung nach Rapperswil.

Bis zur Bushaltestelle Spitzenwies führt der Weg auf ca. 600 Metern auf einem Troittoir. Dort ist wieder ein Entscheid fällig: Der kürzeste Weg nach Rapperswil-Jona führt nach rechts und der aussichtsreichere nach links über den Höhenweg, Frohbergstrasse, vorbei an schönen Gärten, Villen und freiem Blick über den See Richtung Schönau, Jona.

Schaffhauser-Zürcher-Weg

In Schönau überqueren wir die Hauptstrasse Rüti–Rapperswil und setzen den Fuss auf die ruhigere Meienbergstrasse gegen Jona, Rapperswil. Nach 200 Metern dem Wegweiser Rapperswil-Jona folgen und nach weiteren guten 500 Metern die Abzweigung in den Brauereiweg nicht verpassen. Der Weg führt jetzt in das Zentrum von Rapperswil-Jona. Bei der direkten Route kann der Bus bei der Haltestelle Kempraten benutzt werden. Müde Beine benutzen den Bus schon bei der genannten Abzweigung Spitzenwies.

Rapperswil-Jona

Blumberg–Schweizer Grenze–Schaffhausen

Wegdistanz
27,5 km

Wanderzeit
6 Std.

Höhenmeter
–656 m / +368 m

Hinweis
Der Neckar-Baar-Jakobusweg führt von Horb am Neckar südwärts nach Schaffhausen und von dort ins schweizerische Wegnetz. Dieses führt dann weiter über Genf nach Frankreich.

Der Weg von Blumberg bis zur Schweizer Grenze ist bei der ersten Etappe des Schaffhauser-Zürcher-Wegs beschrieben. Die Wegbeschreibung hier folgt ab der Schweizer Grenze einem Wegverlauf, der uns länger auf der Höhe gehend nach Schaffhausen führt. Ab der Schweizer Grenze liegt eine Strecke von rund 14 Kilometern bis nach Schaffhausen vor uns. Nach wenigen Minuten kommen wir zum Wegweiser, der uns eine Wanderzeit nach Schaffhausen von 2 Stunden und 45 Minuten anzeigt. Wir verlassen kurz den Wanderweg und machen einen Abstecher zum Hagenturm hinauf. Von dessen Gitterplattform sehen wir bei klarer Fernsicht den Schwarzwald, die Berge des Allgäus, den Bodensee, den Säntis, die Glarner- und Urner Alpen sowie die Schneegipfel des Berner Hochgebirges. Wieder zurück auf dem Wanderweg geht es in südlicher Richtung weiter. Durch schattigen Wald kommen wir, am Hasenbuck und Heidenbomm vorbei, zum Talisbänkli, das wir nach einer Stunde Fussmarsch erreicht haben. Zwischen Heidenbomm und Talisbänkli gehen wir eine Teilstrecke auf einer Strasse, bis wir auf den Wanderweg nach Talisbänkli abzweigen. Die Strasse führt rechts hinunter ins Tal nach Hemmental, von wo ein

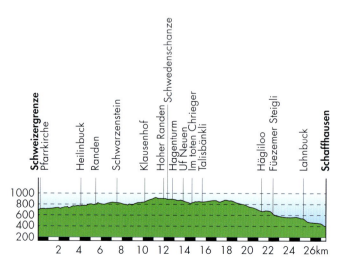

Thurgauer-Klosterweg

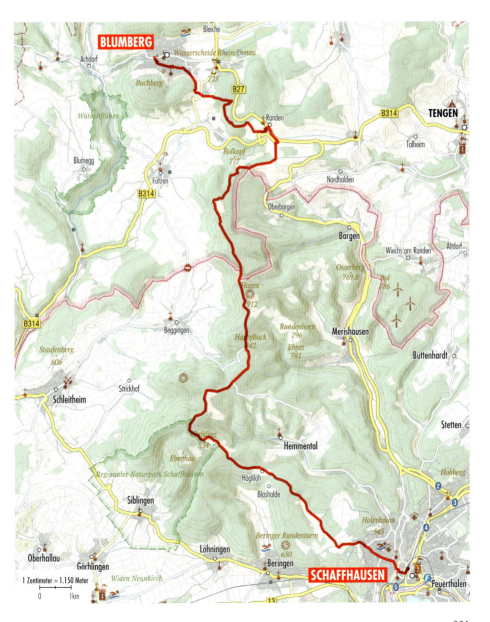

Forstweg Randen

etwas kürzerer Wanderweg ebenfalls nach Schaffhausen führt. Im Talisbänkli treffen wir auf einen kleinen Pavillon mit Infotafeln über Fauna und Flora des Randen. Wir erfahren, dass an versteckten Orten der Frauenschuh gedeiht, der von Mai bis Juni blüht und dass es hier auch Gämsen gibt.

Auf Forstwegen wandern wir in südwestlicher Richtung weiter über Guger, Zelgli und Mösli. Dann geht es in südöstlicher Richtung, über die Strasse, die hinunter nach Siblingen führt, bis zum Waldweg, auf dem wir, eine Stunde nachdem wir Talisbänkli verlassen haben, zum Rastplatz Hägliloo kommen. Dieser liegt auf 660 Meter auf einer Lichtung mit schöner Aussicht. Beim Parkplatz an der Bergstrasse die von Beringen heraufkommt, nehmen wir links den Waldweg, auf dem wir durchs Altholz ins Eschheimertal gelangen. Rechts entlang des Waldrandes wandern wir an blühenden Wiesen vorbei leicht abwärts bis wir, ¾ Stunden nachdem wir Hägliloo verlassen haben, zu den Parkplätzen Wolfsbuck und Gretzenecker kommen. Diese Parkplätze liegen am Ende der von Schaffhausen heraufkommenden Strasse. Auf ihr gehen wir bis nach Lahnbuck, wo wir die Strasse verlassen und zwischen

Eschheimertal

Maisfeldern hindurch in Richtung Stadt wandern. Bald erreichen wir die ersten hübschen Villen und Einfamilienhäuser am oberen Hang von Schaffhausen. Es geht steil abwärts.

Aus dem Dunst tauchen die Türme der Altstadt auf. Dann gelangen wir in den Stadtteil Riet, wo gerade der Stadtbus hält. Wir widerstehen der Versuchung und schafften es in 25 Minuten bis zum Schaffhauser Bahnhof. Als Belohnung wartet auf uns die Munot-Stadt Schaffhausen, mit ihren Sehenswürdigkeiten, gastlichen Restaurants und Orten der Stille und Einkehr. Die Entwicklung der Stadt, die heute 40 000 Einwohner zählt, wurde im Mittelalter durch die Lage vor dem Rheinfall begünstigt. Hier mussten alle Transporte umgeladen werden. Die Herren von Schaffhausen waren im 11. Jahrhundert die Grafen von Nellenburg. Graf Eberhard gilt als der Gründer der Stadt (um 1040).

Etwas südlich des Bahnhofs steht der Obertorturm aus dem 13. Jahrhundert. Mit wenigen Schritten sind wir auf dem Fronwagplatz mit dem gleichnamigen Turm und dem Metzgerbrunnen. In nördlicher Richtung reihen sich in der Vorstadt nach dem Mohrenbrunnen viele Bürgerhäuser mit Erkern und bemalten Fassaden aneinander, wie zum Beispiel das Haus zum Ritter und der Goldene Ochsen (um 1600). Im Norden steht der Schwabentorturm aus dem 14. Jahrhundert. Westlich vom Fronwagplatz kommen wir zur reformierten Pfarrkirche St. Johann aus dem 15. Jahrhundert (Turm um 1350). Im Innern der geräumigen Kirche beeindrucken die grosse Orgel und Reste von Wandmalereien.

Mohrenbrunnen Schaffhausen

Am östlichen Ende kommen wir zum Munot, dem Wahrzeichen der Stadt. Über den Munotstieg oder den Römerstieg erklimmen wir die über einem Weinberg thronende Burg, die nach Norden durch einen Graben geschützt ist. Die 1564–85 erbaute Burg mit Ringwall und Turm bietet einen reizvollen Blick auf die Altstadt und den Rhein. Im Süden schliesst der Klosterbezirk von Allerheiligen mit seinem um 1100 erbauten Münster die Altstadt gegen den Rhein ab. Der romanisch-gotische Kreuzgang gilt als der grösste Kreuzgang der Schweiz.

Schaffhausen–Stammheim

Wegdistanz
20 km

Wanderzeit
5 Std. 30 Min.

Höhenmeter
–84 m / +126 m

Der Thurgauer-Klosterweg beginnt beim Kloster Allerheiligen in der Altstadt von Schaffhausen. Er führt zunächst entlang des Rheins bis Diessenhofen und von dort über Stammheim, Frauenfeld nach Tobel. Das Kloster Allerheiligen wurde 1049 von Graf Eberhard von Nellenburg gegründet. Zuerst betreten wir die ehemalige Klosterkirche (heute reformierte Münsterkirche). Die um das Jahr 1100 erbaute romanische Pfeilerbasilika macht mit ihren drei Schiffen einen wuchtigen Eindruck. Rote und graue Sandsteine wechseln sich in den Bögen ab. Drei Grabplatten am Boden zeigen, wo Graf Eberhard mit seiner Gemahlin Ita und ihrem Sohn Burkhard ruhen.

Ein Teil der mittelalterlichen Wandmalerei ist noch erhalten, so der Credo-Fries (15. Jahrhundert) als Glaubensbekenntnis und am grossen Pfeiler Maria mit Kind (um 1400). Wir verlassen die Kirche und betreten den romanischen Kreuzgang der ehemaligen Benediktinerabtei. Er ist der grösste der Schweiz, nach 1100 erbaut. Im Innenhof finden wir die Schillerglocke (1486), die den Dichter zu seinem Werk von der Glocke angeregt haben soll. Im Kräutergarten duften unzählige Heilpflanzen. Hier steht auch die Münsterkapelle (St. Anna) und die Arkade, beide aus dem 12. Jahrhundert. Wer Zeit hat, kann noch das reichhaltige Museum besichtigen (Dienstag bis Sonntag, 11–17 Uhr).

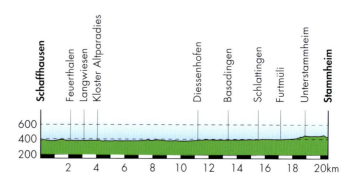

Thurgauer-Klosterweg

Kloster Allerheiligen

Wir überqueren bei der Schiffländte den Rhein und wandern auf der Zürcher- und Diessenhoferstrasse durch den Vorort Feuerthalen. Unter der Bahn hindurch kommen wir zum Rhein und erreichen nach 45 Minuten den Ort Langwiesen mit seinem Rastplatz und dem Ausblick zurück auf den Munot. Ab hier führt der schattige Weg entlang des Rheins, teils auf der breiten Ufermauer, in 20 Minuten zum Paradies. Bei der Rheinfähre steht der Gasthof Paradies, dann kommen wir, an einem Schaufelrad vorbei, zum ehemaligen Klarissenkloster Paradies. Dieses ist heute ein Schulungszentrum der Georg Fischer AG. Das Kloster wurde vom Kyburger Grafen Hartmann d. Ä. 1257 gestiftet. Die Klosterkirche St. Michael kann frei besichtigt werden. Das barocke Gotteshaus dient heute als Pfarrkirche der Gemeinde Schlatt. Der

Weg wendet sich wieder dem Rhein zu und erreicht nach einigen Gemüsefeldern den als Naturschutzgebiet gekennzeichneten Schaarenwald.

An einer Badewiese mit Feuerstelle vorbei führt der Weg in den Wald zurück. Auf einem Lehrpfad erfahren wir, dass hier der seltene Frauenschuh zu finden ist und im Schilf der Eisvogel brütet. Teils als Uferpfad mit Holzsteg, der bei Hochwasser nicht begehbar ist und teils als breiter Radweg (einige Meter weiter rechts) führt die Route durch eine wunderbare Fluss- und Schilflandschaft bis nach St. Katharinental. Die Strecke von Paradies bis Katharinental bewältigen wir in 1 Stunde 20 Minuten. Das ehemalige Dominikanerinnenkloster Katharinental dient heute dem Kanton Thurgau als Klinik. Öffentlich zugänglich ist auch ein Café im ehemaligen Refektorium, beziehungsweise im schattigen Klostergarten. Das Kloster geht zurück auf eine Beginengemeinschaft, die um 1230 von Winterthur nach Diessenhofen und von dort 1251 rheinabwärts zog.

1245 folgte die Angliederung an den Dominikanerinnenorden. Die Kirche wurde 1257 durch Albertus Magnus geweiht. 1312 entstand hier das Graduale von St. Katharinental, eine der bedeu-

Uferweg Langwiesen

Katharinental

tendsten gotischen Handschriften der Schweiz. In den Gängen der Klinik finden wir an den Wänden Kopien der alten Schriften (die Originale sind im Landesmuseum Zürich). Die ehemalige Klosterkirche wurde 1732–35 neu erbaut und besitzt heute eine reiche barocke Ausstattung, die zum Teil durch Gitter geschützt ist. Das mittelalterliche Städtchen Diessenhofen, mit seiner gut erhaltenen Altstadt mit Türmen und Wehrmauern, erreichen wir auf dem schönen Uferweg in etwa 15 Minuten. Auf dem Weg sehen wir die gedeckte Holzbrücke über den Rhein. Sie wurde 1292 erstmals erwähnt, wurde aber in der Folgezeit mehrmals zerstört oder beschädigt, zuletzt 1945.

Nach einem Gartencafé vor der Schiffländte steigen wir die 52 Stufen zur Kirche St. Dionysius empor. Sie wurde 757 erstmals erwähnt. Die ältesten Teile des heutigen Baus entstanden um 1200. Die Kirche wurde im 14.–15. Jahrhundert und 1838 umgebaut. Wir finden noch einen Taufstein (1527) und zwei Grabplatten (1577). Das Stadtbild von Diessenhofen ist geprägt von vielen historischen Gebäuden, dem burgartigen Unterhof (13. Jahrhundert), dem Oberhof, Rathaus (1760) und dem Siegelturm von 1545. Das Stadtrecht wurde Diessenhofen 1178 von Graf Hartmann III von Kyburg verliehen. 1264–1460 war der Ort habsburgisch und wurde 1460 von den Eidgenossen erobert. Den neun Kilometer langen Weg von Schaffhausen nach Diessenhofen bewältigten wir in knapp drei Stunden. Von Diessenhofen geht es nun in südlicher Richtung weiter. Wir unterqueren westlich des Bahnhofs die Eisenbahn und überqueren danach auf einer Brücke die Autostrasse.

Der Weg führt uns über Felder nach Eichbüel und von dort weiter ins Dorf Basadingen, welches wir nach 45 Minuten erreichen. Nach der dortigen Kirche überqueren wir die Strasse Diessenhofen–Trüllikon und folgen nun auf einem Fahrweg (Landwirtschaft) dem romantischen Geisslibach in östlicher Richtung bis wir nach Schlattingen gelangen. Nahe der Ortsbezeichnung im Chloster kommen wir zur Kirche St. Georg. Diese stammt aus dem 12./13. Jahrhundert und besitzt sehenswerte Resten von Wandmalereien aus dem 15. Jahrhundert. Wir setzen den Weg entlang des Geisslibachs bis zum Weiler Furtmüli fort. Dort geht es dann auf der Veloroute (ein landwirtschaftlich genutztes Strässchen) weiter, bis wir zur Autostrasse kommen, die wir unterqueren, um anschliessend nach Unterstammheim zu gelangen.

Unterstammheim

Pilgern auf dem Jakobsweg Schweiz

Stammheim–Frauenfeld

Wegdistanz
14,5 km

Wanderzeit
3 Std. 45 Min.

Höhenmeter
–129 m / +83 m

In Unterstammheim kommen wir zu einer Kreuzung mit schönen Riegelbauten und einem mit Blumen geschmückten Brunnen. Auf der Anhöhe erblicken wir die reformierte Pfarrkirche. Nach ein paar steilen Strassenschleifen betreten wir das von Weinbergen umgebene Gotteshaus. Turm und Chor stammen aus der Zeit um 1515. Das Kirchenschiff wurde 1780 neu errichtet. Wir gehen einige Meter abwärts und folgen dann einem Strässchen, welches am Hang unterhalb der Rebberge bis zur Antoniuskapelle (1942 erbaut) führt. Von dort geht es weiter bis Oberstammheim wo wir dem Wegweiser folgend zur Galluskapelle gelangen. Zur hübschen Kapelle an wunderbarer Lage gelangen wir über 50 Stufen. Dort rasten wir und geniessen den Ausblick über den Weinberg.

Erstmals 897 erwähnt, stammt die heutige Kapelle aus der Zeit um 1300. Die Kirche wurde 1310 mit Bibelbildern vollständig ausgemalt und während der Reformation 1524 übertüncht. 1894 kamen die schönen Fresken durch den unvorsichtigen Hammerschlag eines Steinmetzen wieder ans Tageslicht. Sie wurden restauriert und unter Denkmalschutz gestellt. An der Nordwand sehen wir den Ritter Georg und den Heiligen Eligius. Die Südwand

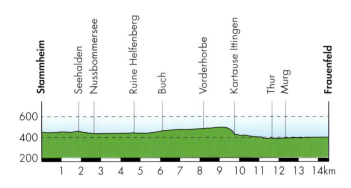

Thurgauer-Klosterweg

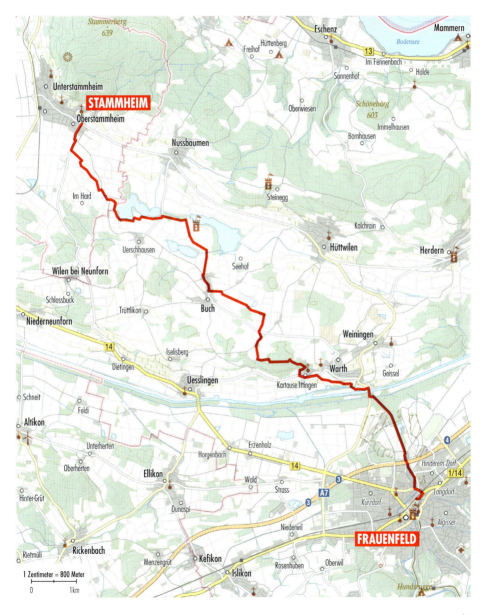

341

Riegelhaus Unterstammheim

Reformierte Kirche Unterstammheim

ist mit Bildern aus dem Leben Jesu geschmückt. Die oberen Bildstreifen zeigen die Schöpfungsgeschichte, dann folgt der Sündenfall, der Kindermord von Bethlehem, Johannes tauft Jesus, die Vertreibung der Händler aus dem Tempel, die Versuchung in der Wüste, das Verhör durch Pilatus, die Geisselung und Kreuzigung. Aus dem Umkreis der Manesse-Handschrift sind die Bilder von einem unbekannten Meister der Mystik gemalt worden. Es fällt schwer, sich von den Bildern zu trennen. Wir betrachten auf der Bank vor der Kirche noch eine Weile die Aussicht. 500 Meter weiter östlich stand im Mittelalter noch die Wallfahrtskirche St. Anna, die zur Reformationszeit abgerissen wurde. Heute zeugt nur noch der Flurname von diesem Gotteshaus.

Von der Galluskapelle wandern wir nach Oberstammheim hinunter und treffen bei der Kreuzung auf ein paar schöne Riegelbauten. Beim Dorfbrunnen laufen wir südwärts. Bald zeigt ein Wegweiser nach links in Richtung Ürschhausen. Beim Seehof kommt der Weg für kurze Zeit auf die Strasse und führt vor einem grossen Parkplatz zum Nussbaumersee hinunter. Wir finden dort einen kleinen Badeplatz mit Grillstelle. Auf dem Thurgauer Rundwanderweg kommen wir dem bewaldeten Seeufer entlang durch ein Naturschutzgebiet.

Hier erfahren wir, dass die ersten menschlichen Spuren im Seebachtal in die Zeit um 9000–5500 v. Chr. zurückreichen. Das erste Dorf entstand 4000 v. Chr. Nach dem Überqueren der Strasse Nussbaumen–Ürschhausen schwenkt der Weg zum Gehöft Hälfebärg ab. Der Durchgang zur Ruine ist gestattet. Die Burg Helfenberg wurde 1331 urkundlich erwähnt, seit Anfang des 15. Jahrhundert ist sie zerfallen. Auf einem Strässchen laufen wir zwischen Hüttwilersee und Hasensee in 20 Minuten nach Buch hinauf. Buch bei Frauenfeld beherbergt die frühgotische Sebastianskapelle mit sehr schönen Wandmalereien aus der Zeit um 1320 (im Geist der Manesse-Zeit). Auf den Darstellungen erkennen wir die Leiden Christi und den Heiligen Georg mit dem Drachen.

Gegenüber der Kirche führt eine Strasse in östliche Richtung. Wir biegen rechts auf einen Feldweg ein, queren beim Weiler Vorderhorbe die Strasse Buch–Frauenfeld und gelangen durch einen Wald zur Kartause Ittingen. An Hopfenpflanzungen und dem Parkplatz vorbei betreten wir die ehemalige Klosteranlage von Westen her. Sie birgt eine gut geführte Gaststätte mit Gartencafé und vor allem das Ittinger Museum. 1079 wurde die Burg Ittingen nach ihrer Zerstörung wieder aufgebaut. 1150 entstand hier ein Augustinerkloster. Die Kirche wurde dem heiligen Laurentius geweiht. 1461 übernahm der Kartäuserorden das Kloster und baute die Mönchshäuser.

Nussbaumersee

1524 wurde die Anlage in der Reformation schwer beschädigt, 1553 wurde die neue Kirche eingeweiht. Um 1700 entstand das prächtige Chorgestühl. Um 1765 wurde die Kirche im Rokokostil umgebaut. 1848 wurden alle Klöster im Thurgau aufgehoben, Ittingen wurde Landwirtschaftsbetrieb. 1977 wurde die Stiftung gegründet und die Anlage renoviert. Zum Betrieb gehören Wald, Weinberg, Rosengarten, Stallungen, Tagungssäle, Restaurant, Wohnheim für psychisch Beeinträchtigte und ein Gästehaus. Das Prunkstück des Museums ist die Klosterkirche. Sie gehört zu den schönsten Schöpfungen des Schweizer und Süddeutschen Rokoko. Da sie nur den Mönchen diente, hat sie keine Kanzel und keine Orgel. Danach gelangt man durch Klostergänge zu den Mönchshäusern, dem Zimmer des Abts und dem Refektorium. Hier speisten die Mönche an Sonn- und Feiertagen. Der Kachelofen mit den Bibelmotiven, dem Parkettmuster und der Holzkassettendecke entstanden im 16.–18. Jahrhundert. Sonst assen, schliefen, werkten und beteten die Mönche in ihrer Zelle. Der Besucher fühlt sich in eine ganz andere Zeit versetzt.

Wir verlassen die Kartause durch den grossen Torbogen auf der Südseite und folgen erst der Strasse nach links, um dann nach zwei Minuten auf einem Fahrweg zur Thur hinunter zu wandern. Wir überqueren den Fluss auf der Rohrerbrücke. Im Mittelalter gab es nur eine Fähre. 1864 baute man hier die letzte grosse Holzbrücke im Thurgau. 1920 wurde sie durch die erste Betonbrücke im Kanton ersetzt. Bis nach Frauenfeld sind es noch 40 Minuten auf breitem Waldweg entlang der Murg.

In Frauenfeld ist das Schloss mit dem Bergfried von 1230–40 sehenswert. Der Fachwerkoberbau entstand erst im späten Mittelalter. Im Museum sehen wir Waffen und Rüstungen, diverse Räume bürgerlicher Wohnkultur, Kirchenaustattungen und eine Spielzeugausstellung. Unweit am Ende der Fussgängerzone steht die 1904 im neugotischen Stil erbaute kath. Kirche St. Nikolaus. In der Altstadt finden wir Patrizier- und Bürgerhäuser aus dem 17.–18. Jahrhundert.

Thurgauer-Klosterweg

Klosterkirche
Kartause Ittigen

Frauenfeld–Tobel

Wegdistanz
16 km

Wanderzeit
4 Std. 30 Min.

Höhenmeter
–295 m / +417 m

Unsere Wanderung startet östlich des Bahnhofs der 20 000 Einwohner zählenden Hauptstadt des Thurgaus. Der Weg verlässt bald das Stadtgebiet und steigt in östlicher Richtung über Felder und durch Wälder aufwärts. Im bewaldeten Stälibuck folgen wir dem Waldlehrpfad Mühletobel, queren bei einem Rastplatz die Strasse von Dingenhart und erreichen nach 1½ Stunden Aufstieg den höchsten Punkt des Stälibuck. Auf einer Lichtung steht, neben einem Rastplatz mit Grill, der eiserne Stälibuckturm (1907 erbaut). 148 Stufen führen zur obersten Plattform des 26,8 Meter hohen Turms. 250 Meter über der Stadt hat man eine grossartige Rundsicht über Frauenfeld, den Schwarzwald und den Alpstein bis hin zu den Berner Alpen.

Wir steigen nach Dingenhart ab, queren die Strasse Thundor–Frauenfeld und gelangen auf Wald- und Feldwegen zum Weiler Chöll mit Brunnen und einem Riegelhaus aus dem Jahre 1745. Der Weg führt weiter durch Wald und über Felder zum Weiler Sunnenberg. Dort steht auf bewaldetem Gipfel das Schloss Sonnenberg, welches 1242 erstmals erwähnt wurde. Nach einem Grossbrand 1595 wurde es neu erbaut. Seit 1678 gehörte es dem Kloster Einsiedeln und wurde 2007 an eine Unternehmensgruppe verkauft. Schlosskapelle und Prunksaal sollen für Hochzeiten zur Verfügung stehen.

Thurgauer-Klosterweg

347

Pilgern auf dem Jakobsweg Schweiz

Stadtkirche St. Nikolaus Frauenfeld

Sunneberg

Der Weg steigt nun östlich des Schlosses im Wald ab und quert in Kalthäusern und Weingarten die Strasse nach Lommis. Schon von weitem erblicken wir den Kirchturm von St. Jakob.

1214 erstmals erwähnt, ist diese Kirche eine wichtige Station für Jakobspilger. Der ursprünglich vorromanische Bau wurde im 12.–13. Jahrhundert vergrössert und im 15. Jahrhundert umgebaut. Die Kirche hat noch eine Grabkapelle der Herren von Muntprat und eine Iddakapelle. Die kunstvoll ausgemalte Kirche mit den schönen Altären ist beeindruckend.

Bei der Jakobskirche führt eine landwirtschaftliche Strasse in östlicher Richtung an einem grossen Feldkreuz vorbei. In 30 Minuten kommen wir zum Gehöft Flügenegg, einem schönen Riegelbau. Wir begegnen hier einem prächtigen Jakobswegweiser. Nach Santiago sind es noch 2315 Kilometer, nach Tobel nur noch ein einziger Kilometer.

Den schaffen wir in 15 Minuten. In Tobel überqueren wir die Strasse Wil–Amlikon und finden nach 100 Metern rechts die ergraute Johanniterkomturei. Sie wurde 1228 von Graf Diethelm I von Toggenburg zur Sühne des Brudermordes auf der benachbar-

Thurgauer-Klosterweg

ten Burg Rengerswil bei Wängi gegründet. 1529 wurden während der Reformation Bilder und Altäre zerstört, die Ordensritter verliessen die Komturei, kehrten aber bald wieder zurück. Der heutige Bau stammt aus dem Jahr 1744.

Die Aufgabe des Ritterordens bestand in der Betreuung und Krankenpflege der Jakobspilger. Die dazu gehörende Kirche wurde 1706 abgebrochen und weiter oben beim alten Wehrturm aus dem 12. Jahrhundert wieder aufgebaut. Die Pfarrkirche St. Johannes feierte 2007 ihr 300-jähriges Bestehen. Der Wehrturm dient heute als Glockenturm. Die Komturei gelangte 1809 in den Besitz des Kantons Thurgau, der das Gebäude umbaute und eine Strafanstalt darin unterbrachte.

St. Jakob-Kirche Lommis

Müstair–Oberdorf

Der Jakobsweg Graubünden in Kürze

Der Jakobsweg Graubünden, auf Romanisch Via Son Giachen, führt Pilgerinnen und Pilger, die vom Vinschau (Südtirol) her nach Santiago de Compostela unterwegs sind, nach Westen. Der Weg beginnt im Val Müstair und endet am Urnersee (Vierwaldstättersee), wo er in Oberdorf bei Seelisberg in die ViaJacobi einmündet, den Hauptweg, der die Schweiz vom Bodensee zum Genfersee durchzieht. Unterwegs begegnet man vielfältigen Spuren des Jakobus: Figuren, Fresken, Kapellen. Der Verein Jakobsweg Graubünden (www.jakobsweg-gr.ch) hat diese historischen Zeugnisse zu einem Anschlussweg verbunden, der bis Amsteg durchgängig mit Wegweisern (Regionalroute 43) markiert ist. Der Weg führt durch das Val Müstair und über den Pass Costainas ins Unterengadin/Engiadina Bassa nach Scuol/Schuls. Danach folgt er dem Lauf des Inns in Richtung Quelle und zweigt bei Cinuos-Chel, am Beginn des Oberangadins, über den Scalettapass nach Davos. Nach dem Strelapass geht es durch das Schanfigg hinunter nach Chur ins Rheintal. Dem Tal des Vorderrheins hinaufziehend führt der Jakobsweg durch die Surselva, mit Blick in die überwältigende Ruinaulta/Rheinschlucht und Halt in Disentis/Mustér mit seinem beeindruckenden Kloster. Von Disentis an hat man Zeit zu überlegen, ob man in Sedrun auf dem Jakobsweg Graubünden bleibt und über den Chrüzlipass und Bristen im Maderanertal nach Amsteg ins Reusstal weiterzieht, um am Vierwaldstättersee auf die ViaJacobi zu stossen. Die andere Variante ist, in Sedrun auf dem Rhein-Reuss-Rhone-Weg über den Oberalppass – Andermatt – und Furkapass ins Goms zu gelangen und der Rotten/Rhone entlang durch das Wallis zum Genfersee zu pilgern. Wegen den hohen Pässen ist der Jakobsweg Graubünden nur im Sommer und Frühherbst zu begehen. Bei Wetterumstürzen ist auf diesen Höhen jedoch auch dann jederzeit Schneefall möglich. Eine entsprechende Ausrüstung ist ein Muss – und eine angemessene Kondition ist auch hilfreich.

Kloster St. Johann Müstair

Pilgern auf dem Jakobsweg Schweiz

Übersichtskarte

Müstair–Oberdorf

Jakobsweg Graubünden

Wegdistanz
299 km

Mittlere Wanderzeit
rund 94 Stunden

Höhenmeter
−9485 m / +9056 m

Jakobsweg Graubünden

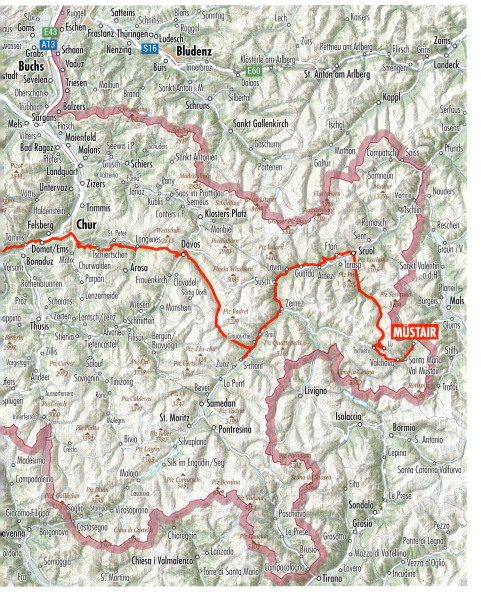

Müstair–Lü

Wegdistanz
16,6 km

Wanderzeit
5 Std. 45 Min.

Höhenmeter
−19 m / +712 m

Diese Etappe führt vom Kloster St. Johann (romanisch Son Jon, UNESCO-Weltkulturerbe) in Müstair meist abseits der Hauptstrasse das Münstertal (Val Müstair) hoch bis Tschierv, wo wir die Talsohle verlassen und nordostwärts den Hang hinauf zum kleinen Etappenort Lü wandern. Das Dorf liegt auf einer Sonnenterrasse hoch über dem Münstertal. Das Dorfbild wird geprägt von einem sehenswerten spätmittelalterlichen evangelischen Kirchlein.

Dorfrundgang in Müstair

Jakobsweg Graubünden

Pilgern auf dem Jakobsweg Schweiz

Lü–S-charl

Wegdistanz
13,7 km

Wanderzeit
4 Std. 15 Min.

Höhenmeter
–471 m / +342 m

Diese Etappe führt uns vom Val Müstair über den Pass da Costainas ins Val S-charl. Nach dem Start in Lü folgen noch 300 Höhenmeter gleichmässigen Aufstiegs durch einen duftenden Lärchenwald, dann wird es flacher. Von der Alp Champatsch aus geniessen wir den Blick auf das beeindruckende Ortlermassiv. Über hochgelegene Alpen erreichen wir den Übergang Pass da Costainas. Dabei wechseln wir auch vom Einzugsgebiet Rom / Rambach, Etsch / Adige, Po und Adria ins Einzugsgebiet von Clemgia, Inn, Donau und Schwarzem Meer.

Danach beginnt der lange Marsch durch das weitgehend unberührte Val S-charl, eine Strecke um die Natur zu geniessen und seinen Gedanken nachzuhängen. Kurz vor dem Etappenort S-charl durchqueren wir noch den höchstgelegenen geschlossenen Arvenwald Europas, den God da Tamangur.

S-charl

Jakobsweg Graubünden

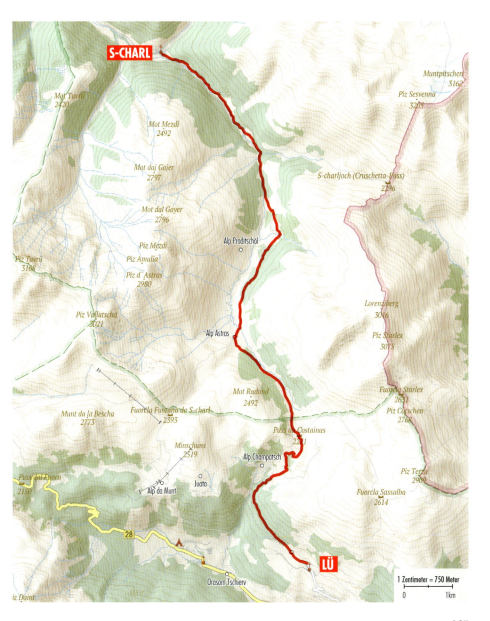

357

Pilgern auf dem Jakobsweg Schweiz

S-charl–Scuol

Wegdistanz
13 km

Wanderzeit
3 Std. 30 Min.

Höhenmeter
−621 m / +55 m

Diese Etappe hinaus aus dem wilden Val S-charl führt recht geradlinig talwärts, zum Teil auf der Zufahrtsstrasse, zum Teil nur wenig hangwärts oberhalb der Strasse. Abwechslungsreicher als der Weg ist die zunehmend enger werdende Schlucht mit eindrücklichen Erosionen. Am anderen Ufer der Clemgia ist das östliche Ende des Nationalparks. So richtig kurzweilig wird es dann im letzten Abschnitt, wo die Clemgia, der wir seit dem Pass da Costainas folgen, sich tief in den Fels eingefressen hat. Vor dem Schluchtbeginn bei der Postautohaltestelle Plan da Funtaunas verlassen wir die Fahrstrasse und steigen hinunter zum Bach, dem wir dann durch die enge Schlucht folgen, ein bleibendes Erlebnis für Ohren und Augen. Am Ausgang der Schlucht sind wir praktisch am Inn, den wir auf einer Fussgängerbrücke überqueren und damit am Etappenort Scuol ankommen. Der Track führt bis zur Bushaltestelle Scuol-Bogn Engiadina im Zentrum des Ortes. Abends lohnt es sich, den unteren Ortsteil mit seinen gepflegten, alten Häusern zu besichtigen.

Jakobsweg Graubünden

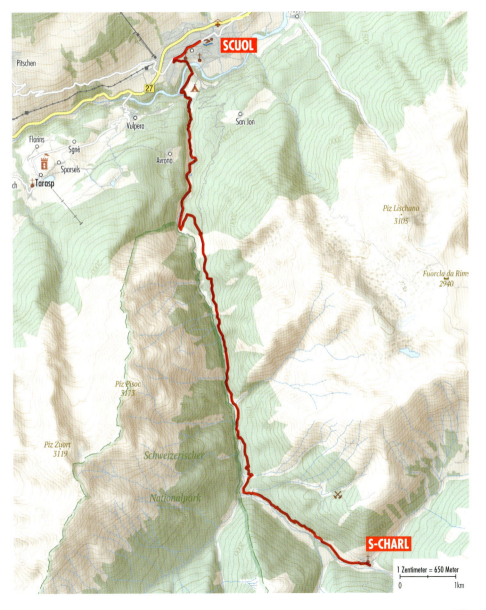

Pilgern auf dem Jakobsweg Schweiz

Scuol–Guarda

Wegdistanz
16 km

Wanderzeit
5 Std. 30 Min.

Höhenmeter
–269 m / +668 m

Diese Etappe führt uns von Scuol (mit seinem sehenswerten alten Dorfkern im unteren Ortsteil Scuol-Sot) auf der Sonnenseite des Unterengadin (Engiadina Bassa) zu ein paar Ortschaften auf Sonnenterassen des Tales, von wo aus man eine herrliche Aussicht südwärts in die Unterengadiner Alpen geniessen kann.

Als erstes kommen wir nach Ftan mit sehenswerter Kirche und gut erhaltenen, alten Engadinerhäusern. Nach der Überquerung des Tasnabaches folgt Ardez mit seiner von weit her sichtbaren Burg auf einem Felsen, einem der Wahrzeichen des Unterengadin. Schliesslich kommen wir über den Weiler Bos-cha zum touristisch stark frequentierten Guarda, bekannt durch seine mit Sgraffiti verzierten und mit Blumen geschmückten Engadinerhäusern – einem beliebten Sujet für Fotografen.

Jakobsweg Graubünden

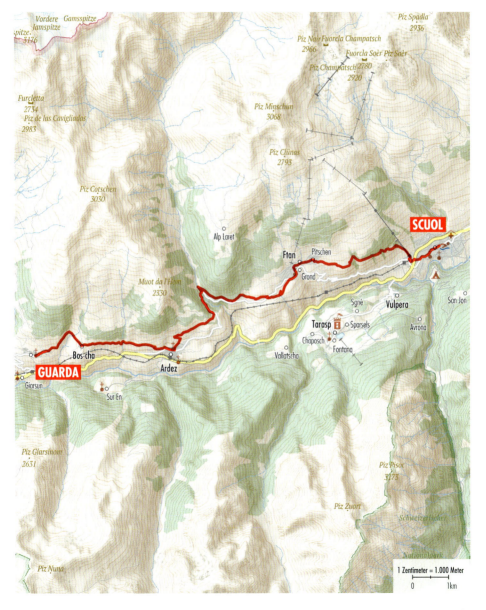

Guarda–Zernez

Wegdistanz
14,8 km

Wanderzeit
4 Std.

Höhenmeter
−270 m / +100 m

Diese Etappe bringt uns zurück in die Talsohle des Unterengadins, wo wir nach den Sonnenterrassen des Vortages heute kurz die Schattenseite des Tales kennenlernen werden, im wörtlichen Sinn gemeint. Dem Inn entlang wandern wir nach Zernez. Da Pilger über einiges nachdenken dürfen, hier ein Vorschlag für diese Etappe: Der Inn, hier noch jung, schlank, munter und dynamisch hat seine lange Lebensreise noch vor sich. Er wird allmählich ruhiger und breiter, und wird sich später in Passau mit der Donau vereinen, wobei dann beide gemeinsam zum Schluss ihrer Reise im Schwarzen Meer ihre Ruhe finden werden. Wie ordne ich mein Leben in dieses Bild ein?

Der Etappenort Zernez ist in dieser Gegend ein Knotenpunkt für Reisende. Hier kommen die Achsen aus dem Oberengadin mit denjenigen aus dem Südtirol und dem Unterengadin zusammen. Ein Etappenort also, um Menschen aus verschiedenen Gegenden zu treffen, und dann wahrscheinlich in unterschiedlichen Richtungen weiterzureisen.

Reformierte Kirche Guarda

Jakobsweg Graubünden

Pilgern auf dem Jakobsweg Schweiz

Zernez–S-chanf

Wegdistanz
15,2 km

Wanderzeit
4 Std. 45 Min.

Höhenmeter
–190 m / +380 m

Diese Etappe bringt uns vom Unterengadin (Engiadina Bassa) ins Oberengadin (Engiadina Ota), oder zumindest bis ans untere Ende des Oberengadins. Nach Zernez überqueren wir den Inn zum letzten Mal, wandern auf der Sonnenseite des Tales gemütlich den Hang hoch und geniessen die Aussicht Richtung Berninamassiv sowie die vielfältigen Bergblumen am Wegrand. Im Sommer können wir auch erleben, wie mühsam die Landwirtschaft an den steilen Hängen ist.

Der erste Ort den wir nach Zernez erreichen ist Brail, wo kurz danach die Rhätische Bahn auf einer alten, steinernen Bogenbrücke den Inn überquert. Als nächste Siedlung folgt Cinuos-Chel (frage einen Einheimischen, wie man das ausspricht) und kurz danach queren wir das Seitental Val Susauna mit dem Bach Vallember, durch das uns die Anschlussetappe führen wird. Wer ab S-chanf einen Blick in die «Serengeti» des Nationalparks, das Val Trupchun, werfen will (abseits des Jakobswegs) wird noch 3,5 Kilometer weiterwandern und dann am nächsten Tag auf dem gleichen Weg zum Val Susauna zurückkommen.

364

Jakobsweg Graubünden

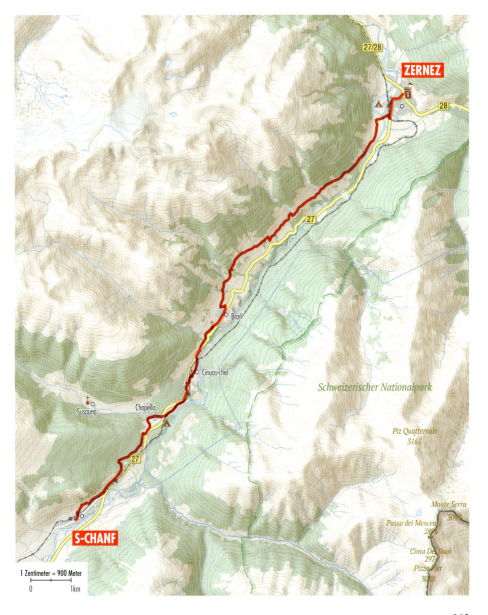

S-chanf–Dürrboden

Wegdistanz
19,9 km

Wanderzeit
7 Std.

Höhenmeter
–667 m / +1010 m

Während dieser alpinen Etappe wechseln wir vom Einzugsgebiet Inn / Schwarzes Meer ins Einzugsgebiet Rhein / Nordsee, in dem dann fast der ganze Rest der Jakobswege Schweiz angesiedelt ist. Erst kurz vor Lausanne kommen wir ins Einzugsgebiet Rhone / Mittelmeer, aber das hat noch ein bisschen Zeit. Auf dieser Etappe müssen wir uns darauf einrichten, dass wir uns ab Susauna bis zur Ankunft in Dürrboden abseits touristischer Infrastrukturen bewegen – also nicht nur auf Verpflegung und Getränke, sondern auch auf das Wetter achten.

Der erste Teil bis zur Abzweigung bei Chapella ins Val Susauna und von dort noch einige Kilometer ins Tal hinein ist recht flach und locker zu wandern. Dann beginnt es ernsthafter zu steigen, bis zur Alp Funtauna allerdings noch auf einem befahrbaren Weg. Die Alp Funtauna ist zwar nicht bewirtet, die plätschernden Bächlein laden aber ein, uns aus dem Rucksack zu stärken. Jetzt folgt der Schlussaufstieg auf dem historischen Säumer und Pilgerweg zum Scalettapass, dem höchsten Punkt des Jakobswegs Grau-

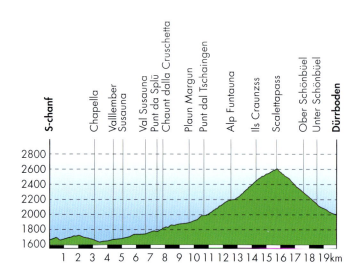

Jakobsweg Graubünden

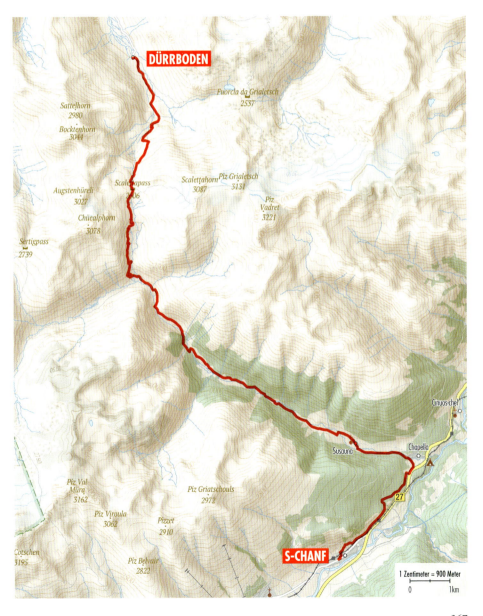

bünden, zuerst in ein paar Serpentinen, dann konsequent nordwärts bis zum Übergang. In dieser oberen Region sind wir beeindruckend nahe an felsigen Strukturen, wandern aber auf einem problemlosen Pfad.

Nach einem weiteren Rast auf der Höhe, dem höchsten Punkt der Jakobswege Schweiz, beginnt dann ein Abschnitt von etwa einem Kilometer zuerst durch grobes, später feineres Geröll. Hier gilt es, ruhig und kontrolliert zu wandern, um Fehltritte zu vermeiden. Wenn es dann flacher wird können wir den Schritt bis Dürrboden wieder verlängern – der erste touristische Stützpunkt nach dem Passübergang ruft.

Kirche Susauna

Blick auf Dürrboden im Dischmatal

Jakobsweg Graubünden

Pilgern auf dem Jakobsweg Schweiz

Dürrboden–Davos Dorf

Wegdistanz
12,4 km

Wanderzeit
3 Std. 15 Min.

Höhenmeter
–446 m / +1 m

Diese Kurzetappe führt uns aus dem Tal des Dischmabaches in die Landschaft Davos, konkret an den Bahnhof von Davos Dorf. Während unserer immer leicht fallenden Wanderung über Weiden, mal links und mal rechts der jungen und kristallklaren Dischma, können wir über den Lebensweg dieses kleinen Bächleins nachdenken, das hier oben munter seine Reise beginnt, sie dann ab Davos als Landwasser fortsetzt, später als Albula und als Hinterrhein, um schliesslich nach der Vereinigung mit dem Vorderrhein als Rhein weiterzufliessen.

Davos ist aus einer Walser Bauernsiedlung entstanden und heute eine Alpenmetropole, die weitgehend vom Tourismus lebt. So findet man hier neben historischen Zeitzeugen auch modernste Angebote, welche die Evolution der Menscheit in den letzten Jahrhunderten kontrastvoll illustrieren.

Jakobsweg Graubünden

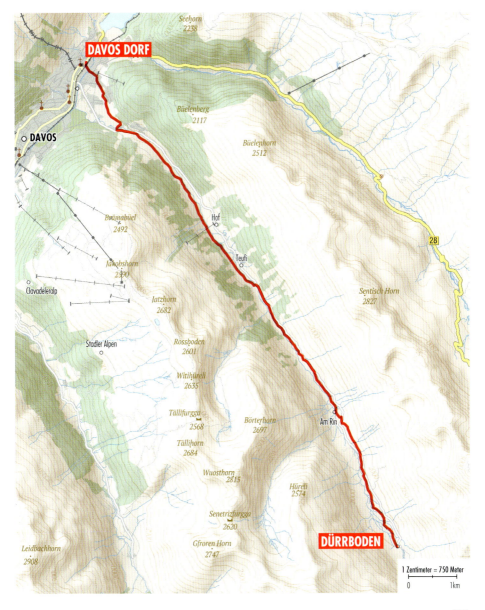

Pilgern auf dem Jakobsweg Schweiz

Davos Dorf–Langwies

Wegdistanz
14,1 km

Wanderzeit
5 Std. 15 Min.

Höhenmeter
–982 m / +768 m

Hinweis
Diese Bergetappe ist konditionell anspruchsvoll.

Diese Bergetappe führt uns aus der Landschaft Davos über den Strelapass hinüber nach Langwies ins Schanfigg. Diesen Weg benutzten schon die Walser im 14. Jahrhundert, um von Davos aus das Schanfigg mit Langwies und Arosa zu besiedeln. Bis zur Schatzalp verläuft der Weg im Wald, dann finden wir uns in einem Gebiet, das von Wintersportlern als Skigebiet geschätzt wird und im Sommer von Wanderfreunden. Oberhalb der Strelaalp dreht der Weg westwärts, und wir haben zu unserer Rechten das Chlein- und das Gross-Schiahorn als Fixpunkte, dazwischen das Schiatobel mit dem Schiabach. Der Strelapass liegt im Sattel zwischen Gross Schiahorn und Strela und das Bergrestaurant ist im Sommer und im Winter geöffnet. Auf dem Pass öffnet sich der Blick über das Haupter Tälli hinüber zum Haupter Horn und nordwärts zur Weissfluh, und wir beginnen den steilen, felsigen Abstieg hinunter zum Hauptertällibach, dem entlang wir via alte Walsersiedlung Sapün bis Langwies wandern. Unser Begleiter ändert dann seinen Namen in «Sapünerbach», fliesst kurz vor Langwies in den Fondeierbach und als solcher unterhalb von Langwies in die Plessur.

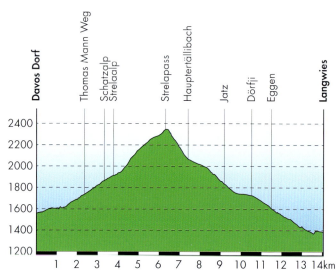

Jakobsweg Graubünden

Pilgern auf dem Jakobsweg Schweiz

Langwies–Tschiertschen

Wegdistanz
12,1 km

Wanderzeit
4 Std.

Höhenmeter
−478 m / +453 m

Diese Etappe führt uns von Langwies nördlich der Plessur hinunter über den Sappüner Bach und die Plessur ans linke, südliche Ufer der Plessur, wo wir bis Tschiertschen an der schattigen Nordflanke des Weisshorns meist durch Wälder durch das Schanfigg Richtung Chur wandern. Die Bahn zwischen Chur und Arosa kreuzt dabei die Plessur ebenfalls bei Langwies. Am linken Ufer steigen wir hoch, kreuzen die Eisenbahnlinie und erreichen im Prätschwald die Fahrstrasse, welche Arosa mit Molinis verbindet. Dieser entlang wandern wir bis zum sehenswerten Molinis am rechten Ufer der Plessur. Molinis und seine Kirche wurden im Sommer 1980 durch einen Murgang zerstört und 1982 wieder aufgebaut.

Jakobsweg Graubünden

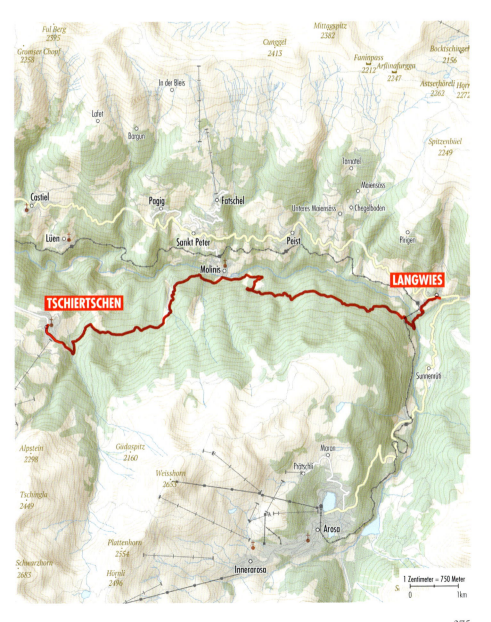

Pilgern auf dem Jakobsweg Schweiz

Tschiertschen–Chur

Wegdistanz
11,4 km

Wanderzeit
3 Std.

Höhenmeter
–816 m / +70 m

Diese Etappe führt uns von Tschiertschen linksufrig der Plessur via Praden und Passugg an den Martinsplatz in der Churer Altstadt. Die Kathedrale Santa Mariä Himmelfahrt in Chur ist Teil des dortigen Bischofssitzes. Erbaut auf den Fundamenten eines römischen Kastells ist dies der älteste Bischofssitz nördlich der Alpen.

Unser Weg führt uns vorbei an Passugg mit dem dortigen Kurhaus. Die hier sprudelnden fünf Heilquellen mit unterschiedlicher chemischer Zusammensetzung wurden 1562 erstmals erwähnt.

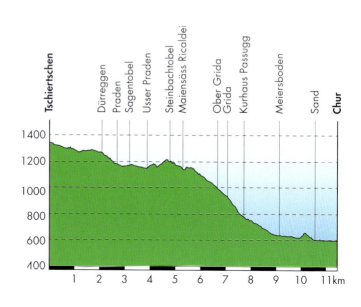

Jakobsweg Graubünden

Chur–Trin Digg

Wegdistanz
17 km

Wanderzeit
5 Std. 15 Min.

Höhenmeter
–249 m / +462 m

Muschel an der Wand

Diese Etappe führt uns von Chur Richtung Bündner Oberland, von den rätoromanischen Einheimischen auch Surselva (Oberhalb des Waldes) genannt. Ab Chur wandern wir anfangs am südlichen Rand des breiten Rheintales und queren hier ein paar Seitentäler. Ab Kalkofen führt uns der Weg bis Domat/Ems dann meist über Felder in der Talsohle. Bei Domat/Ems queren wir zuerst beim Bahnhof die Gleise der Rhätischen Bahn, wandern dann zwischen den beiden Hügeln Tuma Tschelli sowie Tuma Casti durch und umrunden dann den zweitgenannten nach Norden. Das bringt uns zum Rheinkraftwerk, wo wir über das Stauwehr auf die Insel Barnaus gelangen, die wir etwas flussaufwärts Richtung Nordufer verlassen.

Hier gelangen wir auf die Senda Sursilvana, den Wanderweg durch die Surselva, welche die nächsten Tage immer wieder Teil unserer Route sein wird. Wem der Weg bis Trin-Digg zu lang ist, kann sich bereits in Domat/Ems respektive Tamins nach einer passenden Übernachtungsgelegenheit umsehen.

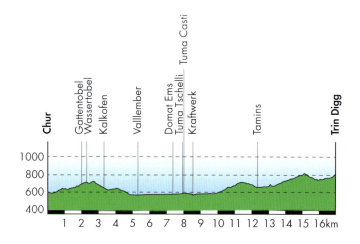

Jakobsweg Graubünden

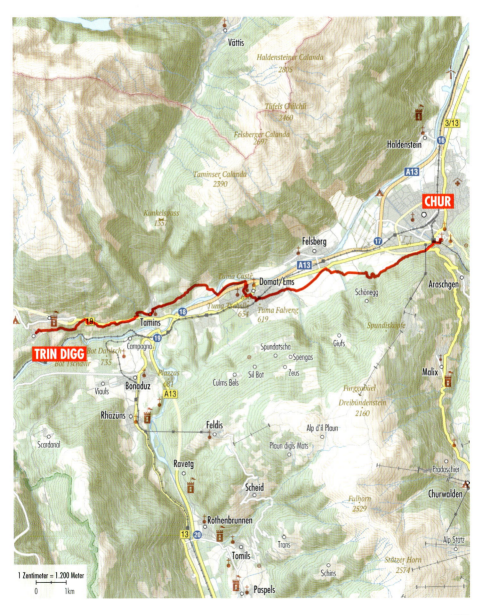

Pilgern auf dem Jakobsweg Schweiz

Trin Digg–Falera

Wegdistanz
17,1 km

Wanderzeit
6 Std.

Höhenmeter
–375 m / +776 m

Während dieser Etappe kreuzen wir das Bergsturzgebiet von Flims / Laax, queren ein paar steile Seitentäler und geniessen die atemberaubenden Aussichten hinunter in die Schlucht des Vorderrheins (Ruinaulta).

Schon kurz nach dem Verlassen von Trin-Digg queren wir das Val Pintrun, eines der erwähnten Seitentäler, die steil hinunter zum Vorderrhein führen. Eine knappe Stunde später kommen wir nach Conn, wo neben einem Restaurant auch eine Aussichtsplattform auf uns wartet, die über die Rheinschlucht hinausragt und uns einen Test erlaubt, ob wir wirklich schwindelfrei sind. Die steilen Erosionsfurchen sind die dominierenden Eindrücke auf dieser Etappe.

Nach einem allmählichen Abstieg bis gegen Sagogn kommen wir ins wilde Ual da Mulin, das wir durchqueren, um dann gegen Laax aufzusteigen. Oberhalb Laax wird es dann flacher und wir können entspannt nach Falera wandern, all das mit wechselnden, herrlichen Ausblicken über das Vorderrheintal.

Jakobsweg Graubünden

Falera–Andiast

Wegdistanz
20,7 km

Wanderzeit
6 Std. 30 Min.

Höhenmeter
–586 m / +558 m

Auch diese Etappe des Jakobsweges verläuft vorwiegend über Höhen und erlaubt damit eine Weitsicht, die mit der Idee des Pilgerns eng zusammengehört.

Von Falera aus wandern wir auf der Sonnenseite des Tales die Surselva hoch und queren schon bald das Val da Cafegns, das auch im Sommer Schmelzwasser vom grossen Schnee- und Skigebiet zu unserer Rechten hinunter zum Vorderrhein kanalisiert. Vor Ladir stossen wir auf ein wenig frequentiertes Fahrsträsschen, das uns nach Ruschein bringt. Erneut auf Naturwegen queren wir das Ual da Mulin und gelangen hinauf nach Siat. Wir steigen weiter und gelangen hinüber nach Pigniu, auf deutsch Panix, und kreuzen das dortige Seitental dann unterhalb des Panixer Stausees.

Auf der anderen Seite des Nebentales wandern wir weiter bis Andiast, von wo aus wir wieder den Blick über die Surselva geniessen können.

Jakobsweg Graubünden

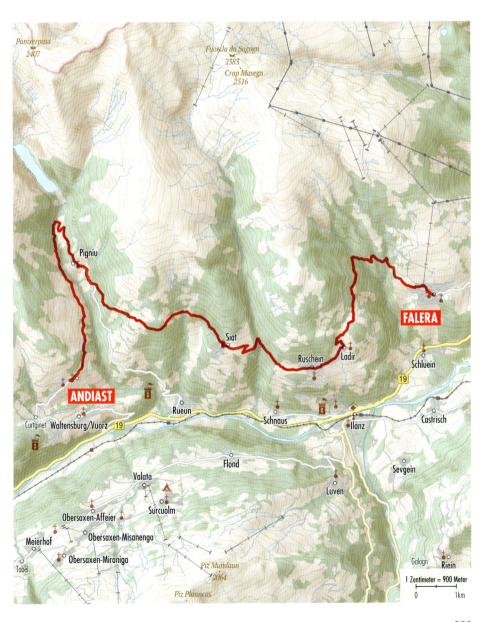

Pilgern auf dem Jakobsweg Schweiz

Andiast–Trun

Wegdistanz
15,4 km

Wanderzeit
4 Std. 45 Min.

Höhenmeter
−738 m / +421 m

Diese Etappe führt uns nochmals einer aussichtsreichen Höhe entlang, durch ein paar Weiler und Quertäler. Der grösste Ort unterwegs ist Breil/Brigels. Nachdem wir bei Domat/Ems die Talsohle des Vorderrhein verlassen haben, endet der heutige Abschnitt in Trun wieder einmal in der Talsohle, die allerdings hier oben um 250 Meter höher liegt als in Domat/Ems unterhalb der Rheinschlucht.

Jakobsweg Graubünden

Trun–Sedrun

Wegdistanz
22,6 km

Wanderzeit
7 Std. 15 Min.

Höhenmeter
–242 m / +783 m

Diese Etappe beginnt mit einem Aufstieg von Trun über Campliun und Rabius bis Sumvitg. Von dort steigen wir unterhalb der Hauptstrasse wieder etwas ab und gelangen nach Cumpadials, und von dort hinunter an den Vorderrhein. Diesem folgen wir dann westwärts bis vor Disentis / Mustér, wo wir wieder zu Strasse und Eisenbahnlinie am Hang oben aufsteigen. Hier haben wir einen grossen Teil des Jakobswegs Graubünden geschafft, den Teil von Müstair im Münstertal bis Mustér in der Surselva.

Disentis / Mustér bietet sich als Übernachtungsort an. Die Pfarrkirche sowie das Benediktinerkloster sind tagsüber geöffnet. Das Kloster wurde im Verlaufe seiner Geschichte mehrfach zerstört und einmal sogar eingeäschert, wobei nicht nur Kunstschätze, sondern auch das Archiv und die Bibliothek verloren gingen. Dreimal wurde das Kloster wieder hergestellt, zum letzten Mal 1880.

Westlich von Disentis / Mustér verläuft der Weg dann oberhalb von Strasse und Eisenbahnlinie bis Sedrun. Dort muss sich der Pilger entscheiden, ob er auf dem Jakobsweg Graubünden via Chrüzlipass nach Amsteg ins Reusstal geht, oder auf dem Rhein-Reuss-Rhone-Weg über Oberalppass, Andermatt und Furkapass die Fortsetzung durch das Wallis an den Genfersee unter die Füsse nimmt.

Katholische Pfarrkirche S. Gion Battesta Sumvitg

Jakobsweg Graubünden

Sedrun–Amsteg

Wegdistanz
19,3 km

Wanderzeit
7 Std.

Höhenmeter
−1869 m / +978 m

Hinweis
Dieser Abschnitt des Jakobsweg Graubünden gehört zu den anspruchsvollen, alpinen Abschnitten. Es ist sinnvoll, die Wetterprognose zu studieren. Der einzige Stützpunkt (Verpflegung, Übernachtungen) ist die SAC-Etzlihütte, die gut zwei Kilometer hinter dem Chrützlipass liegt. Auch der Abschnitt von dieser Hütte bis Amsteg geht in die Beine, liegt doch Amsteg im Urner Reusstal viel tiefer als Sedrun in der Surselva. Die Etzlihütte ist somit ein prädestinierter Übernachtungsort.

Der Weg von Sedrun zur Etzlihütte folgt eigentlich dem Val Strem entlang zum Chrüzlipass und von dort zur Etzlihütte. Ein Felssturz im Val Strem hat den Weg jedoch verschüttet – der Fels ist weiterhin instabil – und der Weg ist deshalb im Val Strem zwischen Valtgeva und Bauns seit dem Jahr 2016 bis auf unbestimmte Zeit gesperrt. Die Alternative führt von Sedrun aus via Alp Caschlè nach Bauns und durch den hinteren Teil des Val Strem zum Chrüzlipass. Eine andere Variante ist, den Wanderweg durchs Val Milà hinauf zum Übergang Mittelplatten zu nehmen, von wo aus es auch hinunter zur Etzlihütte geht. Bitte informieren Sie sich in Sedrun über die jeweiligen konkreten Wegverhältnisse. Nach einer Verpflegung oder Übernachtung folgen beim Gadmenstutz und unterhalb des Rossbodens nochmals felsige, steilere Abschnitte, dann geht es locker dem Etzlibach entlang talauswärts. Erst kurz vor Amsteg zwingt uns dann das Bristentobel, die Wanderung dem Bach entlang zu beenden. Links des Tobels liegt Vorder- und Hinterbristen mit einer steilen Fahrstrasse hinab nach Amsteg, der Wanderweg verläuft auf der rechten Seite des Tobels.

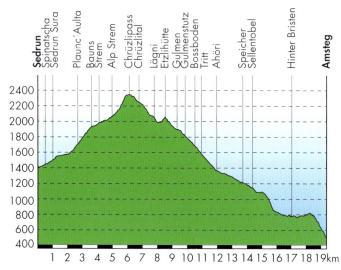

Jakobsweg Graubünden

Amsteg–Oberdorf

Wegdistanz
28,1 km

Wanderzeit
8 Std. 15 Min.

Höhenmeter
–217 m / +519 m

Nach der hinter uns liegenden, beeindruckenden Bergetappe von Sedrun nach Amsteg ist der Abschnitt bis zum Innerschweiz-Weg auf der ViaJacobi, auf die wir südlich von Seelisberg treffen werden, vorerst einmal ein Weg für raumgreifende Schritte. Entlang der Gotthardachse mit viel Verkehr auf Schiene und Strasse scheint man trotzdem auf dem Marsch entlang der Reuss kaum vorwärts zu kommen, aber da kann die SBB von Amsteg bis Altdorf helfen. Wer per pedes durchzieht kann auf diesem Abschnitt zum Beispiel in Erstfeld, Attinghausen oder Seedorf einen Etappenhalt einlegen.

Ab Seedorf ändert sich die Situation dann schlagartig: der Strassenverkehr verschwindet im Seelisbergtunnel, und die Eisenbahn nimmt die andere Seite des Urnersee. Uns bleibt eine Wanderung dem See entlang, fernab von Hektik und Verkehr. Ab Bauen beginnt dann der Aufstieg gegen Seelisberg, und wir können wieder die durch Höhenmeter erarbeitete und verdiente Aussicht in die herrliche Landschaft der Urschweiz geniessen.

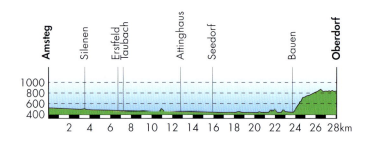

Jakobsweg Graubünden

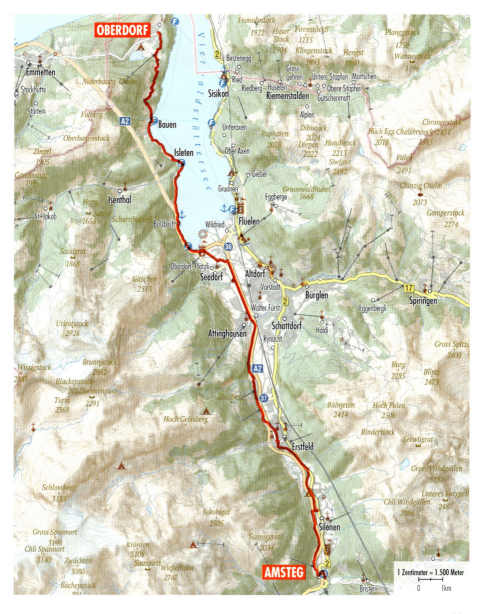

Basel–Burgdorf

Der Basler Weg in Kürze

Der Basler Weg ist ein historischer Verbindungsweg zwischen den Stadtklöstern in Basel und den Klöstern Mariastein und Beinwil. Nach Beinwil führt der Weg in zwei gebirgigen Etappen über die Jurakette Hohe Winde nach Welschenrohr und weiter via den Weissenstein mit seiner traumhaften Aussicht über die ganze Alpenkette nach Solothurn mit der Kathedrale St. Ursen. Danach geht es weiter via Biberist und von dort der Emme entlang nach Burgdorf mit seinem schönen historischen Kern mit Kirche und Schloss. In Burgdorf mündet der Basler Weg in den Luzerner Ast der Via-Jacobi ein, welcher die Pilger in die malerische Hauptstadt der Schweiz, Bern, führt, die sie so auf dem Weg in die Westschweiz in die Pilgerreise miteinbeziehen können. Eine Wegvariante führt übrigens nach Solothurn ab Kräiligen via Bätterkinden, Frauenbrunnen, Jegenstorf, Moosseedorf, und Zollikofen der Aare entlang direkt nach Bern.

Galluspforte Basel

Pilgern auf dem Jakobsweg Schweiz

Übersichtskarte

Basel– Burgdorf

Basler Weg

Wegdistanz
92 km

Mittlere Wanderzeit
rund 31 Stunden

Höhenmeter
−2226 m / +2514 m

Basler Weg

Basel–Aesch

Wegdistanz
14,7 km

Wanderzeit
3 Std. 45 Min.

Höhenmeter
−23 m / +69 m

Der Basler Weg beginnt bei der Mittleren Brücke auf der Grossbasler Rheinseite, geht den Rheinsprung hoch zum Wahrzeichen der Stadt, dem Münster. Der heutige Bau geht auf den Neubau von 1180–1220/30 zurück. Spuren von Vorgängerkirchen sind nachgewiesen. Der Weg führt weiter durch die Rittergasse und die St. Alban-Vorstadt ins St. Alban-Tal, an der St. Alban-Kirche vorbei (das älteste Kloster Basels, gegründet 1083) und folgt dort dem St. Alban-Teich via St. Jakob (das Kirchlein ist leider nur während Veranstaltungen geöffnet) zur Birs. Ihr entlang gelangen wir via Münchenstein und durch das Naturschutzgebiet der Reinacher Heide nach Dornach-Dornachbrugg zur Nepomukbrücke. Bei Dornach lohnt sich der Abzweiger nach Arlesheim mit dem Besuch des Doms, ein Prunkstück barocken Kirchenbaus. Nachdem der Bischof von Basel in der Reformation aus der Stadt vertrieben worden war, wollte er hier seinen neuen Sitz errichten. Es kam jedoch nie dazu.

In Arlesheim ist auch die Ermitage sehenswert, ein im 19. Jahrhundert angelegter Naturpark. In Dornach (Abzweigung bei der Nepomukbrücke in Dornachbrugg) lohnt sich ein Besuch des ehemaligen Kapuzinerklosters, heute Hotel (Übernachtung in Original-Klosterzellen). Die Kapuziner sind ein franziskanischer Re-

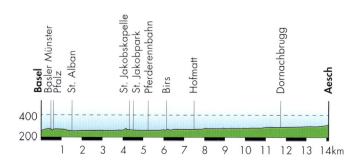

Basler Weg

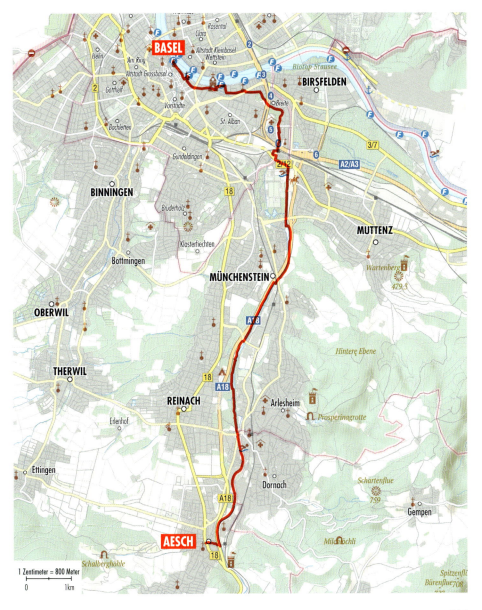

formorden, der sich hier in der Zeit der Gegenreformation am Rande des katholischen Gebietes ansiedelte. Am Hügel oberhalb von Dornach sehen wir zudem das Goetheanum, der weltweite Hauptsitz der anthroposophischen Bewegung (gegründet von Rudolf Steiner). Von Dornachbrugg gehen wir weiter der Birs entlang bis Aesch. Der Weg ist vom St. Alban-Teich an durchgehend signalisiert als regionale Wanderroute ViaJura 80 (identisch mit dem Drei-Seen-Weg bis Aesch).

Jakobus im Basler Münster

Münster Basel

Basler Weg

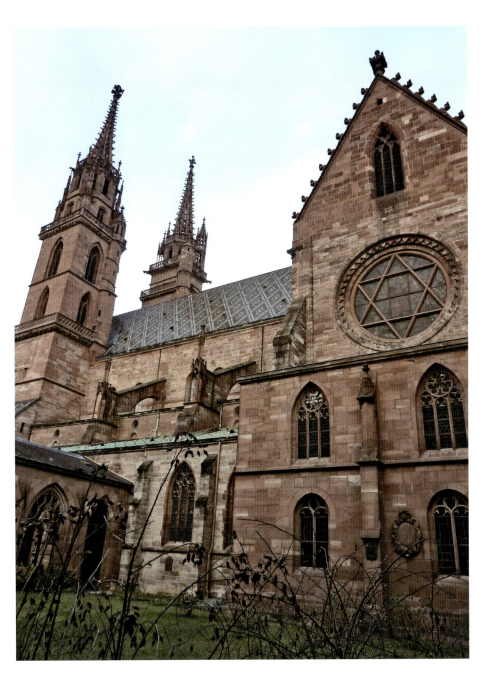

Pilgern auf dem Jakobsweg Schweiz

Aesch–Beinwil Kloster

Wegdistanz
19,1 km

Wanderzeit
5 Std. 45 Min.

Höhenmeter
–468 m / +747 m

Hinweis
Diese Etappe kann abgekürzt werden, indem man mit dem Zug S3 ab Basel, Dornach oder Aesch nach Grellingen fährt. So verkürzt sich der Weg durchs Chaltbrunnental bis zum Kloster Beinwil um fünf Kilometer. Weil auch weniger Höhenmeter zu bewältigen sind, beträgt die reine Wanderzeit ca. 4¼ Stdunden.

Von Aesch aus folgen wir der Ausschilderung der ViaJura 80 weiter in Richtung Pfeffigen. Schon 200 Meter nach dem Friedhof Aesch biegt die Route nach links ab und führt via Eichberg zur imposanten Burgruine Pfeffingen, einst Hauptsitz der Grafen von Thierstein-Pfeffingen. 500 Meter nach der Burgruine zweigt der Basler Weg bei Kleini Weid von der ViaJura (und dem Drei-Seen-Weg, der die Pilger nach Payerne führt) ab und führt uns hinunter nach Grellingen. Die Birs wird überquert, deren Flusslauf aufwärts dem Weg folgt. Beim Chessiloch biegen wir in das Chaltbrunnental ein. Dem Ibach entlang geht es durch das romantische Tal und den schluchtartigen Wald mit vielerlei verschiedenen Farnarten und Höhlen, in denen Spuren der Besiedelung durch die Neandertaler und die ältesten Spuren der Besiedelung durch den Jetzt-Menschen (Homo sapiens) in der heutigen Schweiz gefunden wurden. Am Ende des Chaltbrunnentals führt der Weg nach Meltingen. Nach dem Dorf beginnt der Aufstieg auf den Meltingerberg, von dem aus wir den Abstieg zum Kloster Beinwil antreten. Da Beinwil eine sehr weitverzweigte Streusiedlung ist, ist es wichtig, vom Meltingerberg direkt den Wegweisern zum Kloster zu folgen.

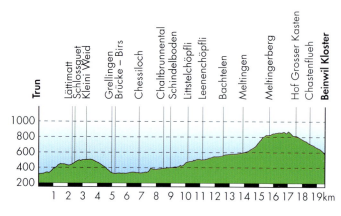

Basler Weg

Pilgern auf dem Jakobsweg Schweiz

Basler Weg

Ibach Chaltbrunnental

Kloster Beinwil

Pilgern auf dem Jakobsweg Schweiz

Beinwil Kloster–Welschenrohr

Wegdistanz
17,1 km

Wanderzeit
5 Std. 45 Min.

Höhenmeter
–788 m / +890 m

Vom Kloster Beinwil aus führt der Aufstieg durch den Wald des Schattbergs via Ebnet–Kleine Winde auf den Gipfel der Hohen Winde. Nach dem langen Aufstieg im Wald öffnet sich dort ein wunderbarer Ausblick auf die Vogesen (Elsass), die oberrheinische Tiefebene, den Schwarzwald (Deutschland), die Stadt Basel und den Jurabogen. Nur wenig unterhalb der Hohen Winde weitet sich der Blick bei einer Skihütte (Rastplatz) nach Süden zum Alpenbogen hin. Kurz danach kommen wir zum Bergrestaurant Vorder Erzberg, wo wir uns verpflegen können. Kurz danach erreichen wir den Scheltenpass, von dem an wir bis Solothurn durchgängig der bestens markierten regionale Wanderroute 94, dem Weissenstein-Wasserfallenweg folgen können. Der Weg führt zuerst in leichtem Auf und Ab unterhalb des Matzendörfer Stierenbergs vorbei (Restaurant) durch die Jurahöhen via Zentrum zum Gasthof Obere Tannmatt, einer weiteren Verpflegungsgelegenheit. Von dort gelangen wir via Chüematt zur Wolfsschlucht, der wir ein Stück weit hinunter in Richtung Hammer folgen. Schon bald aber nehmen wir die Abzweigung nach rechts durch den Wald des Cholholzes und erreichen danach über Wiesen das Dorf Welschenrohr.

Basler Weg

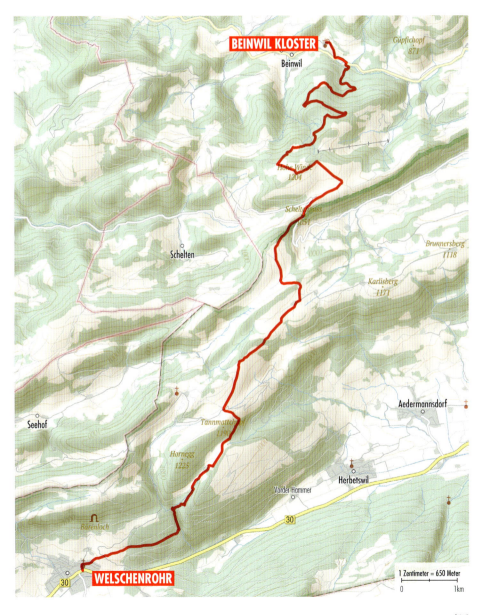

Welschenrohr–Solothurn

Wegdistanz
14,5 km

Wanderzeit
4 Std. 45 Min.

Höhenmeter
–844 m / +605 m

Von Welschenrohr bis Solothurn folgen wir weiter der durchgehend signalisierten Wanderroute 94 (Weissenstein-Wasserfallenweg). Der Weg führt dabei durch die Nordseite des Schitterwaldes. Kurz vor der Krete gelangen wir auf die Verbindungsstrasse, die von Gänsbrunnen auf den Weissenstein führt, den Solothurner Hausberg. Der Weissenstein bietet bei schönem Wetter ein atemberaubendes Panorama. Vom Jura bis an den Alpennordrand, vom Säntis bis zum Mont Blanc, mit einer faszinierenden Weitsicht über das Berner Mittelland bis hin zum Neuenburgersee liegt uns alles zu Füssen. Noch besser ist die Aussicht, wenn wir einen kurzen Abstecher zum Punkt Röti (P. 1395) machen. Auf der grossen Sonnenterrasse des Hotels und Kurhauses Weisseinstein können wir uns kulinarisch verwöhnen lassen. Empfehlenswert ist ein kurzer Besuch in der ökumenischen Kapelle auf der Südseite etwas unterhalb des Kurhauses Weissenstein.

Der Abstieg folgt (zu Fuss oder mit der Gondelbahn) über Nesselboden ins schweizerische Mittelland hinab an einem Steinbruch vorbei nach Oberdorf. Kurz vor der Bahnstation Oberdorf lohnt

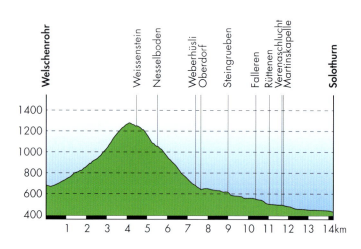

Basler Weg

Pilgern auf dem Jakobsweg Schweiz

St. Martinkapelle

Verenaschlucht

sich ein Abstecher vom Weberhüsli zu den Dinosaurierspuren bei Steingrueben und in Oberdorf der Besuch der Wallfahrtskirche mit der Gnadenkapelle Unserer lieben Frau. Der Weg führt danach oberhalb des Dorfes dem Waldrand entlang via Bellevue, Falleren nach Rüttenen / Brüggmoos und weiter zur Verenaschlucht. Kurz nach dem Eintritt in die Schlucht bilden die Einsiedlerklause (heute noch von einem Einsiedler bewohnt) und die Verena- und die Martinskapelle ein einheitliches Ensemble. Von der Verenaschlucht ist es nur noch ein kurzer Weg in die Stadt Solothurn hinein mit der St. Ursenkathedrale, die 1773 vollendet worden ist. Solothurn ist die schönste Barockstadt der Schweiz!

Solothurn–Burgdorf

Wegdistanz
23,9 km

Wanderzeit
5 Std.

Höhenmeter
–92 m / +192 m

Hinweis
Statt von Solothurn weiter nach Burgdorf zu gehen, kann man auch mit dem Schiff von Solothurn nach Biel fahren, wo man auf den Drei-Seen-Weg gelangt, der via Murten und Avenches nach Payerne führt. Ab Payerne ist man dann auf dem schweizerischen Jakobsweg (ViaJacobi 4). Wenn man von Solothurn direkt nach Bern gelangen will, kann man auch via Bätterkinden, Fraubrunnen, Grafenried, Jegenstorf, Moosseedorf und Zollikofen gehen. Man erspart sich damit einen Umweg von ca. 20 Kilometern.

In Solothurn gehen wir durch die Altstadt über die Aare und kommen dann via Schöngrüen, wo wir die Autobahn überqueren, in den Oberwald und durch ihn hindurch nach Ober-Biberist. Wir gehen ein kurzes Stück der Hauptstrasse entlang, überqueren dabei eine Eisenbahnlinie und biegen kurz danach nach rechts ab dem Siedlungsrand von Ober Biberist entlang und danach via Altismatt in den Wald des unteren Altisbergs. Wir achten darauf, dass wir auf dem Waldweg oberhalb des Abhangs bleiben. Vom unteren Altisberg führt der Wanderweg ca. einen Kilometer durch den Wald oberhalb des Abhangs bis zum Wegweiser Biberist Altisberg. Dort führt der Wanderweg zur hier kanalisierten Emme hinunter und folgt ihr im Schatten des Waldes flussaufwärts bis zur ersten Brücke (Krailigensteg) bei einer Vereinshütte und dem Hornusserplatz. Der Weg führt über die Brücke auf die Südseite der Emme, passiert das Gelände einer Papierfabrik und streift weiter flussaufwärts die Ortschaft Utzenstorf. Sehenswert ist dort das Wasserschloss Landshut, an dem wir vorbeikommen (Schlosscafé, geöffnet im Sommerhalbjahr).

Danach ist es empfehlenswert, auf der Utzenstorfer Seite weiter flussaufwärts zu wandern. Wir kommen dabei durch das Naturschutzgebiet Ämmeschache-Urtenesumpf, ein Auengebiet von nationaler Bedeutung. Der Uferweg führt via Kirchberg nach Burgdorf. Wir erreichen das Städtchen bei der überdachten höl-

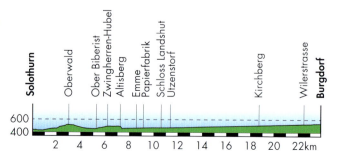

Basler Weg

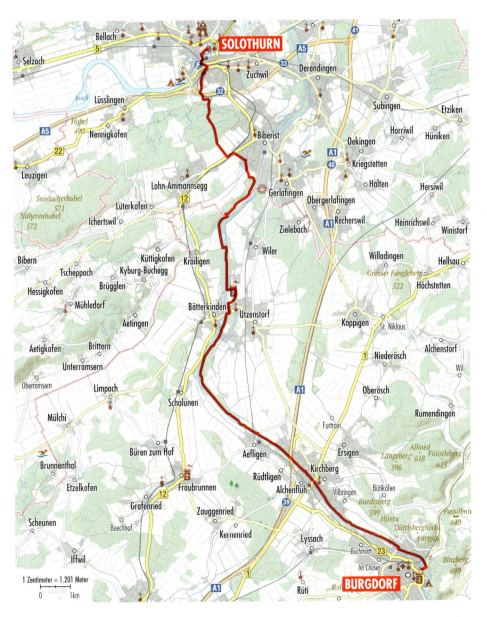

zernen Wynigenbrücke. Dort treffen wir auch auf die ViaJacobi, den Jakobsweg, der vom Bodensee herkommend die Schweiz bis zum Genfersee durchquert. Er ist als nationaler Wanderweg Nr. 4 mit dem Muschelsignet markiert.

Damit endet in Burgdorf der Basler Weg. Auf dem Luzerner Weg, ein Abschnitt der ViaJacobi, gelangen Pilgerinnen und Pilger via Bern nach Rüeggisberg, von dort auf dem Gantrisch-Fribourg-Weg nach Fribourg und schliesslich auf den Weg der Romandie nach Genf. Hier hat man Anschluss an den französischen Jakobsweg (Via Gebennensis und Via Podiensis), der schliesslich nach Spanien führt und wo man auf dem Camino Frances Santiago de Compostela erreicht.

Schloss Landshut

Basler Weg

Der Emme entlang

ns Pilgern auf dem Jakobsweg Schweiz

Basel–Payerne

Der Drei-Seen-Weg in Kürze

Nach einem empfehlenswerten Rundgang durch die kunst- und kulturreiche Stadt Basel führt der Anschlussweg entweder dem Lauf des Birs entlang in den Jura oder gleich sanft bergan, wo in Mariastein schon nach wenigen Wegstunden ein wichtiges Marienheiligtum auf den Wandernden wartet. Die in einer Felsgrotte verehrte Gottesmutter ist ein geheimnisvoller Anziehungspunkt für Menschen verschiedenster Religionen und Ethnien. Nur eine Tagesreise und einige aussichtsreiche Jurahöhen später wird die Notre-Dame du Vorbourg erreicht. Von dem spektakulär auf einem Felssporn gelegenen Wallfahrtsort geht es hinunter nach dem jurassischen Kantonshauptort Delémont/Delsberg und dann über Höhen und durch Schluchten und vorbei an stillen Dörfern ins ehemalige Kloster Bellelay. Fast wie eine Fata Morgana steht seine spätbarocke Fassade einsam inmitten von Juraweiden.

Bald nach der Bezwingung eines Passes, den schon die Römer nutzten, führt unser Weg vorbei an der Kapelle von Péry, die im 9. Jahrhundert nachweislich dem Pilgerheiligen Jakobus geweiht war und somit die älteste Zeugin der Jakobsverehrung im süddeutschen und Schweizer Raum ist.

Durch Wälder und Schluchten geht es nach Biel. Dort öffnet sich der Himmel weit über dem lieblichen Dreiseenland. Ein seit dem 14. Jahrhundert als Pilgerweg bezeugter Fussweg führt entlang des Bielersees durch die ausgedehnten Rebberge zur prachtvoll gelegenen Kirche von Ligerz und weiter zum Städtchen La Neuveville. Durch fruchtbares Land wandert man auch anschliessend: Das Grosse Moos ist der Gemüsegarten der Schweiz. Teilweise dem Murtensee entlang schlängelt sich der Weg nach dem uralten Avenches und abwechselnd über offenes Land und durch Wälder nach Payerne, wo wir auf Pilgerinnen und Pilger treffen, die von Nordosten her unterwegs sind auf dem Weg nach dem hier noch fernen Santiago de Compostela.

Basler Stadtmauer

Pilgern auf dem Jakobsweg Schweiz

Übersichtskarte

Basel–Payerne

Drei-Seen-Weg

Wegdistanz
258 km

Mittlere Wanderzeit
rund 68 Stunden

Höhenmeter
−4752 m / +5407 m

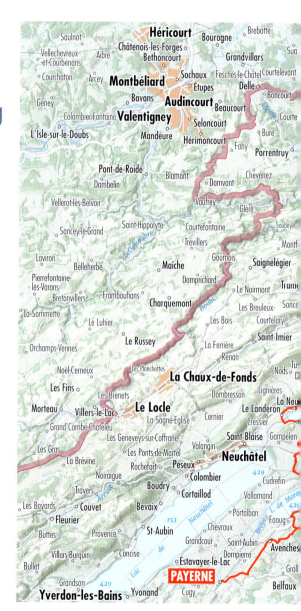

Drei-Seen-Weg

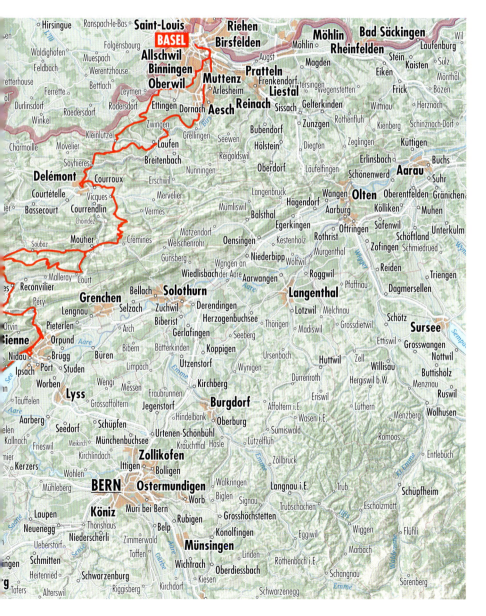

Pilgerstadt Basel

Wegdistanz
Stadtrundgang

Wanderzeit
2 Std.

Hinweis
Der Drei-Seen-Weg verbindet seit dem Sommer 2011 den Jura sowie die «Regio Basiliensis» (und somit auch das benachbarte Süddeutschland und Elsass) mit der Romandie, wo er bei Payerne in den Weg der Romandie mündet, der als Teil der ViaJacobi via Genf nach Frankreich weiterführt. Von Basel bis Delémont gibt es zwei Varianten: Diejenige über Mariastein verläuft nördlicher nahe der Grenze zu Frankreich, die andere verläuft südlicher mehr oder weniger entlang der Birs.

Bekannt ist Basel als Stadt der Messen und der Museen, aber auch als Stadt der Humanisten, des Handels und der pharmazeutischen Industrie. Weniger bekannt ist heute Basel als Pilgerstadt. Doch für die Pilgerinnen und Pilger war die Basler Rheinbrücke einst ein wichtiger Übergang. Hier trafen sich über die Reformation hinaus die Menschen, die vom Rheinland nach Rom oder vom Schwarzwald nach Santiago zogen.

Heute verzichten viele Weitwanderer darauf, grosse Städte zu Fuss zu durchqueren. Für wenige Kilometer benötigt man in den verkehrsreichen Vorstädten oft unverhältnismässig viel Energie. Doch Basel kann man sich von Norden wie von Osten auf grünen Rheinpromenaden nähern und erreicht so die sehenswerte, weitgehend verkehrsfreie Altstadt. Durch manche ihrer Strassen zogen einst die Pilger, die hier auch Herberge fanden. So im 14./15. Jahrhundert in der Oberen Rheingasse, bis zur Reformation auch in der St. Johanns-Vorstadt (bei den Antonitern) und ab 1432 bis ins 19. Jahrhundert in der Petersgasse.

Höhepunkt des Etappenortes Basel war und ist bis heute das Münster. Die Figuren und Szenen rund um die Galluspforte erzählen seit über tausend Jahren vom fröhlichen Gottvertrauen der romanischen Steinmetze. Selbst der Bildersturm der Reformation

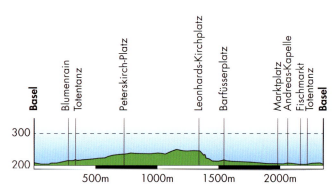

Drei-Seen-Weg

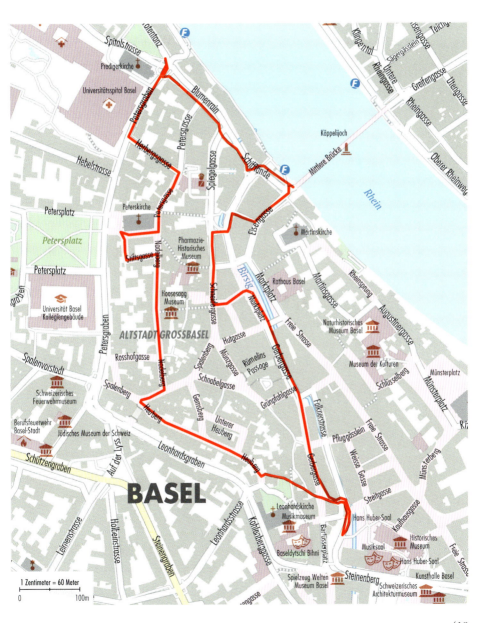

419

Pilgern auf dem Jakobsweg Schweiz

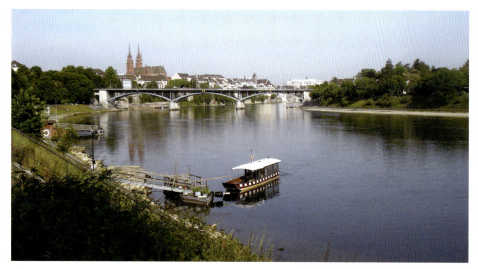

Rheinfähre
mit Basler Münster

konnte dem Basler Münster nicht die Verspieltheit und das Lächeln rauben, die die Figuren und die gotischen Türme in ihrem dunkelroten weichen Sandstein ausstrahlen. Die Fresken in der Krypta erzählen die Familiengeschichte Marias. Früher gab es im Münster auch eine Jakobskapelle. Noch heute ist Jakobus auf dem Taufstein zu finden. Der stille Kreuzgang lädt ein zu einer wohltuenden Rast.

Auf keinen Fall darf man die Aussichtsterrasse (Pfalz) hinter dem Münster verpassen. Hier kann man den Blick über den Rheinbogen bis zu den Vogesen und in den Schwarzwald schweifen lassen.

Im Historischen Museum in der Barfüsserkirche trifft man auf unseren Jakobus als Brunnenfigur und auf eine der berühmtesten Pilgerinnen, die in Basel verehrt wurde: die heilige Ursula samt ihren legendären elftausend Jungfrauen. Die Gebeine der Heiligen ruhen zwar in Köln und ihr Schädel ist in Mariastein, unserem nächsten Etappenort. Doch in einer Museumsvitrine mit dem Basler Münsterschatz lächelt einen eine kostbare Büste der Heiligen an, die ihres leichten Silberblicks wegen äusserst lebendig wirkt.

Vorbei an den Stadtpalais der Rittergasse und der St. Alban-Vorstadt führt der Weg hinunter zum St. Alban-Kloster. Die Kirche ist meist geschlossen und dient als Gotteshaus der serbisch-orthodoxen Gemeinde.

Das St. Alban-Kloster war das älteste Kloster Basels und unterstand dem Cluniazenserorden. Gestiftet wurde es 1083 vom Basler Bischof Burkhard von Fénis. Er und sein Bruder Cuno, Bischof von Lausanne, stammen von der Hasenburg in Vinelz am Bielersee. Beiden werden wir auf unserem Weg wieder begegnen. Links der Kirchenfront erhaschen wir durch den Eisenzaun einen Blick in die respektablen Reste des mittelalterlichen Kreuzgangs.

Das St. Alban-Tal genannte Altstadtquartier wird belebt von alten Kanälen, die das Kloster für die wasserständigen Gewerbe anlegen liess. Eine ehemalige Papiermühle dient heute als Museum über das Papier- und Druckgewerbe. Idyllisch und preiswert ist die Übernachtung in der renovierten Jugendherberge.

Münsterkreuzgang
Basel

Pilgern auf dem Jakobsweg Schweiz

Unser Weg führt aus dem St. Alban-Tal immer dem Gewerbekanal und zeitweise auch einem Hirschpark entlang bis St. Jakob. Hier, vor den Toren der Stadt, teilten sich die Pilgerwege. Über die Birsbrücke ging der Weg durch den Jura über den Gotthard nach Rom oder via Venedig nach Jerusalem. Dem Birsufer entlang geht es nach Santiago.

Unübersehbar sind hier das Stadion der Basler Stararchitekten Herzog & de Meuron und die Sporthalle. Diesen Bauten gegenüber bittet das historische Wirtshaus St. Jakob zu Tisch. Daneben stehen die alten Siechenhäuser und die Kapelle St. Jakob. Als reformierte Kirche ist sie etwas nüchtern und meistens geschlossen. Ihr Gründungsjahr ist unbekannt. Sicher ist hingegen, dass die ursprünglich einfache Kapelle um 1300 umgebaut und vielleicht auch vergrössert wurde. Als Patrone der Kapelle waren damals bekannt: Jakobus, hier sicher auch verehrt als Patron der Reisenden, daneben die heilige Barbara (Schutzheilige gegen Gewitter) und der Viehheilige Wendelin. Unweit der Kapelle tobte 1444 die Schlacht von St. Jakob an der Birs. In der Reformation 1529 wurde die Kapelle ausgeräumt und im späten 19. Jahrhundert musste sie wegen einer Strassenkorrektion versetzt werden. Beim Ab-

Petersgasse Basel

Galluspforte Basel

bruch kamen Fresken mit Darstellungen der Jakobslegende zum Vorschein. Der Neubau erfolgte unter Verwendung des alten Chorgewölbes und des Triumphbogens. Auf die sonntäglichen Gottesdienstbesucher blickt eine geschnitzte und gefasste Jakobusfigur mit Pilgerstab und Buch aus dem 17. Jahrhundert. Leider ist die Kirche nur während Veranstaltungen geöffnet.

Basel–Mariastein

Wegdistanz
21 km

Wanderzeit
6 Std. 15 Min.

Höhenmeter
–142 m / +433 m

Von St. Jakob aus folgt man den Wanderwegweisern Richtung Bruderholz und Wasserturm. Beim historischen Wirtshaus St. Jakob überqueren wir die St. Jakob-Strasse nicht in Richtung St. Jakob-Park (Stadion) sondern in Richtung Bushaltestelle. Kurz nach dem Wartehäuschen der gelben Markierung folgen und sanft ansteigen zum ausgedehnten Gewerbeareal Dreispitz, das wir durchschreiten müssen. Am anderen Ende des Leimgrubenweges befinden wir uns am Fuss des Bruderholzes, einem grünen Hügelzug mit Flur- und Hofnamen, die an klösterliche Besitztümer erinnern: Jakobsbergerholz, Klosterfiechten, Predigerhof. Hier ist der Horizont weit und offen. Wir befinden uns am südlichsten Rand der oberrheinischen Tiefebene. Das fruchtbare Bruderholzgebiet hat Weiden, Äcker, Obstkulturen, Spargel- und Erdbeerfelder.

Das Hofgut Klosterfiechten dient als Vollzugszentrum. Vor dem Eingang zum Areal in den Hundsbuckelweg einbiegen und bis zum Punkt «Auf der Alp» ansteigen. Von dort südwärts in Richtung Predigerhof (mit Wirtshaus), der kurz nach der Überquerung der Schnellstrasse Birstal–Birsigtal erreicht wird.

Beim Wegkreuz ca. 150 Meter nach Predigerhof nicht in Richtung Schwabenloch sondern geradeaus weiter und bei der nächsten

Drei-Seen-Weg

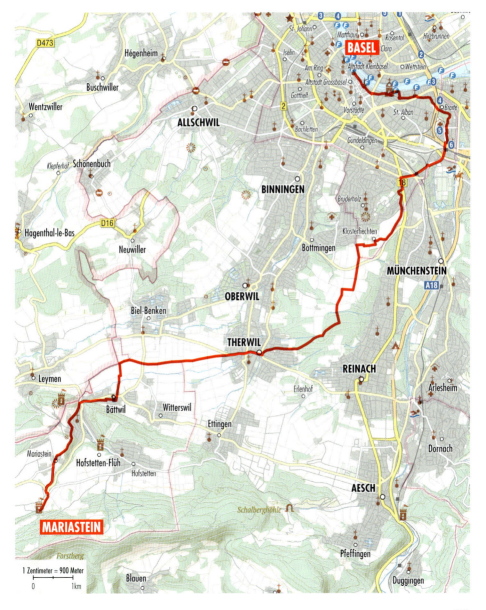

Verzweigung rechts zum Spitzenhegli (weisse Wegweiser), dort links hinunter in den Wald zum Wegweiserstandort Gretli, wo als neues Ziel der Grenzort Flüh (2 Stunden) ausgewiesen ist.

Doch zunächst erreichen wir nach ca. 40 Minuten die Vorortsgemeinde Therwil. Hier lohnt sich die Besichtigung der Kirchenanlage St. Stephan mit Kapelle und Pfarrhaus. Frühbarocke Altäre, Langhaus Rokoko. Weiter führt der Weg flach durch das grüne Kornland Egg (bis zum Grenzstein CH-F), dann südlich nach Bättwil und Flüh.

Gleich nachdem beim Zollhaus Flüh der steile alte Wallfahrtsweg Richtung Klosterweiler Mariastein (Notre-Dame de la Pierre) beginnt, lohnt sich vorerst noch ein Abstecher in die erste ökumenische Kirche der Schweiz. Die Kirche mit dem einmaligen Kunstfenster vom bekannten Basler Künstler Samuel Buri ist unter anderem auch offizielle Stempelstelle am Jakobsweg. Von da aus weiter bergauf empfängt ein grosszügiger Platz die Wallfahrer und Pilger. Mariastein ist nicht nur Wallfahrtsziel von Leuten aus der Nordwestschweiz, aus dem Elsass und dem Badischen, hierher kommen auch viele Menschen unterschiedlicher Religionen und Ethnien.

Die Kirche des Benediktinerklosters wirkt freundlich und einladend. Ein Deckengemälde zeigt das Wunder von Mariastein. Ein Mädchen stürzt über eine Felswand. Doch eine mystische Frau fängt es auf und lässt es am Fusse der Felsen spielen, bis es von seiner Mutter wieder gefunden wird.

Auf dem linken Seitenaltar steht die Reliquienbüste der heiligen Ursula. Die englische Prinzessin Ursula wurde zusammen mit ihren angeblich elftausend Begleiterinnen auf ihrer Pilgerreise nach Rom von den Hunnen getötet. Ihre Gebeine werden heute noch in Köln verehrt. Ursulas Haupt hingegen war die wichtigste Reliquie des Basler Münsters, die nach der Reformation nach Mariastein in Sicherheit gebracht wurde. Das eigentliche Ziel aller Besucherinnen und Besucher ist die Gnadenkapelle. Ein langer Gang und

Treppen führen in eine Felsengrotte. Hier zieht uns eine Madonna mit Kind förmlich in ihren Bann. Das Gnadenbild lächelt so tröstend, dass man sich in dieser Höhle wie ein Kind geborgen fühlt. Der Gnadenaltar stammt aus der gleichen Werkstatt der Scharpf aus Rheinfelden, die auch Schöpfer der Altäre in Therwil sind.

Mariastein gibt jedoch nicht nur Kraft und Zuversicht für den weiteren Weg. Es bietet auch alles, was ein Pilger oder eine Pilgerin zur Erholung braucht: mehrere Gaststätten, ein Hotel, eine Schwesterngemeinschaft, die Pilger aufnimmt, einen Laden mit Lebensmitteln und «geistiger Nahrung» und ein kleiner Bauernladen. In Mariastein gibt es auch wieder etwas Weinbau: Der St. Anna-Wein ist am Klosterplatz erhältlich.

Benediktinerkloster Mariastein

Mariastein–Kleinlützel

Wegdistanz
10 km

Wanderzeit
3 Std. 15 Min.

Höhenmeter
–393 m / +272 m

Der Weg führt von Mariastein vorbei zur Burg Rotberg (Jugendherberge) und dann dem Waldrand entlang in Richtung Metzerlen. Kurz vor dem Dorf geht es schräg hangaufwärts zum Mätzerlechrüz und dann weiter westwärts auf einem Höhenweg über die Challplatten und Challmatten. Bei gutem Wetter kann man von hier bis zu den Alpen sehen. Dazu passt auch, dass man hier Gämsen begegnen kann. Sanft geht es sodann hinab zum Flüsschen Lützel und ins Dorf Kleinlützel (frz. Petit-Lucelle). Am oberen Ortsrand findet man bei einem Bauernhof Überreste eines Klösterchens. 1136 wurde im Gebiet des heutigen «Klösterli» ein kleines Frauenkloster mit dem Namen Minor Lucella gegründet, das dem Abt von (Gross-)Lützel unterstellt war. Im Schwabenkrieg (1499) und bei den Bauernunruhen litt das Kloster stark. Erhalten haben sich nur das als Kapelle dienende gotische Chörlein und das Ökonomiegebäude. Von Kleinlützel bachaufwärts beginnt die so genannte internationale Strasse. Sie verläuft zumeist genau auf der Landesgrenze zwischen Frankreich und der Schweiz und führt nach Grosslützel oder (Grand-)Lucelle. Hier stand bis zur französischen Revolution ein Zisterzienserkloster. Es prägte die Landwirtschaft, das Gewerbe und vor allem die Eisenindustrie der ganzen Region. Aus diesen ehemals klösterlichen Eisenhütten entwickelte sich im 19. Jahrhundert die Giesserei von Roll, deren Name heute noch auf vielen Abflussdeckeln zu finden ist.

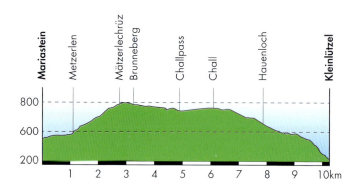

Drei-Seen-Weg

Kleinlützel–Delémont

Wegdistanz
14 km

Wanderzeit
4 Std. 15 Min.

Höhenmeter
–364 m / +366 m

Der Höhenweg steigt über den Weiler Ring zu einem kleinen Übergang bei Pt. 650. Dort treffen wir auf den Weitwanderweg ViaJura. Unter uns sehen wir die Häuser von Liesberg. Wir folgen dem Weg westwärts zum Gehöft Albech, in dessen Nähe eine kleine Marienkapelle steht. Durch ein Tälchen geht es weiter westwärts und schon wieder leicht abwärts: Bei der Kantonsgrenze BL/JU überschreiten wir auch gleich erstmals die Sprachgrenze zwischen Deutsch und Welsch (Schweizer Ausdruck für Französisch). Bald danach kommen wir zum Weiler La Réselle de Soyhières. An einem Fischteich vorbei streben wir durch ein ruhiges idyllisches Tal zum Dorf Soyhières (dt. Saugern). Die Anlage war im 19. Jahrhundert Wohnsitz des bedeutenden jurassischen Historikers und Altertumsforschers Auguste Quiquerez (1801–82).

Gnadenbild
(16. Jahrhunder)
Vorbourg

Drei-Seen-Weg

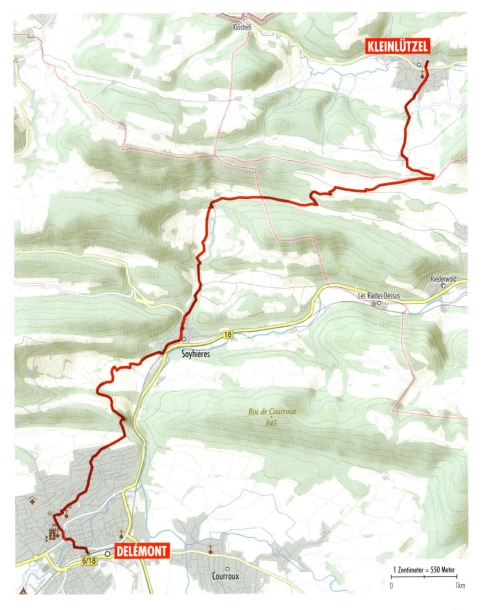

Pilgern auf dem Jakobsweg Schweiz

Basel–Laufen

Wegdistanz
30 km

Wanderzeit
8 Std. 30 Min.

Höhenmeter
−392 m / +483 m

Von der St. Jakobshalle an bis Moutier benützen wir den Weitwanderweg Nr. 80, die ViaJura. Kaum haben wir die lärmigen Strassenkreuzungen von St. Jakob hinter uns gelassen (Wegweiser links vom Kiosk, dem turmartigen Gebilde mit Bildschirm), führt unser Weg vorbei an einem Naherholungsgebiet, das erst durch die Grün 80 (Schweizerische Gartenausstellung von 1980) die heutige Gestalt bekommen hat. Viele aussergewöhnliche Elemente der damaligen Schau können noch immer bewundert werden: unter anderem eine Irisanlage, das Rhododenrental und ein Bambusgarten. Beim alten Brüglinger Hofgut mit Mühle (Museum), Orangerie und Kräutergärten finden sich ein englischer Landschaftsgarten und der neue Botanische Garten.

Neben einem Café in der alten Villa Merian gibt es auch das Restaurant Seegarten, von dessen Terrasse man den Blick über einen grossen Weiher schweifen lassen kann. Am östlichen Ende des Gewässers findet man mühelos Anschluss an die ViaJura, die nun dem Birsfluss entlang führt. Kurz nach der Eisenbahnbrücke von Münchenstein steht linkerhand das interessante Strommuseum der Elektra Birseck (EBM). Später durchqueren wir das Naturschutzgebiet der Reinacher Heide.

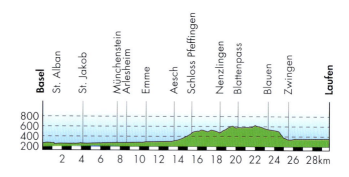

Drei-Seen-Weg

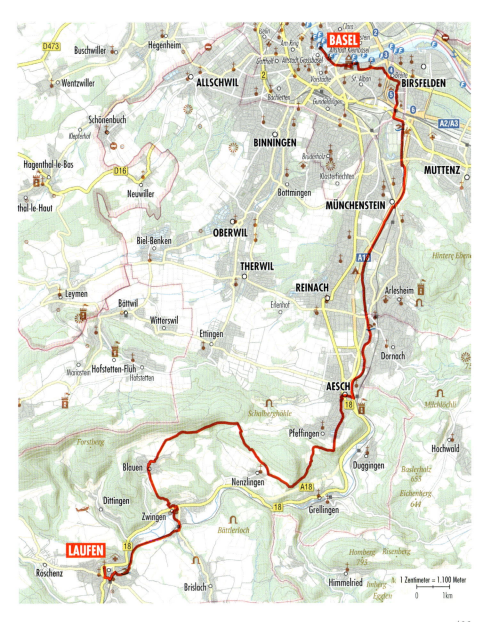

433

Villa Merian
Brüglingen

Einen Umweg wert ist der Dorfkern von Arlesheim: Neben dem barocken Dom mit der einzigen, fast komplett erhaltene Silbermann-Orgel der Schweiz und den Häusern der Domherren (Arlesheim war ab 1679 Sitz des Domkapitels des Fürstbistums Basel) lohnt hier die einst berühmte, idyllische Ermitage einen Besuch. Die im späten 18. Jahrhundert angelegte Sehenswürdigkeit mit Höhlen, Weiher, Holzstoss, Kapelle, Eremitenklause etc. verpasste einst kein Schweiz-Reisender.

Eine handfeste Brücke aus rotem Sandstein mit einer Nepomukstatue erwartet uns in Dornachbrugg. Halbwegs gegen den Bahnhof bietet das ehemalige Kapuzinerkloster eine günstige Herberge und ein Restaurant. Am Platz vor dem Gotteshaus findet sich das Denkmal der Schlacht bei Dornach (1499) von Jakob Probst: Die in einer Nische aufgestellten Schädel zeigen die tödlichen Kopfverletzungen der Krieger. Oberhalb Dornach und von weit her sichtbar das massige Goetheanum, Weltzentrum der Anthroposophie.

In Aesch erwartet uns am Dorfeingang eine kleine Wegkapelle mit Einsiedler Madonna (Mitte 18. Jahrhundert) – Hinweis auf einen alten Pilgerweg vom elsässischen Sundgau in den finstern

Wald. Markantester Bau im Dorf ist das fürstbischöfliche Landvogteischloss der Familie Blarer von Wartensee aus dem 18. Jahrhundert. In der St. Josef-Kirche (1819–20) sehenswerte Glasmalereien von Jakob Düblin (1940) sowie das Chorwandbild und die Kreuzwegstationen von Hans Stocker (1942).

Aesch ist übrigens eine bedeutende Baselbieter Weinbaugemeinde mit drei Reblagen. In der Klus ist Weinbau seit spätrömischer Zeit durch einschlägige Funde (Rebholz, Stickel) bezeugt.

Nun steigt der Weg nach Pfeffingen. Wahrzeichen ist die grosse Schlossruine aus dem 12. Jahrhundert, einst Sitz der Grafen von Thierstein und von 1522 bis 1702 des Vogtes der fürstbischöflichen Vogtei Pfeffingen.

Bei der Ruine liegt der Ausgangspunkt des Burgengratweges mit Münchsberg, Schalberg, Angenstein und prähistorischen Höhlen. Direkt an unserem Weg liegt der eindrückliche Glögglifels, ein einst absperrbarer Zollposten an einer engen Stelle im felsigen Blauengrat.

Kloster Dornach

Ohne grosse Steigung erreicht man von dort das Dorf Nenzlingen mit der St. Oswald-Kirche und dem westlich davon im Usserfeld gelegenen Weiler Kleinblauen mit der Wendelinkapelle, einem lokalen Wallfahrtsort der Laufentaler Bauern (Holzvotive).

Durch die über dem Siedlungsgebiet sich hinziehenden Bergmatten (Magerwiesen unter kantonalem Naturschutz) steigen wir den Hang zum Blattenpass hinauf, einem alten Übergang vom Leimental resp. vom vorderen Birstal ins Laufental. Den Namen hat der Pass von Felsplatten auf dem Scheitel, die einst auch Karrenspuren zeigten. In der Nähe der Passhöhe befand sich im 17./18. Jahrhundert ein berühmt-berüchtigtes und legendenumwobenes Wirtshaus, wo sich Wegelagerer trafen.

Domplatz Arlesheim

Wir überschreiten den Pass jedoch nicht, sondern ziehen dem Hang weiter gegen das Dorf Blauen am Südhang des gleichnamigen Bergzuges (nördlichste Jurakette) in nebelfreier Lage. Viele Neubauten um das alte Dorf bezeugen die Attraktivität der Wohnlage. Doch nun führt der Weg wieder steil hinunter zur Birs und zum Dorf Zwingen. Auf drei Birsinseln steht das Wasserschloss der Freiherren von Zwingen, dessen Holzbrücke möglicherweise aus dem 16. Jahrhundert stammt. Wer früher die St. Oswald-Kapelle neben dem Schloss besuchte, bekam mindestens 40 Tage Ablass.

Nun geht der Weg der Birs entlang bis ins Städtchen Laufen (frz. Laufon). Es wurde von den Basler Fürstbischöfen gegründet und ist heute der Hauptort des neuesten Bezirks im Kanton Baselland. Bis 1993 gehörte das Laufental zum Kanton Bern.

Laufen besitzt noch Teile seiner alten Stadtmauer sowie alle drei Stadttore. Vor dem Untertor (Bemalung Otto Plattner) zwei jungsteinzeitliche Dolmengräber, die man in der Nähe fand. An das Untertor angebaut die bemerkenswerte Katharinenkirche (1699; Rokoko; christkatholisch) und gleich daneben das Laufentaler Museum mit einer bedeutenden Sammlung von Versteinerungen, mit Krippen von Pfarrer Bürge, volksreligiösen Beständen und Bildern von August Cueni. Die auf dem Vorplatz stehende Skulptur erinnert an von hier stammenden Beromünsterer Chorherr Helias Helye, der mit dem «Mammotrectus» das älteste datierte Buch der Schweiz gedruckt hat.

In Laufen befinden sich die Stammhäuser von Ricola und der Sanitärkeramikfirma «Laufen». Der Birsfall, der «Birs-Laufen» oberhalb der Strassenbrücke zum Bahnhof gab dem Ort den Namen.

Laufen–Delémont

Wegdistanz
20,5 km

Wanderzeit
6 Std. 15 Min.

Höhenmeter
–446 m / +518 m

Von Laufen aus geht es weiter auf der ViaJura 80 zunächst durch die Vorstadt und dann zum Unterlauf des Flüsschens Lützel. Bald steigt der Weg, anfänglich recht ruppig, hinauf zum Weiler Huggerwald. Auch hier steht eine St. Wendelin-Kapelle, die als lokaler Wallfahrtsort bekannt ist.

Mit 672 m ü. M. erreichen wir den höchsten Punkt der heutigen Etappe, den Räschberg. Nun geht es wieder sanft hinunter über eine kleine Marienwallfahrtskapelle beim Hofgut Albech bis nach Soyhières (dt. Saugern): Die Dorfkirche ist Ziel einer kleinen regionalen Wallfahrt: In der Krypta der Dorfkirche werden die sterblichen Überreste von Père Jean-Pierre Blanchard verehrt, der 1824 im Rufe der Heiligkeit gestorben ist. Ebenfalls hier verehrt wird auch Mère Marie de Sales Chappuis (1793–1875).

Auf der Anhöhe am jenseitigen Birsufer das erstmals 1102 erwähnte Schloss der einst mächtigen Grafen von Soyhières / Saugern. Die Anlage war im 19. Jahrhundert Wohnsitz des bedeutenden jurassischen Historikers und Altertumsforschers Auguste Quiquerez (1801–82).

Drei-Seen-Weg

Über Felder steigen wir gemächlich zu einem Felsriegel hinauf, auf dem die schon von weitem sichtbare Kapelle Notre-Dame du Vorbourg erkennbar ist. Sie ist der wichtigste Marienwallfahrtsort der katholischen Jurassier und der Laufentaler. Die Tradition will, dass der aus dem Elsass stammende Papst Leo IX die Kapelle im Jahre 1049 geweiht hat. An den Wänden viele Votivbilder, unter anderem auch ein von der Stadt Delémont gestiftetes Ge-

Kapelle Notre-Dame du Vorbourg

mälde, das nach einer 1661 abgewendeten Feuersbrunst gestiftet wurde. Von der Aussichtsterrasse hinter der Kapelle eindrücklicher Blick in die Klus der Fringeli-Vorbourg-Kette. Im Talgrund erkennbar das Trassee der Bahn mit den vielen kurzen Tunnel – man hat den Eindruck, man blicke auf eine Modelleisenbahnanlage. Der Altertumsforscher Quiquerez hatte auf der Vorbourg prähistorische Schalensteine entdeckt, die allerdings nicht mehr aufzufinden sind. Sensitive Leute empfinden den Ort als Kraftplatz.

Auf einer kleinen Fahrstrasse, zum Teil als Allee gestaltet, führt unser Weg in einer guten Dreiviertelstunde nach Delémont/Delsberg, der Hauptstadt des 1979 gegründeten Kantons Jura, dem jüngsten Bundesglied unseres Landes. Der Ort wird im 8. Jahrhundert erstmals erwähnt, gehört im hohen Mittelalter den Grafen von Ferrette, ab 1271 dem Fürstbischof von Basel. Zwei Stadttore sind erhalten. In der klassizistischen Stadtkirche St. Marcel werden die Reliquien von Saint Germain (German) verehrt. Fünf wunderschöne Stadtbrunnen aus dem späten 16. Jahrhundert zieren die gut erhaltene Altstadt. Im Besitz des Musée d'Art et d'Histoire ist unter anderem ein Abtstab, der dem heiligen German zugeschrieben wird. Seine goldene Verzierung stammt aus dem 8. Jahrhundert und gilt als eine der ältesten mittelalterlichen Goldschmiedearbeiten. Gut möglich, dass dieser Abtstab später zum Symbol und Wappen des Fürstbistums und der Stadt Basel wurde.

Das sehenswerte Städtchen Delémont bezaubert mit seinem französischen Charme. Es verfügt vor allem in Bahnhofnähe über verschiedene Unterkunftsmöglichkeiten. Die Jugendherberge liegt am Eingang der Vorbourg-Klus.

Delémont–Mont Raimeux

Wegdistanz
18 km

Wanderzeit
6 Std. 30 Min.

Höhenmeter
–55 m / +925 m

Wieder führt der Weg immer der ViaJura entlang. Vom Bahnhof geht es zunächst nach Nordosten über die Birsbrücke. Das Dorf Courroux ist vor allem den archäologisch Interessierten ein Begriff. Auf dem Roc de Courroux über der Klus entdeckte Quiquerez die Überreste einer Siedlung aus der Bronzezeit. Bei einer systematischen Erforschung fand man im 20. Jahrhundert ausserordentlich viele und schöne Keramiken, die auf eine wirtschaftlich und kulturell blühende Siedlung hinweisen.

Vicques, der Name des nächsten Dorfes, stammt vom römischen Vicus, also Gutshof, dessen konservierte Grundmauern südlich des heutigen Dorfes besichtigt werden können. Etwas sonderbar im Hinblick auf das hiesige Klima ist der Befund, dass sich die Säulenhallen und der Hof nach Norden öffnen! Im Dorfzentrum beachtenswert ist auch die moderne Betonkirche Notre-Dame du Rosaire mit dreieckigem Grundriss; Glasfenster von Bernhard Schorderet.

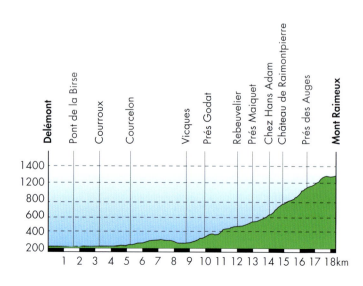

Drei-Seen-Weg

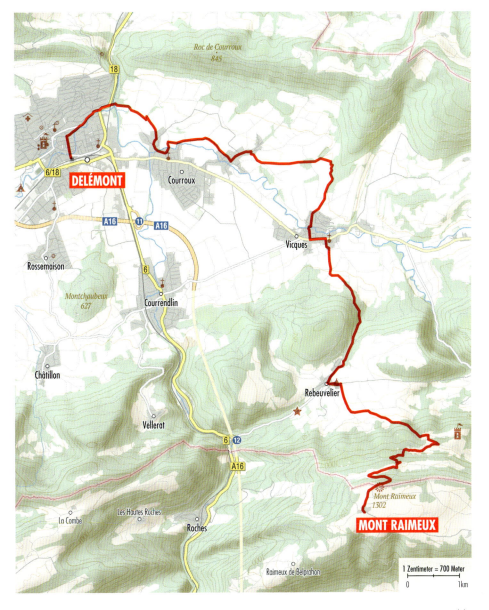

Pilgern auf dem Jakobsweg Schweiz

Ausblick von Raimeux

Ab jetzt steigt der Weg sanft durch den Wald hoch nach Rebeuvelier. Etwas später kommen wir nahe vorbei am Schlösschen Raymontpierre, erbaut im 16. Jahrhundert vom Delsberger Stadtherr Georges Hugué, später im Besitz der solothurnischen Patrizierfamilie von Staal und der elsässischen Familie von Andlau. Beide Geschlechter stellten viele hochgestellte Beamte am fürstbischöflichen Hof.

Und noch immer steigt der Weg über Juraweiden und Wälder hoch, bis wir auf 1300 Metern den Aussichtsturm des Mont Raimeux erreicht haben. Da der Raimeux kein Gipfel, sondern ein Hochplateau ist, sieht man nur vom Turm aus, was wir bis jetzt geleistet haben und was noch vor uns liegt. Eine SAC-Hütte und ein Naturfreundehaus bieten günstige Unterkunft. Die SAC-Hütte ist am Wochenende offen, das Naturfreundehaus nur am Wochenende im Sommerhalbjahr. Romantische Menschen verweilen hier gerne wegen der idyllischen Ruhe. Für den jurassischen Altertumsforscher Quiquerez war der Raimeux ein «hoher Berg», das heisst ein heiliger Berg der Kelten.

Juraweide

Drei-Seen-Weg

Pilgern auf dem Jakobsweg Schweiz

Mont Raimeux–Perrefitte

Wegdistanz
12 km

Wanderzeit
3 Std. 30 Min.

Höhenmeter
−801 m / +98 m

Unsere ViaJura 80 geleitet uns sicher durch Felsbänder hinunter nach Grandval mit einigen bemerkenswerten Häusern wie zum Beispiel dem Maison du banneret Wisard aus dem 16. Jahrhundert (Museum). Doch unser Weg führt oben am Dorf Richtung Westen nach Belprahon und Moutier (dt. Münster), dort – der Name sagt es – war ein Kloster (lat. monasterium). Die Abtei wurde durch Mönche aus Luxeuil gegründet. Damit begann die Missionierung des Juras an der strategisch wichtigen Strasse von Basel nach Lausanne. Erster Abt war der heiligen German aus Trier und der erste Prior hiess Randoald. Beide wurden ermordet und gelten als jurassische Märtyrer und Heilige (vgl. Kirche St. Marcel in Delémont).

Erst als der Basler Bischof im Jahr 999 die Klosterherrschaft Moutier vom burgundischen König Rudolf geschenkt erhielt, wurde er zum weltlichen Fürstbischof. In der Reformation wurde die Abtei aufgehoben und die Gebäude abgebrochen. Erst kürzlich durchgeführte archäologische Grabungen zeigen, dass sich der Klosterbezirk wohl unter der heutigen Altstadt befand.

Drei-Seen-Weg

Von hier stammt eine der schönsten Bibeln. 835 haben sie Mönche in St. Martin de Tours gemalt. Während der Reformation wurde sie in einem Dachboden von Moutier versteckt und vergessen und erst 1821 von Kindern gefunden. Der Bürgermeister von Delémont verkaufte sie dem British Museum in London für 750 livres!

Die Kollegiatskirche St. Germain wurde 1860 anstelle der früheren Abtei gebaut, zum Teil mit Baumaterial aus der mittelalterlichen Klosterruine. Die Fenster sind von Coghuf (1961) und seinem Schüler Yves Voirol (2002). Zeitgenössisch ist die katholische Kirche Notre-Dame de la Prévoté, erbaut 1963–65 nach Plänen des bedeutenden Basler Architekten Hermann Baur, mit Fenster des französischen Künstlers Alfred Manessier. Eine Referenz an die Anfänge von Moutier sind die in der Kirche verehrten Reliquien der jurassischen Heiligen German und Randoald.

Moutier ist heute eine Industriestadt: Glas, Uhren, Drehbänke und Präzisionswerkzeug (Tornos AG). Ein kleines Museum erzählt die Geschichte der Drehbänke. Auf keinen Fall verpassen darf man die Kapelle Chalière auf dem Friedhof am Westrand von Moutier. Sie stammt aus dem 11. Jahrhundert und war wohl der Ort der Schola des Klosterkapitels. Die Fresken (Jesus in der Gloriole, Apostel) stammen aus der Zeit um 1000 und gehören damit zu den Ältesten der Schweiz. Kurz nach dem Friedhof verlassen wir die ViaJura und folgen geradeaus dem Weg nach Perrefitte, der gelb ausgeschildert ist. Übernachtungsmöglichkeit im Dorf.

Alternative: Wer die atemberaubende Rundsicht vom Moron (Aussichtsturm nach Plänen des berühmten Tessiner Architekten Mario Botta) geniessen will und eine Höhendifferenz von 700 Metern nicht scheut, bleibt nach Verlassen von Moutier weiterhin auf der ViaJura. Nach den Gorges de Court geht es ab Court in Richtung Champoz und weiter hinauf zum Moron. Von dort den gelben Wegweisern in Richtung Bellelay folgen.

Chapelle Chalière
Moutier

Perrefitte–Bellelay

Wegdistanz
16 km

Wanderzeit
5 Std. 10 Min.

Höhenmeter
−380 m / +735 m

Kurz nach dem Dorf Perrefitte mit einigen hübschen Bauernhäusern aus dem 17. und 18. Jahrhundert überqueren wir die Autostrasse und folgen dem Bach La Chalière zu den verzaubernden Gorges de Perrefitte in Richtung Les Ecorcheresses. Am Schluss der Schlucht, zwischen Côte des Neuf Prés und dem Bauernhof Plain Fahyn, geht der Weg steil aufwärts.

Der gelben Markierung folgen! Einmal hat man das Gefühl, man müsste rechts abzweigen, um Richtung Westen zu gehen, aber der Weg macht eine grosse Kurve, zuerst ostwärts, nachher wieder westwärts. Dem Waldrand folgend, teilt sich der Weg auf einer Wiese. Wir gehen die Wiesen hinunter zum Weiler Les Ecorcheresses.

Der eigentliche Anschlussweg geht auf dem markierten Wanderweg am Nordhang des Bergs Moron in Richtung Souboz weiter.

Zwischen Souboz und Sornetan, fünf Minuten ostwärts von Le Pichoux, entdecken wir nach einem steilen Aufstieg eine Grotte, die im 17./18. Jahrhundert als geheimer Versammlungsort und

Drei-Seen-Weg

Gorges de Perrefitte

Gottesdienstplatz der Täufer gedient haben soll. Ebenso gelangt man direkt an diesen Ort, wenn man von Les Ecorcheresses dem markierten Veloweg in Richtung Le Pichoux folgt.

Die reformierte Kirche von Sornetan (Baujahr 1708) besitzt einen Frontturm mit Zwiebelhelm und eine wertvolle, barocke Innenausstattung. Das nahe gelegene Pfarrhaus stammt von 1746. Das «Centre de Sornetan» bietet für Pilger günstige Unterkunftsmöglichkeiten.

Zwischen Sornetan und Bellelay ist darauf zu achten, dass man kontinuierlich der Hanglehne entlang durch den Wald ansteigt und bei einer kleinen Wegspinne rechts weitergeht. So erreicht man sicher Bellelay, eine ehemalige Prämonstratenserabtei, gegründet 1136. Die ersten Mönche, ermutigt durch den Basler Bischof Ortlieb von Frohburg, kamen aus der Abtei am Lac de Joux. Die jetzige Klosteranlage entstand 1708–14 nach Plänen des Vorarlberger Architekten Franz II. Beer; Stuckarbeiten aus der Wessobrunner Schule. 1772–97 weitberühmtes Internat, das zuletzt über 100 Schüler gleichzeitig besuchten. Nach dem Einfall der Franzosen (1797) wird das Kloster aufgehoben und die Anlage als französisches Nationalgut an die Meistbietenden verkauft. Später verschwinden die beiden Zwiebelhauben. Nach einer Nutzung der Gebäude für verschiedene Zwecke (unter anderem als Brauerei); 1894 Einrichtung einer psychiatrische Klinik des Kantons Bern. Der barocke Kirchenraum mit den aus anderen Gotteshäusern gekauften Altären und der 2008 nach alten Vorlagen rekonstruierten Joseph Bossart-Orgel (von 1721) dient heute für Konzerte und Kunstausstellungen.

Bellelay gilt als Heimatort der Käsespezialität «Tête de Moine», und im jurassischen Nachbardorf Lajoux wird die dort erfundene Girole® produziert. Die Wiesen rund um Bellelay und das Moor La Sagne sind berühmt für den Reichtum an seltenen Pflanzen und Blumen, zum Beispiel der Türkenbundlilien (Naturschutzgebiet). Die Domaine de Bellelay bietet eine Unterkunftsmöglichkeit.

Kloster Bellelay

Bellelay–Sonceboz

Wegdistanz
11 km

Wanderzeit
3 Std. 10 Min.

Höhenmeter
–405 m / +117 m

Von Bellelay aus führt der gelb markierte Wanderweg zunächst an einem idyllischen Hochmoor vorbei und dann sanft über Wiesen und Wälder hinunter nach Tavannes. Der Ort ist geprägt durch die Uhrenindustrie. Deshalb wurden die alten jurassischen Bauernhäuser entlang der Grand-Rue nach dem ersten Weltkrieg ersetzt durch repräsentative Bauten im Heimatstil. Von der 866 erwähnten Stephanskirche finden sich keine Spuren mehr.

Von jetzt an können wir wieder der ViaJura 80 folgen. Der Weg steigt zunächst nur leicht bis zur Birsquelle. Eindrücklich ist der Wasserschwall des unterirdischen Flusses, der hier durch ein Felsentor ans Licht drückt. Dann geht es weiter durch den Wald hoch zum Pass Pierre-Pertuis. Dieser bekam seinen Namen durch einen Felsdurchbruch, der von den Römern auf Strassenbreite erweitert wurde und den Namen «petra pertusa» bekam. Gilt als bedeutendes Zeugnis für das römische Strassennetz, das Augusta Raurica (bei Basel) mit Aventicum (bei Payerne) beziehungsweise Rom via Grosser St. Bernhard verband. Eine Informationstafel gibt Auskunft über die angeblich aus dem 3. Jahrhundert stammende Inschrift und erläutert, dass sich hier vermutlich die alte Grenze zwischen den Gebieten der Keltenstämme Rauriker im Norden und der Helvetier im Süden befand. Teilweise auf der alten Römerstrasse steigen wir ab zum Etappenziel Sonceboz.

Drei-Seen-Weg

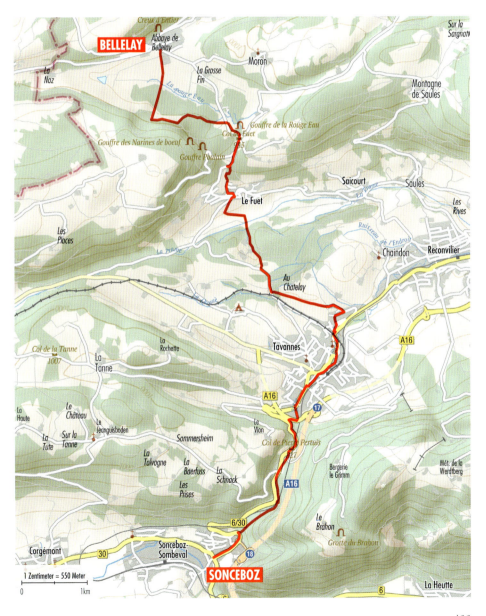

Pilgern auf dem Jakobsweg Schweiz

Das heutige Industriedorf (Uhren, Mikromechanik und Bodenbeläge) war von der Römerzeit bis zum Beginn des Eisenbahnzeitalters vor allem eine Pferdewechselstation. Im Jahre 866 wird eine der heiligen Agatha geweihte Kirche genannt (genaue Lage

Pierre de Pertuis

unbekannt). Im 15. Jahrhundert wurde das Dorf durch die Pest und später von einem Erdbeben heimgesucht. Heute profitiert Sonceboz von der guten Bahn- und Strassenverbindung zum nahen Biel.

Sonceboz–Biel

Wegdistanz
18 km

Wanderzeit
4 Std. 40 Min.

Höhenmeter
–553 m / +338 m

Hinweis
Es besteht ein Alternativweg, wenn der Taubenlochschluchtweg geschlossen ist.

In Sonceboz überqueren wir zuerst das Flüsschen Suze / Schüss, das uns nun bis Biel begleiten wird. Ihr Rauschen wird leider zumeist übertönt durch die ebenfalls durch das Tal ziehende Autobahn, die «Transjurane». Vom Lärm etwas abgelenkt werden wir aber im Wald Forêt de l'Envers südlich des Dorfes La Heutte (deutsch «zur Glas-Hütte») durch einen Dinosaurierpfad. Informationstafeln berichten von der 1992 im Fels gemachten Entdeckung von Fussspuren dieser urzeitlichen Tiere. Péry ist wiederum ein wichtiges Dorf für Jakobusfreunde: 885 wird hier eine Jakobskirche urkundlich erwähnt. Dies ist der früheste zuverlässige Hinweis auf eine Jakobsverehrung in Zentraleuropa. Die jetzige Kirche stammt aus dem Jahr 1706 unter Einbezug älterer, gotischer Bauteile. Hier beginnt die Klus von Rondchâtel. Auf dem Hügel in einer Schüssschlaufe befinden sich Reste einer alten Burg.

Wo heute die Vigier Holding den Jurakalk abbaut, befand sich einst ein fürstbischöfliches Eisenwerk. Kurz vor Frinvilier und vor dem Tunnel der alten Strasse findet sich ein weggeschichtliches Denkmal: das Martinsklafter (frz. Toise de Saint-Martin). Hier zu sehen sind eine Geleisestrasse der römischen Pierre Pertuis-Strasse und eine Nische in der Wand, die vielleicht zur Römerzeit eine Gottheit barg. Die etwa klafterlange, horizontale Kehle ist

Drei-Seen-Weg

nicht eine Massangabe, sondern eine Aussparung für ein einst vorhanden gewesenes Klebdächlein über der Nische.

Zum Abschluss unserer Traversierung des Jura noch ein letzter wilder Höhepunkt: die Taubenlochschlucht. Sie ist nur im Sommerhalbjahr begehbar und kann wegen Steinschlags auch dann spontan geschlossen sein. Info vor Ort oder über www.biel-seeland.ch. Der Name der Schlucht ist wohl keltischen Ursprungs und bedeutet «dunkles Wasser» oder «dunkle Wassergöttin». Am Ausgang

Péry

der wildromantischen Schlucht steht man unvermittelt in Bözingen, einem alten Industriequartier der Stadt Biel. Das ehemals selbstständige Dorf mit seinen Mühlen und einer grossen Drahtschmiede gehörte früher zur Abtei Bellelay. Wenn der Weg durch die Schlucht geschlossen ist, empfiehlt sich als gute Alternative der Wanderweg von Frinvillier über Lyssersbrunnen und durch den Malewagwald nach Biel-Ried.

Leider gibt es zurzeit noch keinen schönen Fussweg der Schüss entlang zum See. Wir empfehlen darum eine Route durch den Hang und somit eine Umgehung der Aussenquartiere. Beim Endpunkt der ViaJura in Bözingen (frz. Boujean) wandern wir über Biel-Ried und anschliessend durch die nördlichen Wohnquartiere, bis wir zur Altstadt absteigen. Unterwegs passieren wir das Atelier Robert, ein ehemaliges Atelier und Wohnsitz der Künstlerfamilie Robert, heute im Besitz der Stadt Biel und von Kunst-Stipendiaten bewohnt.

Das Bill-Haus, eine Beschäftigungsgruppe im geschützten Rahmen, bietet Trinken und Essen für Pilger nach Voranmeldung (www.billhaus.ch).
Die pulsierende und multikulturelle Uhrenmetropole Biel überrascht mit einer idyllischen Altstadt, mittendrin die reformierte Stadtkirche Sankt Benedikt, drei prächtige Brunnen und das ehemalige Stadthaus respektive Kornhaus mit Mühle der Abtei Bellelay (Untergasse 21 und 23).

Biel hat seinen Namen wohl von einem keltischen Quellheiligtum. Ein Indiz sind im 19. Jahrhundert entdeckte, gallorömische Opfermünzen zu Ehren des Gottes Belenos. Auf dem Areal des heutigen Schulhauses Dufour-Ost lag von 1456–1528 eine Johanniterkomturei. In der Seevorstadt befindet sich die Bieler Museumsmeile mit dem Museum Neuhaus (Kunst und Kulturgeschichte), Museum Schwab (Archäologie) und CentrePasquArt (zeitgenössisches Kunstschaffen). Ebenda zudem die interessante Eglise du Pasquart. Selbstverständlich bietet Biel Unterkünfte und Verpflegung in allen Preiskategorien.

Pilgern auf dem Jakobsweg Schweiz

Biel–La Neuveville

Wegdistanz
16 km

Wanderzeit
4 Std. 20 Min.

Höhenmeter
–243 m / +233 m

Hinweis
Alternativrouten in Biel: Entweder Hang- oder Museumsweg-Abstecher auf die Petersinsel.

Schifffahrtspläne: www.bsg.ch

Aus der Altstadt führen Alpenstrasse und Höhenweg mit gelb markiertem Wanderwegweiser zum Aussichtspunkt Pavillon (schöner Blick auf Stadt und See). Von hier geht der Wanderweg zunächst durch den Wald und später als Rebenweg auf halber Höhe zwischen Wald und See Richtung Tüscherz und Twann. In dieser Region typisch sind die vielen kleinen Weinbaubetriebe in Familienbesitz. Aus den Archivalien wissen wir aber auch, dass viele Klöster den Bielerseewein schätzten und darum einst Rebgüter besassen. Wir nennen nur St. Urban, Fraubrunnen, Thorberg, Frienisberg, Trub, Münchenbuchsee, Engelberg und Einsiedeln.

Der Rebenweg bzw. der alte Pilgerweg entlang des linken Bielerseeufers darf als eine der reizvollsten Wegstrecken der Schweiz bezeichnet werden. Die Rebberge von Tüscherz / Daucher bis Schafis / Chavannes sowie die Petersinsel wurden 1977 als Landschaft von nationaler Bedeutung inventarisiert. Der Pilgerweg wurde erstmals in einem Kaufbrief vom 1389 erwähnt. Der Name «Pilgerweg» könnte darauf deuten, dass es sich um einen Weg aus dem Elsass und Rheinland nach Santiago de Compostela handelt.

Die reizvollen Weiler und Dörfer am See verlocken zu Unterbrechungen der Wanderung. Dazu kommen auch die zahlreichen Gasthäuser, wo schmackhafter Fisch und feine Bielerseeweine auf

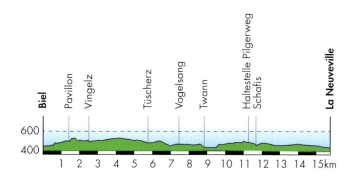

Drei-Seen-Weg

Pilgerweg nach Twann

den Tisch gebracht werden. Hier nur ein paar Stichworte, die zu Besuchen und Abstechern verlocken können: Schützenhaus und Glockenturm, Acheren Tüscherz / Daucher (Glocke von 1703 hing bis 1875 im damals abgebrochenen Bieler Obertor). Rebhaus Wingreis. Restaurant Engelberg, ehemaliges Rebgut des Klosters Engelberg NW. Kirche und Dorf Twann / Douane. Bei Ausgrabungen bei der Kirche mittelalterlicher Fund einer Jakobspilgermuschel. Zahlreiche Weingüter. Der bei der Kirche gelegene Johanniterkeller ist bereits im 13. Jahrhundert als Besitztum des Johanniterordens belegt; 1528 säkularisiert. Fraubrunnenhaus mit Pfahlbautenmuseum. Chlytwann: Restaurant Ilge, ehemaliger Wohnort des Kunstmalers Oscar Binz. Kirche Ligerz / Gléresse, ehemalige spätgotische Wallfahrtskirche (1526) am Ort eines früheren markanten Wegkreuzes (Gabelung Rossweg / Charrière). Im 14. Jahrhundert eine Kapelle dem hl. Kreuz geweiht, zur Filialkirche (1434) und nach Bau des heutigen Gotteshauses zur selbstständigen Pfarrkirche (1482) erhoben. Im Turmsockel findet sich der Chorraum der vormaligen Kapelle, der seit 2009 als offene Turmkapelle zugänglich ist. Dorf Ligerz / Gléresse: Weinbaumuseum. Schafis / Chavannes: ehemaliges Haus des Klosters Bellelay (Schafisweg 36). La Neuveville / Neuenstadt: historisches Städtchen, Blanche Eglise (Schlüssel im Verkehrsbüro), Maison de

Berne (ehemaliges Gut des Klosters Bellelay mit Wappen über den Eingang), Maison de Gléresse, Eglise Notre-Dame de l'Assomption (1954) mit Glasfenster von Isabelle Tabin-Darbellay (1998). Abstecher/Abkürzung im Sommer per Schiff über die St. Petersinsel/Île Saint-Pierre nach Erlach/Cerlier: Viele Pilger benutzten früher Schiffe, um den Weg abzukürzen oder sich eine Pause zu gönnen. Davon zeugt das ehemalige Cluniazenserpriorat auf der St. Petersinsel. Ursprünglich war dort eine frühmittelalterliche Grablege für Adelige und möglicherweise vorher ein gallorömisches Heiligtum. Durch die 1891 abgeschlossene erste Juragewässerkorrektion, mit der Umleitung der Aare in den Bielersee, der Drainage des Grossen Mooses sowie der Absenkung des Seespiegels der Juraseen wurde aus der Insel eine Halbinsel. Heute ist sie ein autofreies Naturschutzgebiet, das ehemalige Priorat ist im Sommer ein äusserst idyllisches Hotel der gehobenen Preisklasse. Man kann dort auch das Zimmer des Philosophen Jean-Jacques Rousseau besuchen, dem die Insel Zuflucht geboten hatte.

Weiter nach Ligerz

Pilgern auf dem Jakobsweg Schweiz

La Neuveville–Ins

Wegdistanz
13 km

Wanderzeit
3 Std. 20 Min.

Höhenmeter
–117 m / +161 m

Hinweis
Wir verweisen auf die Publikation «Wege – Chemins, ein kleiner Begleiter auf dem Weg von Biel nach Payerne», welche in unserem Online-Shop (Publikationen) bestellt werden kann.

Wir verlassen die historische Altstadt von La Neuveville / Neuenstadt bergseitig. So kommen wir bald an der hübschen katholischen Kirche vorbei. Am Fusse des Schlossberges führt der Weg zu den Kaskaden. Bei diesem Wasserlauf überschreiten wir die Kantonsgrenze und verlassen auch endgültig das Gebiet des ehemaligen Fürstbistums Basel, das wir schon wenige Kilometer nach unserem Start in Basel erstmals betreten haben. Nun sind wir zwar im protestantischen Kanton Neuenburg. Da aber das schon bald ins Blickfeld kommende Städtchen Le Landeron der Ambassadorenstadt Solothurn jahrhundertelang Söldner und Wein lieferte, blieb es – wohl aus geschäftlichen Gründen – beim alten Glauben. Die Altstadt ist äusserst idyllisch, jedoch leicht verschlafen. Sehenswert sind die Kapelle der zehntausend Märtyrer und das Museum im Hôtel de Ville.

Auf der anderen Seite des Zielkanals möchte man gerne das ehemalige Benediktinerkloster St. Johannsen besichtigen. Aber der ganze Gebäudekomplex gehört heute zu einer Strafvollzugsanstalt mit Landwirtschaft und ist nur beschränkt zugänglich. Ausnahmen sind der «Hannsenladen» (Verkaufspunkt für Produkte aus eigener Landwirtschaft und den Ateliers), Museum (Besuch nur nach Voranmeldung) und gelegentliche Konzerte.

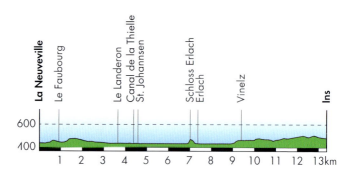

Drei-Seen-Weg

Altstadt von
Le Landeron

Das Kloster ist eine Gründung von Kuno von Fénis, Bischof von Lausanne (1093) und wurde zunächst von Mönchen aus St. Blasien im Schwarzwald bevölkert. Von jetzt an führt der Weg Richtung Osten dem See entlang ins idyllische Städtchen Erlach / Cerlier. Wer mag, kann noch zum Schloss hochsteigen. In der heute protestantischen Kirche hat ein Fresko mit einer lächelnden Heiligen Verena die Jahrhunderte überdauert.

Jetzt geht es wieder südwärts, hoch nach Vinelz / Fénis, wo sich ein Besuch der Dorfkirche empfiehlt. Wir entdecken neben einem Fresko mit Christophorus, dem Schutzpatron der Wanderer, als weiteres Wandgemälde «In Abrahams Schoss» (um 1300). Das gleiche Motiv gibt es im Bogenscheitel des Hauptportals des Basler Münsters (um 1280). Bei einem Vergleich der beiden Darstellungen fällt auf, dass der heilige Martin in Vinelz das Schwert erhoben hat, in Basel dagegen gesenkt hält. Kann diese Geste symbolisch zum Beispiel im Zusammenhang mit dem Investiturstreit gelesen werden?

Bald nach dem Verlassen des Dorfes führt unser Weg am bewaldeten Schaltenrain vorbei. Dort finden sich die Überreste der Hasenburg, Sitz des Geschlechts von Fénis.

Aus dieser Adelsfamilie stammen die beiden Bischöfe Burkhart und Kuno, denen wir auf unserem Weg nun mehrmals begegnet sind. Nun steigt der Weg leicht über die Anhöhe von St. Jodel nach Ins. Nur von einem einzigen Punkt auf St. Jodel aus hat man alle drei Seen des Dreiseenlandes im Blick. St. Jodel erinnert wohl an eine einstige Kapelle, wo der populäre Pestheilige Jodocus / Jost angerufen wurde.

Erlach

Ins–Murten

Wegdistanz
13 km

Wanderzeit
3 Std. 10 Min.

Höhenmeter
–50 m / +15 m

Ins / Anet bezaubert durch seine stattlichen Bauernhäuser und eine hübsche mittelalterliche Kirche aus grünem Sandstein. Hier lebte und malte Albert Anker (1831-1910) Szenen aus dem Volksleben, die heute noch berühren. Sein Haus kann man besichtigen.

Nun führt unser Weg quer durch das Grosse Moos, dem Gemüsegarten der Schweiz. Heute ist die Ebene auch ein Paradies für Velowanderer. Die Rotary-Brücke für Velo und Wanderer wurde zur Expo.02, der 6. Schweizer Landesausstellung, gebaut.

Rasch und mühelos erreicht man mehr oder weniger dem Seeufer entlang das hübsche Fischerdorf Muntelier / Montilier und gleich daneben das Städtchen Murten. Nach Überquerung der Brücke sind wir im Kanton Freiburg. Wir biegen scharf links ab und folgen dem Broyekanal bis nach Sugiez mit bemerkenswerten alten Acker- und Weinbauhäusern. Am nachfolgenden Weg durch Ufergehölz stehen Tafeln mit Wildschweinsymbolen. Sie regen zum Nachdenken und Beobachten an.

Das mittelalterliches Städtchen Murten mit intakter Ringmauer wirkt äusserst lebendig und geschäftig. Die Laubengänge aus grünlichem Sandstein erinnern an Bern. Beide Städte gehören zu den Gründungen des süddeutschen Geschlechtes der Zähringer.

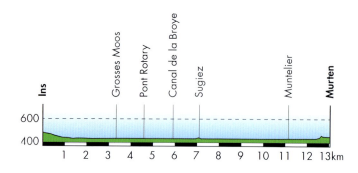

Drei-Seen-Weg

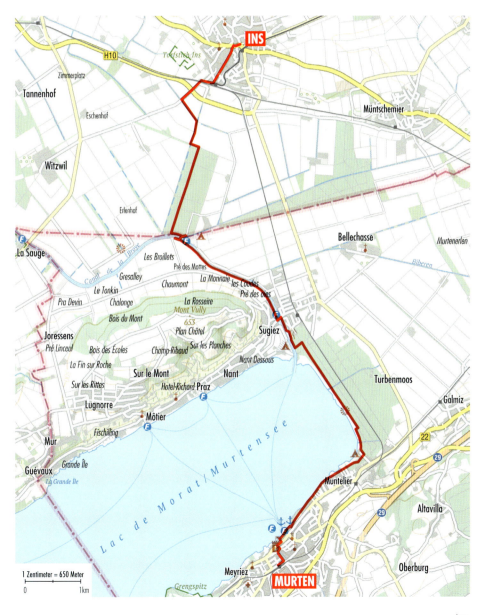

471

Pilgern auf dem Jakobsweg Schweiz

Murten hat eine schmucke mittelalterliche deutsche Kirche, die ehemalige Marienkirche (nun protestantisch) und ein französisches katholisches Gotteshaus, die spätgotische Katharinenkapelle. Für Pilger mit Ziel Pilgerherberge Münchenwiler siehe Angaben am Schluss der Beschreibung des nachfolgenden Wegabschnitts!

Auch Tabak wird hier angebaut

Gemüsegarten der Schweiz

Hauptgasse Murten

Drei-Seen-Weg

Murten–Avenches

Wegdistanz
12 km

Wanderzeit
3 Std. 20 Min.

Höhenmeter
–87 m / +112 m

Hinweis
Alternativroute via Schloss Münchenwiler.

Am westlichen Ortsausgang von Murten beginnt Meyriez / Merlach, ein ehemaliges Bauerndörfchen mit einer Kirche aus dem 11. Jahrhundert; das Gotteshaus war bis zur Reformation im Besitz des Prämonstratenserklosters Fontaine-André bei Neuenburg. In Massengräbern bestatteten die Mönche die 12 000 gefallenen Burgunder der Schlacht von Murten und sie errichteten gleichenorts eine Kapelle mit Beinhaus.

Es geschah an einem heissen Julitag im Jahre 1476, als das Heer des Burgunderherzogs Karl der Kühne, das Murten belagerte, überraschend von eidgenössischen Truppen angegriffen wurde. Diese waren angerückt, um den in der Stadt eingekesselten Bernern zur Hilfe zu eilen. Die Eidgenossen schlugen die Burgunder und metzelten auch jene nieder, die in den See geflohen waren. Noch heute merken sich die Schulkinder die Niederlagen Karls des Kühnen mit dem Merksätzchen: «In Grandson verlor er das Gut, in Murten den Mut, und in Nancy das Blut». Nach den Burgunderkriegen galten die Eidgenossen weiterum in Europa als erfolgreiche Krieger und begehrte Söldner. Die Kapelle überdauerte die Reformation als patriotisches Monument. Leider wurde sie aber 1798 von den napoleonischen Truppen, die in die Schweiz einmarschiert waren, abgebrochen. Am selben Ort wurde 1822 ein

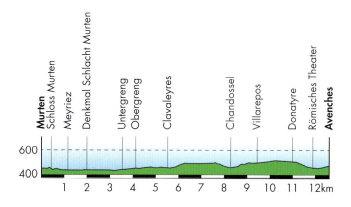

Drei-Seen-Weg

Bei Gurwolf

Obelisk errichtet. Weiter gelangen wir – immer auf gelb markierten Wanderwegen und durch Felder und Wälder – über Greng zunächst nach Clavaleyres / Gurwolf, einer kleinen bernischen, deutschsprachigen Exklave, die einst zur Herrschaft des Klosters von Münchenwiler gehörte (siehe unten). Weiter nach Chandossel, einem Ort, der bis 1983 selbstständig war und seither zu Villarepos gehört. Die Sebastiankapelle wurde 1611 nach der Pest errichtet. Nach kurzem Anstieg erreichen wir mit Villarepos die letzte freiburgische Gemeinde.

Das früher auch unter dem deutschen Namen Ruppertswil bekannte Dorf hat eine moderne, 1971 geweihte Dorfkirche, welche die 1571 Kirche Saint-Etienne ersetzte (1984 Abbruch trotz Widerstand der Bevölkerung). Kurz nach den letzten Häusern überschreiten wir die Grenze zum Kanton Waadt / Vaud und erreichen bald Donatyre. Der Ortsname geht auf die heilige Thekla zurück, die Patronin eines im 7. Jahrhundert gegründeten Kirchleins, ihre Nachfolgerin ist die noch heute stehende, romanische Stephanskirche mit halbrunder Apsis, die im 11. Jahrhundert vollständig aus Spolien, das heisst aus Steinen der römischen Stadtmauer von Aventicum / Avenches, erbaut wurde. Die Dorfstrasse verläuft übrigens an Stelle der Ringmauer der römischen Stadt.

Avenches. Das kleine waadtländische Städtchen wurde wie Bern und Murten mit Laubenhäusern erbaut. Viel bedeutender als das heutige Avenches war jedoch das römische Aventicum, die Hauptstadt der römisch beherrschten Helvetier. Die damalige ausgedehnte Stadt liegt heute grösstenteils unter Äckern und Weiden. Sichtbar sind einzelne weit verstreute Befestigungstürme, Tempel- und

Badeanlagen sowie ein Amphitheater, in dem jeden Sommer Opern aufgeführt werden. Sehenswert ist das Römermuseum in einem mittelalterlichen Turm direkt beim Amphitheater.

Vor allem für Pilger, welche die neubelebte Pilgerherberge in der bernischen Exklave Münchenwiler/Villars-les-Moines aufsuchen möchten, empfiehlt sich folgende alternative Route ab Murten: Auf markiertem Weg Bahnhof Murten/Morat dem Mühlebach-Prehlbach entlang bis zum Schloss Münchenwiler. Dem Schild «Rütirain Plan» folgen, Autostrasse überqueren und die Treppe hinauf. Die offene Pilgerherberge findet sich im modernen Anbau des Schlosses, das nach der Reformation an der Stelle des ehemaligen Cluniazenserpriorats des 12. Jahrhundert als Herrschaftshaus gebaut wurde. Die Schlosskapelle mit Apsis datiert aus dem 19. Jahrhundert.

Von Münchenwiler aus geht es weiter auf einem schwach befahrenen (unmarkierten) Strässchen (Gurwolfweg) zunächst parallel der Eisenbahnlinie, diese dann überquerend, in Richtung Südwesten. Am Südrand von Courgevaux/Gurwolf die Kantonsstrasse überqueren und am Waldrand bis zum Punkt Clavaleyres, wo wir wieder auf den gelb markierten Weg treffen, dem wir nun in Richtung Chandossel–Villarepos folgen.

Meyriez
das Kircheninnere

Schloss Münchenwiler

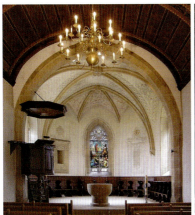

Avenches–Payerne

Wegdistanz
13 km

Wanderzeit
3 Std. 20 Min.

Höhenmeter
–182 m / +168 m

Auf gelb ausgeschilderten Wanderwegen geht es weiter nach Russy, wo in der katholischen Kapelle ein Reliquienschrein des Heiligen Modeste steht. Später: Pressoir / Distillerie du Belmont mit Laden (frisches Gemüse, Brot). Kurz vor den ersten Häusern von Corcelles-près-Payerne entdecken wir linkerhand in der Ferne den Weiler Tours mit der Kirche Notre-Dame. Der ursprünglich romanische Bau wurde auf den Ruinen einer Kirche des 5. Jahrhunderts gebaut. Der jetziger Bau entstand 1781 nach einem Brand. Im Chor befindet sich ein Bild des Apostels Jakob mit Pilgerstab. Fenster von Jan Elvire 1975. Im 15. Jahrhundert und bis heute stark frequentierter Pilgerort. Gebetswünsche können für die Vesper von 19.45 Uhr deponiert werden.

Die freiburgische Exklave Tours liegt bereits an der ViaJacobi 4, auf die unser Anschlussweg nun auf der Höhe der Umfahrungsstrasse trifft. Auf dem mit der grünen Zusatzmarkierung (mit Ziffer 4) gekennzeichneten, alten Pilgerweg wandern wir nun durch Corcelles.

Reformierte Kirche Saint-Nicolas, im Kern 11. Jahrhundert, einschiffig mit Rundapsis. Die Waadtländer Gemeinde mit einigen bemerkenswerten Bauernhäusern und Speichern ist heute mit dem benachbarten Payerne zusammengewachsen.

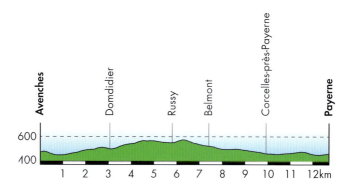

Drei-Seen-Weg

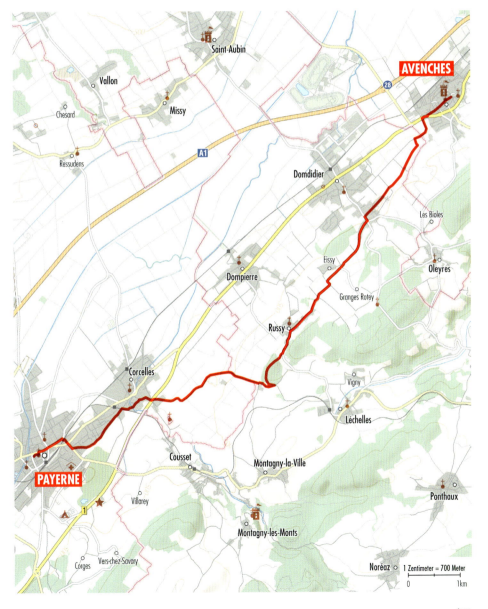

Pilgern auf dem Jakobsweg Schweiz

Kirche St. Nicolas
Corcelles

Payerne ist das regionale Wirtschaftszentrum der Broyeebene und Mittelpunkt einer landwirtschaftlich geprägten Gegend. Der wohl bereits in spätrömischer Zeit benutzte Siedlungsplatz beginnt im 10. Jahrhundert sehr deutlich an Bedeutung zu gewinnen: Die Reformabtei Cluny gliedert 962 die Abtei Payerne (zu deutsch Peterlingen) als eines der ersten Töchterklöster in ihren Verband ein. Die Blütezeit dauert bis zum Einmarsch der Berner in die Waadt (1536): Die Reformation wird eingeführt und die Mönche müssen Payerne verlassen. Im noch heute eindrücklichen Kirchenraum verdienen die reichen Kapitele besondere Beachtung. Neben der Kirche Museum und die reformierte Stadtkirche mit dem Grabmal der burgundischen Königin Berta von Alemannien (ca. 907–966).

In der hübschen Altstadt mit fast quadratischem Grundriss haben sich zahlreiche schöne Bürger- und Patrizierhäuser und Teile der Stadtbefestigung erhalten. Hier endet nach rund 200 Kilometern der von Basel durch den Jura ins Dreiseenland führende Anschlussweg.

Collégiale Payerne

Disentis–St-Maurice

Der Rhein-Reuss-Rhone-Weg in Kürze

Der Rhein-Reuss-Rhone-Weg verbindet Disentis mit St-Maurice. Beide Klöster sind aus Märtyrerlegenden mit Enthauptungen entstanden und beide Klöster haben eine über tausendjährige Geschichte. In der langen Talfurche von Chur durch das romanischsprachige Vorderrheintal, das deutschsprachige Urserental und das Rhonetal liegt eine Perlenschnur, in die alle paar Kilometer von Disentis bis Brig urchige Dörfer als Charakterperlen geknöpft sind. Dazwischen liegen Nadelwälder und saftige Mähwiesen, die akribisch gepflegt werden. Von Brig abwärts liegen die alten Dörfer auf Schuttkegeln und am Sonnenhang, denn erst vor 150 Jahren konnte die zerstörerische Rhone gezähmt und die Talebene bebaut werden. Erst ab dem Pfynwald spricht man französisch. Rhein, Reuss und Rhone sind unsere ständigen Begleiter, genau wie die Matterhorn-Gotthard-Bahn auf der ersten und die SBB auf der zweiten Hälfte unserer zweiwöchigen Tour.

Wir werden neben den Spuren von Pilgerheiligen auf jeder Etappe sakrale Schönheiten und Kuriositäten kennenlernen, als Zeugnisse wie der Gottesglaube den Alltag in den Bergen dominierte. Während die Calvinisten und Reformierten im Unterland mit ihrer Arbeit gottgefällig sein wollten, schafften dies die Katholiken mit Beten und Spenden für neue Kirchen und Kapellen. Wir treffen zwar auf wirtschaftsschwache Täler, können aber umso mehr die reiche Sakrallandschaft bewundern, die tagsüber sogar meistens offen ist. Geniessen wir die Kapellen als kleine Museen! Während der ersten Tage begegnen wir üppigstem Alpenbarock. Mit zunehmender Distanz und abnehmender Meereshöhe löst ihn die strenge Spätgotik ab, teilweise unterbrochen durch die steindurchsetzte Romanik. Und als Abschlussbouquet Kirchen, Ausgrabungsstätten und ein neu gestaltetes Museum des Klosterschatzes von St-Maurice, der sogar im Louvre in Paris zum Publikumsmagnet wurde.

Alleinstehende Kapelle im Lawinenkegel im Ritzingerfeld

Pilgern auf dem Jakobsweg Schweiz

Übersichtskarte

Disentis–St-Maurice

Rhein-Reuss-Rhone-Weg

Wegdistanz
240,9 km

Mittlere Wanderzeit
64 Std.

Höhenmeter
−6500 m / +5800 m

Rhein-Reuss-Rhone-Weg

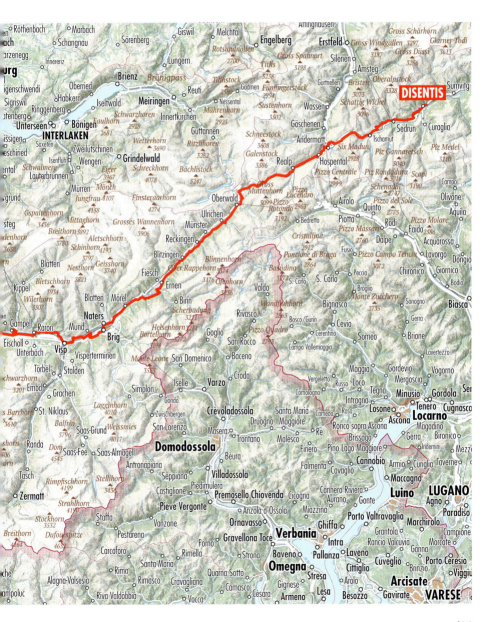

Pilgern auf dem Jakobsweg Schweiz

Disentis–Oberalppass

Wegdistanz
21,3 km

Wanderzeit
6 Std.

Höhenmeter
−200 m / +1100 m

Hinweis
Der Oberalppass ist im Winter für Wanderer geschlossen! Er ist jedoch mit der Matterhorn-Gotthard-Bahn (MGB) zu erreichen. Wir laufen parallel zur Eisenbahn. Alle drei Kilometer können wir an einem Bahnhof zu- oder aussteigen.

Das Kloster Disentis war Ende 17. Jahrhundert das Erstlingswerk von Caspar Moosbrugger, der später das Kloster Einsiedeln baute. Ein perfekt inszenierter opulenter Barockbau mit zahlreichen Altären, grosser Orgel und in Stuck gefasste jugendstilartige Deckenmalereien preist den Gläubigen den Himmel auf Erden an. Durch gepflegte Mähwiesen und kleine schmucke Weiler mit Kapellen, wo dem Pilgerheiligen Jakobus immer wieder in Details gedacht wurde, geht es auf dem Jakobsweg Nr. 43 in die teils bewaldete Talenge nach Sedrun. Hier schwenkt der Bündner Jakobsweg nach Norden an den Vierwaldstättersee ab. Das Dorf zieht sich auf dem Schuttkegel über zwei Bäche hinweg. An den Altären der Vigiliuskirche war der Gommer Starschnitzer Johann Ritz am Werk, wie schon in der Klosterkirche in Disentis. Wir wechseln kurzzeitig die Rheinseite und gelangen mitten über den Golfplatz nach Tschamut. Erhöht am Sonnenhang erreichen wir, der Bahnlinie entlang, den Oberalppass. Der Leuchtturm – an die nahe Quelle des Rheins und seinen 1233 Kilometer langen Fluss nach Rotterdam erinnernd – begrüsst uns zur wohlverdienten Nachtruhe auf dem Pass.

Klosterkirche
St. Martin in Disentis

486

Rhein-Reuss-Rhone-Weg

Oberalppass–Realp

Wegdistanz
20,9 km

Wanderzeit
5 Std. 30 Min.

Höhenmeter
–870 m / +370 m

Hinweis
Der Oberalppass ist im Winter für Wanderer geschlossen! Wir laufen parallel zur Eisenbahn. Alle vier Kilometer können wir an einem Bahnhof zu- oder aussteigen.

Entlang des Oberalpsees kommen wir nach Nätschen. Durch den nordseitigen Schutzwald von Andermatt bauen wir im Zickzack 500 Meter Höhe ab. Die Kolumbanskirche am Taleingang zur Schöllenenschlucht ist die älteste Kirche des Urserentales und war Pfarrkirche. Nach dem massiven Holzschlag für die berühmte Brücke über die Schöllenen wurde es in Altkirch zu ungemütlich. Grossvater Johann Schmid baute 1602 nördlich eine neue Kirche im heutigen Dorf, Bartholomäus Schmid barockisierte sie hundert Jahre später. Hier treffen wir auf die Kopfreliquiare der Zürcher Heiligen Felix und Regula. Sie waren Gefährten von Mauritius aus der Thebäischen Legion und ägyptische (koptische) Christen zur Zeit der römischen Kaiser. Heute prägt ein anderer koptischer Christ aus Ägypten das Dorf: Samih Sawiris macht die Region fit für zahlungskräftige Touristen. Bartholomäus Schmid prägte das Urserental mit seinem Hochbarock nicht nur sakral. Wir treffen in Hospental und Zumdorf auf weitere seiner Werke. In Hospental kreuzen wir bei der Karlskapelle den Tessiner Anschlussweg an den Schweizer Jakobsweg. Der Reuss entlang erreichen wir – der Nachmittagssonne entgegen – Realp.

Die Karlskapelle in Hospental weist dem Wanderer alle vier Himmelsrichtungen an.

Rhein-Reuss-Rhone-Weg

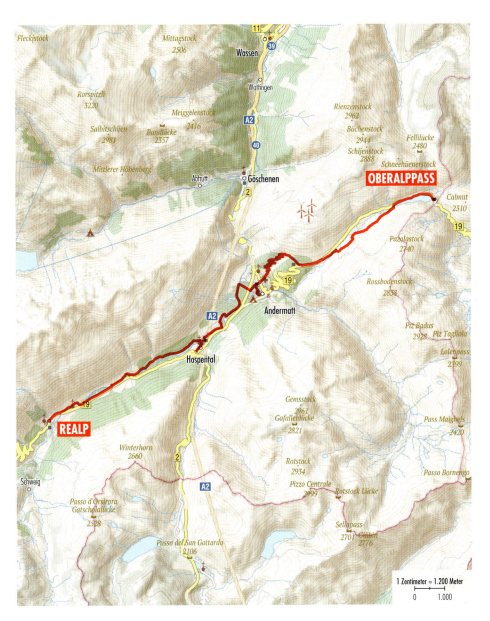

Realp–Gletsch

Wegdistanz
15,2 km

Wanderzeit
5 Std. 30 Min.

Höhenmeter
−830 m / +1030 m

Hinweis
Der Furkapass (2430 m) ist im Winter für Wanderer geschlossen! Im Sommer fährt die Furka Dampfbahn. Keine Übernachtungsmöglichkeit auf dem Furkapass.

Der topografische Höhepunkt unserer Pilgerfahrt ist der Furkapass auf 2430 Metern. Die Zeiten sind vorbei, als hier Sean Connery am Goldfinger des James Bond drehte oder Richard Long und Max Bill ihren künstlerischen Freiheiten freien Lauf gelassen haben. Nur die originalen Dampfloks, die von Vietnam wieder zurückgekauft wurden, dampfen dank hunderttausenden von Stunden von freiwilligen Dampfbahn-Fans wieder auf der alten Bergstrecke. Der 1982 eröffnete Furkatunnel ist das ganze Jahr offen. Beim Abstieg vom Furkapass ist auch der Rhonegletscher nicht mehr zu sehen. Mit dramatischem Tempo schmilzt er gegen den Dammastock hin zurück. Noch ist die eisblaue Gletschergrotte, die jedes Jahr neu angelegt wird, zu besuchen. Beim Abstieg vom Furkapass können wir das Gletschervorfeld beobachten und anhand der Moränen und Pflanzen bestimmen, wann der Rückzug wo wie weit war. Wir übernachten im Grand Hotel Glacier du Rhône, das vor 100 Jahren noch 320 Gästebetten anbot. Das war auch die Zeit, in der man den noblen englischen Gästen eine Kirche baute.

Anglikanische Kirche in Gletsch

Rhein-Reuss-Rhone-Weg

Gletsch–Münster

Wegdistanz
15,3 km

Wanderzeit
3 Std. 50 Min.

Höhenmeter
–500 m / +130 m

Hinweis
Ab Oberwald haben wir jede halbe Wegstunde die Möglichkeit, auf die Matterhorn-Gotthard-Bahn (MGB) umzusteigen.

Der Rotten (die Rhone) ist von Gletsch an unser ständiger Begleiter bis St-Maurice. Wir werden miterleben können, wie der Strom wächst. Der Wanderweg stiehlt sich auf den ersten anderthalb Wegstunden neben Strasse und Eisenbahn durch die Talenge nach Oberwald. Noch oberhalb des ersten Dorfes treffen wir auf die Nikolauskapelle, wo der Pilger- und Reiseheilige um einen unfallfreien Passübergang angefleht wurde. In Oberwald finden wir eine Heiligkreuzkirche – das Pendant zur Heiligkreuzkirche in Realp am anderen Ende des Furkapasses. Die nächsten 20 Kilometer im traumhaft schönen U-Tal weisen kaum Gefälle auf. Aus jedem der braungebrannten Holzhäuserdörfer ragt ein blendend weisser Kirchturm, im Hintergrund grüne Wiesen und dunkle Schutzwälder, darob der stahlblaue Himmel, hart an der Grenze zum Kitsch. Der Rottenweg geleitet uns nach Münster (Monasterium, ehemaliges Kloster). Wir dürfen die Rottenbrücke mit dem Weg hinauf zum Dorf nicht verpassen, denn in der gotischen Pfarrkirche der ehemaligen Grosspfarrei wartet einer der schönsten gotischen Altäre der Schweiz auf uns, ebenso das angrenzende Pfarreimuseum, die schmucke kleine Peterskirche und die bemerkenswert barock ausgestattete Antoniuskapelle auf dem Biel.

Gotischer Flügelaltar in der Marienkirche in Münster

Rhein-Reuss-Rhone-Weg

Pilgern auf dem Jakobsweg Schweiz

Münster–Ernen

Wegdistanz
18,3 km

Wanderzeit
4 Std. 30 Min.

Höhenmeter
–470 m / +260 m

Hinweis
Ab Münster bis Niederwald haben wir jede halbe Wegstunde die Möglichkeit, auf die Matterhorn-Gotthard-Bahn (MGB) umzusteigen. Ab Niederwald haben wir die letzten zwei Fussstunden keine Abkürzungs- oder Transportmöglichkeit.

Dem Rotten entlang wandern wir nach Reckingen, wo Mitte 18. Jahrhundert einheimische Altarschnitzer und -maler, Orgelbauer und Glockengiesser innert zwei Jahren mit der Marienkirche die Barockperle des Goms aufbauten – und vergassen dabei den ruhenden Pilgerapostel Jakobus nicht. Wir wechseln bei Gluringen die Rottenseite an den Sonnenhang, um zur alleinstehenden Kapelle im Ritzingerfeld zu wallfahrten. Zusammen mit dem fernen Weisshorn (4505 m) ist sie das Fotosujet der gesamten Tour. Nach Niederwald verlassen wir Rhone und Eisenbahnlinie, um in Mühlebach das Heidenhaus zu finden, in dem Fürstbischof und Kardinal Matthäus Schiner geboren wurde. Er führte die Eidgenossen in die Niederlage bei Marignano, war Mitunterzeichner der Bannbulle gegen Martin Luther, Papabile, Papst- und kaiserlicher Berater. Nach Marignano sassen seine ärgsten Feinde im Wallis und verhinderten seine Rückkehr. Über die drei Säulen des Erner Galgens finden wir zum «schönsten Dorf im Wallis mit grossartigem Dorfplatz und einem der vornehmsten ländlichen Ortsbilder der Schweiz» (Guide artistique de la Suisse aus dem Jahr 2012). Die Mutterkirche des unteren Goms in Ernen birgt einige Schätze, Jakobus schaut fragmentarisch von der Seitenwand.

Wakkerpreis-Dorf Ernen

Rhein-Reuss-Rhone-Weg

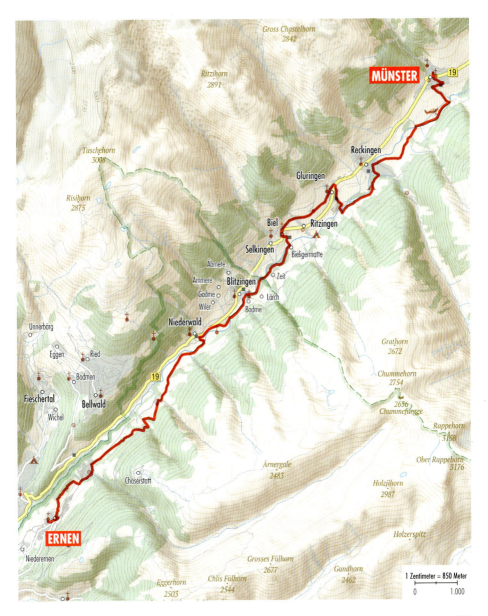

Ernen–Brig

Wegdistanz
22,2 km

Wanderzeit
5 Std. 40 Min.

Höhenmeter
−840 m / +340 m

Hinweis
Die ersten drei Wegstunden haben wir keine Abkürzungs- oder alternative Transportmöglichkeit. Ab Grengiols gelangen wir immer wieder innert nützlicher Frist zu einem Bahnhof der Matterhorn-Gotthard-Bahn (MGB).

Wir steigen im Erner Wald auf die Wasserleitung Trusera. Nach Überquerung der Binna machen wir eine Zusatzschlaufe zur Jakobskapelle am Albrunweg. Am Schattenhang wandern wir über Grengiols nach Mörel, vorbei am Kinderfriedhof zen Hohen Flühen von Bitsch und auf der Roten Meile zur Totenplatte in Naters. Hier wurden die Leichname vom Hinterland am Berg eingesargt, bevor sie vom Pfarrer zur Beerdigung abgeholt wurden. Hinter der Mauritiuskirche steht das über 500-jährige Beinhaus, wo uns tausende Totenschädel anstarren und mit dem Spruch drohen: «Was ihr seid, das waren wir. Was wir sind, das werdet ihr.» Der 1339 erwähnte Jakobsaltar in der Mauritiuskirche existiert nicht mehr. Umso lebendiger ist der Jakobsverein, der jeweils um den 25. Juli ein Jakobsfest auf der Belalp organisiert. Und weil Naters das Dorf mit den meisten päpstlichen Schweizer Gardisten ist, lädt ein Gardemuseum (www.zentrumgarde.ch) zum Besuch ein. Auf der gegenüberliegenden Seite des Rottens, in Brig, wurde schon 1304 ein (Pilger-) Hospiz des hl. Antonius mit Kapelle gestiftet, das bis nach dem Simplontunnelbau das Oberwalliser Spital war. In seinem Umkreis finden wir das Frauenkloster der Ursulinen und die Stockalpersche Mittelschule des Kollegiums Spiritus Sanktus mit je einer eindrücklichen Kirche.

Jakobskapelle am Albrunweg von Grengiols ins Binntal

Rhein-Reuss-Rhone-Weg

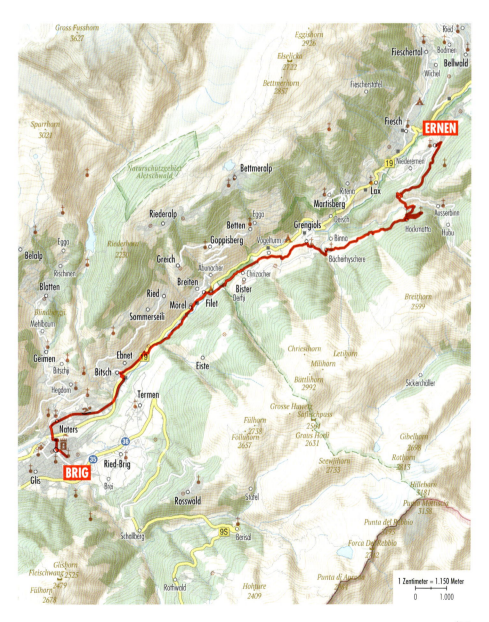

Brig–Gampel

Wegdistanz
26,6 km

Wanderzeit
6 Std. 40 Min.

Höhenmeter
–370 m / +340 m

Hinweis
Von Brig bis Raron bewegen wir uns parallel zu Postautohaltestellen. In Visp verabschieden wir uns von der Matterhorn-Gotthard-Bahn, die nach Zermatt abbiegt. Wir konzentrieren uns im weiteren Verlauf auf die SBB oder RegionAlps parallel zu unserer Strecke.

Glis (Eglise = Kirche) ist noch heute die beliebteste Wallfahrtskirche des Oberwallis. Obwohl im Mittelalter zur Pfarrei Naters gehörend, hatte sie Taufrecht, was ein frühchristliches Taufbecken unter der heutigen Wallfahrtskirche bezeugt. Architekt Ruffiner baute den Chor, eine Seitenkapelle für Kardinal Schiners Erzfeind Supersaxo und die sehenswerte «goldene Pforte» als Nordportal. Ruffiner stürzte hier vom Gerüst in den Tod. Wir verlassen Glis über die mittelalterliche Letzi (Verteidigungsmauer) von Gamsen und wandern auf dem neuen Rhonedamm nach Visp. Auf dem Vispadamm gelangen wir nach Baltschieder und knapp unter dem Bahnhof Ausserberg begeben wir uns auf den alten Kulturweg nach St. German und Raron. Besagter Architekt Ruffiner kam um 1500 aus dem benachbarten italienischen Prismell hinter dem Monte Rosa, nahm Wohnsitz am Felsfuss in Raron und baute die alte Burgruine in eine gotische Kirche mit Netzgewölbe um. Der Lyriker Rainer Maria Rilke fand an diesem Ort derart Gefallen, dass er sich dort 1927 an der Kirchenmauer beerdigen liess. Eine Generation später plante man eine Kirche unten in der Ebene von Raron und kam in der Planung nicht voran. Entnervt brüllte ein Kommissionsmitglied: «Dann bauen wir sie halt in den Tschuggu (Fels)!» …womit die Lösung auf dem Tisch war. Der Besuch der Felsenkirche in Raron ist ein eindrückliches Erlebnis. Auf dem Rhonedamm wandern wir weiter nach Gampel-Steg.

Wallfahrtskirche in Glis

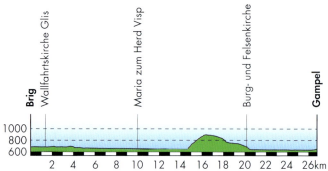

Rhein-Reuss-Rhone-Weg

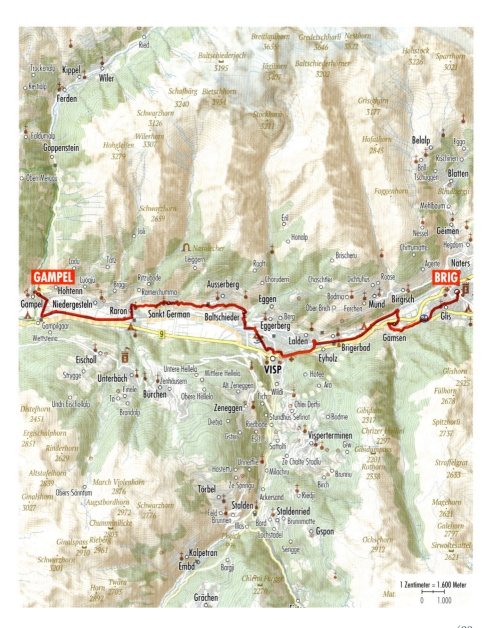

Gampel–Salgesch

Wegdistanz
19,6 km

Wanderzeit
5 Std.

Höhenmeter
–400 m / +340 m

Hinweis
Jeder der Orte, den wir passieren, ist durch die Eisenbahn oder den öffentlichen Bus verkehrsmässig erschlossen.

Die erste Stunde laufen wir der Rhone entlang. Auf der grossen Brücke von Obergetwing überqueren wir den Rotten und wandern weiter durch die ganze Rhoneebene nach Turtmann. Auf den Kastler oberhalb des Dorfes sind früher die Leute mit Augenleiden gewallfahrtet. Wieder zurück mitten im Tal treffen wir im alten Rhonelauf auf Eisvogel und Bienenfresser – wir sind im ornithologischen Hotspot des Wallis angekommen. Nach abermaligem Queren der Rhone bei der von weitem her sichtbaren Feschelschlucht, gehen wir auf dem alten Kirchweg der Gampjer nach Leuk. Als Erstes treffen wir auf die mächtige barocke Ringackerkapelle am Pestfriedhof. Die Noblen von Leuk waren schon zur reformierten Kirche übergetreten, doch der mächtige und reiche Michael Mageran wollte Landeshauptmann werden und rekonvertierte dazu zum alten Glauben – die Reformation im Wallis war nach hundert Jahren Unsicherheit und Diskussionen erloschen. Im Beinhaus im Untergeschoss der Stefanskirche macht sich der unbestechliche Tod in zwei Wandbildern über den ausschweifenden Klerus und den Adel lustig, beobachtet von über 20 000 stummen Schädeln. Über die alte Dalabrücke verlassen wir Leuk und durch schöne Weinberge laufen wir in der Rebarena von Salgesch ein, wo die Johanniter-Ritter vierhundert Jahre lang das Zentrums-Hospiz für Pilger und Kranke im Wallis betrieben haben.

Das Beinhaus von Leuk

Rhein-Reuss-Rhone-Weg

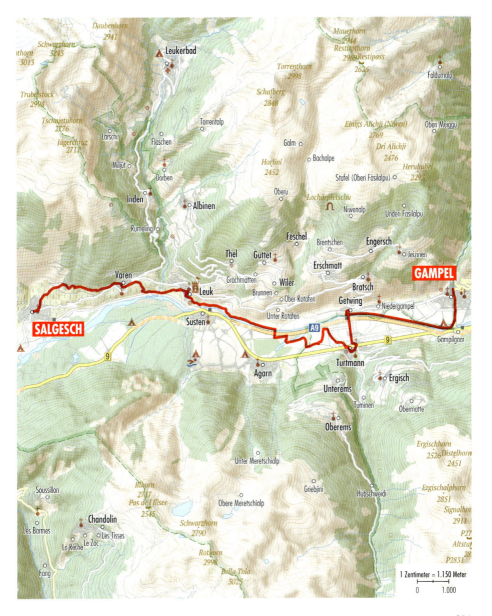

Salgesch–St-Léonard

Wegdistanz
16,7 km

Wanderzeit
4 Std. 20 Min.

Höhenmeter
–450 m / +380 m

Hinweis
Wir laufen etwas erhöht über der Rhoneebene am Sonnenhang. Jede halbe Stunde gelangen wir an eine Bushaltestelle, ausser auf der letzten Wegstunde, wo es keine Alternative zum Wandern gibt.

Das mittelalterliche Pilgerzentrum Salgesch ist der letzte deutschsprachige Ort an der Sprachgrenze. Der Rotten wird zu «Le Rhône». Ein riesiger Bergsturz von der Varneralp her hat vor 13 000 Jahren die Resten des damaligen Rhonegletschers überdeckt und der verbleibende Gletscher hat das Material zum heutigen Sierre transportiert. Die Rhone hat sich darin durchgefressen und so entstand das hügelige Sierre. Auf einem dieser Hügel steht heute noch das Kloster Gerunden, dessen erste Kirche im 5. Jahrhundert erbaut wurde. Mitten im stark zersiedelten Städtchen Sierre grüsst Christophorus an der Eingangsfassade der ehemaligen mittelalterlichen Pfarrkirche Notre-Dame des Marais. Im Westen von Sierre steigen wir in den Rebhang. Hinter dem Château Villa – dem Epizentrum von Raclette und Wein im Wallis – begegnen wir der Kapelle St. Ginier, wo schon im 7. Jahrhundert ein christliches Heiligtum gestanden haben soll. Wir geniessen den Weg durch den Rebhang nach St-Léonard, wo zuhinterst im unterirdischen See eine beleuchtete Muttergottes auf uns wartet. Haben Sie schon einmal auf einem Boot gewallfahrtet?

Unterirdischer See von St-Léonard

Rhein-Reuss-Rhone-Weg

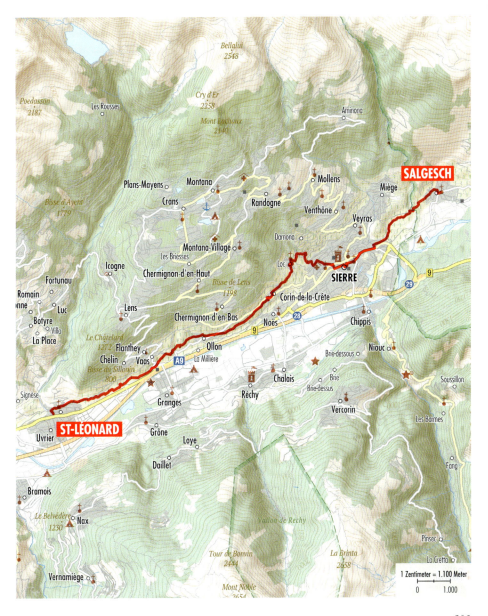

St-Léonard–Sion

Wegdistanz
11 km

Wanderzeit
3 Std.

Höhenmeter
–320 m / +320 m

Hinweis
Die kurze Etappe erlaubt einen längeren Aufenthalt in Sion, um das schmucke Bischofsstädtchen zu entdecken.

Wir queren das Rhonetal um in der Schlucht von Bramois zur Einsiedelei von Longeborgne zu gelangen. Die 178 Ex-Voto-Tafeln in den Zwillingskapellen des Antonius und der Maria im Fels unter der Einsiedelei zeugen von der anhaltenden Beliebtheit des Wallfahrtsortes. Auf dem Weg zur Hauptstadt Sion / Sitten queren wir wieder das Rhonetal. Die Bischofsstadt bietet sakrale Besonderheiten, die einen längeren Aufenthalt lohnen. Im linken Seitenaltar der düsteren Kathedrale Notre-Dame du Glarier finden wir Jakobus den Älteren und im Hochaltar den Pilgerheiligen Rochus eine Nebenfigur. In der Krypta, die 1985 freigelegt wurde, stand ein Jakobusaltar. Gleich nebenan steht die Theodulskirche der deutschsprachigen Pfarrei auf einer ehemaligen römischen Therme. Draussen an der Fassade tragen zwei kleine Teufel in Stein eine Glocke, die sie anlässlich einer Wette mit Bischof Thedoul, dem ersten Walliser Bischof, von Rom nach Sion tragen mussten. Die Kirche hat keinen richtigen Turm, weil dem Auftraggeber Kardinal und Fürstbischof Matthäus Schiner nach seiner Niederlage mit den Eidgenossen in Marignano das Geld für sein Mausoleum ausgegangen ist. In der Festungskirche Valeria auf dem Stadthügel treffen wir auf die älteste spielbare Orgel in einem «Schwalbennest». Und schliesslich begegnen wir auf einer römischen Steintafel im Eingangsbereich des Renaissance-Rathauses von Sion den ersten Zeichen christlichen Glaubens in der Schweiz.

Die Kathedrale Notre-Dame du Glarier ist die Bischofskirche der Diözese Sitten.

Rhein-Reuss-Rhone-Weg

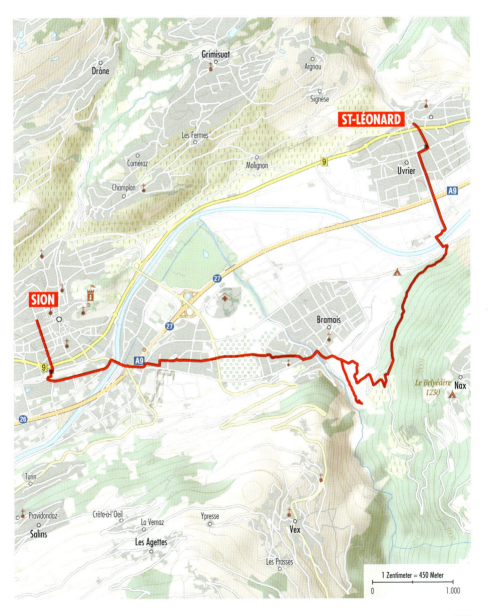

Sion–Saillon

Wegdistanz
21,4 km

Wanderzeit
5 Std. 50 Min.

Höhenmeter
−600 m / +610 m

Hinweis
Fast jede halbe Wegstunde sind wir in der Nähe einer öffentlichen Busstation.

Die frühere Pfarrkirche St-Laurent in Saillon

Beim Verlassen von Sion werfen wir einen Blick auf ein viereinhalbtausend Jahre altes Grabmal hinter dem Schulhaus an der Avenue du Petit-Chasseur. Auf dieser Etappe bewegen wir uns meistens auf dem Walliser Weinweg Chemin du Vignoble N° 36. Beim Überschreiten der Morge wird uns gewahr, dass das Gebiet unterhalb dieses Nebenflusses während dreihundert Jahren Untertanengebiet des Oberwallis war, analog zum Waadtland bei den Bernern. In St-Pierre-de-Clages (aus Claves = Schlüssel, wurde Clages; womit die Himmelsschlüssel des heiligen Petrus gemeint sind) finden wir eine archaisch anmutende, dreischiffige romanisch-karolingische Kirche mit achteckigem Turm. Am Eingang der Thermalbadedestination Saillon begegnen wir dem hl. Laurentius mit dem Feuerrost, auf dem er sein Martyrium fand. Eine heisse Sache… Uns interessiert jedoch das kleine schmucke Mittelalterdorf auf dem Hügel, in dem Pilger im Jakobshospiz Schutz vor Räubern und Naturgefahren fanden. Der Strassenzug, der den alten Dorfkern von Saillon nach Westen öffnet, nennt sich denn auch Rue St-Jacques. Und weiter oben am Berg steht der kleinste Rebberg der Welt, der dem Dalai Lama gehört. Der Verkauf des Weines – natürlich mit Spitzenwein aus der Region auf jährlich 1000 Flaschen «gestreckt», kommt Kinderhilfswerken zugute.

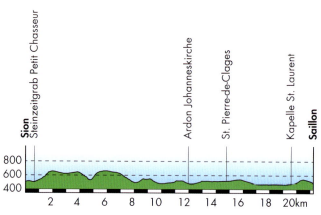

Rhein-Reuss-Rhone-Weg

Saillon–Martigny

Wegdistanz
16,1 km

Wanderzeit
4 Std. 10 Min.

Höhenmeter
–390 m / +340 m

Hinweis
Mindestens jede halbe Wegstunde sind wir in der Nähe einer öffentlichen Busstation.

Die zweitletzte Etappe von Disentis nach St-Maurice wandern wir auf dem Abschluss des Weinweges durch das Wallis. Hinter dem Rebdorf Branson beim artenreichen Naturschutzgebiet Follaterre überqueren wir im Rhoneknie die Rhone und kehren ein in Martigny. Der römische Kaiser Claudius (41–54) liess hier das Forum Claudii Vallensium in 16 Quadraten aufbauen, der Ort wurde aber weiterhin nach dem keltischen Namen Octodurum genannt. Ein römischer Gottestempel (Mitraeum) kann anlässlich einer archäologischen Führung in der Garagenetage eines Wohnblocks besucht werden, ein anderer römischer Tempel steht heute inmitten von Picasso, Matisse, Klee usw. in der Fondation Pierre Gianadda. Er wurde mit dem erfolgreichsten Walliser Museum umbaut. Die Römer brauchten diese Stadt als strategische Bastion am Fuss des Grossen St. Bernhard (damals «In Summo Pennino», einziger Schweizer Alpenpass, der auf der römischen Peutingerkarte genannt wird). Ein Vorgängerbau der heutigen Pfarrkirche war die erste Bischofskirche des Wallis, bis der Bischof kurz vor 600 nach Sion zog. Gleich hinter der Fondation Gianadda wurde auch die römische Arena freigelegt. Daran anschliessend züchtet die Fondation Barry Bernhardinerhunde und zeigt deren Geschichte in einem beachtenswerten Museum.

Die Fondation Barry führt in Martigny die Zucht von Bernhardinerhunden, die während Jahrhunderten auf dem Grossen St. Bernhard Pilger in Schneetreiben und Lawinen aufgespürt und teilweise gerettet haben.

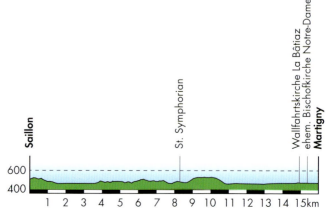

Rhein-Reuss-Rhone-Weg

Martigny–St-Maurice

Wegdistanz
16,7 km

Wanderzeit
4 Std. 10 Min.

Höhenmeter
–280 m / +240 m

Hinweis
Eine Schlucht und ein Wasserfall sind die Naturhöhepunkte auf der Wanderung. Planen Sie genug Zeit ein, um die Klosterkirche, die archäologischen Stätten und den Klosterschatz mit dem Audio-Guide zu entdecken.

Die Kapelle unter dem Burghügel von Martigny ist die eigentliche Wallfahrtsstätte im Ort am Fusse des Grossen St. Bernhard. Wir laufen auf dem Pilgerweg der ViaFrancigena, die von Canterbury nach Rom führt, und werfen einen Blick in die sehenswerte Trientschlucht. Kurz darauf stossen wir auf das Rinnsal «Pisse Vache». Als erste Stätte des hl. Mauritius gelangen wir zum Märtyrerplatz Vérolliez mit einer schlichten Kapelle. Dort wurden die Söldner der ägyptischen Legion aus Theben unter dem Kommando von Mauritius dezimiert, weil sie ihre christlichen Brüder nicht verfolgen mochten. Fünf Glasstelen führen uns ins Städtchen, wo wir in der Nähe der Jakobuskapelle und dem Jakobushospiz zur Sigismundskirche geleitet werden. Sigismund war der Burgunderkönig, der das Kloster im Jahr 515 derart ausbaute und organisierte, dass die Laus Perennis, das ewige Loblied der Chorherren, seither täglich gesprochen und gesungen wird! Zum krönenden Abschluss der zweiwöchigen Pilgerreise besuchen wir (unbedingt mit Audio-Guide) die Abteikirche von St-Maurice mit Museum. Weiter zum Genfersee nach Montreux und Lausanne erreichen wir den offiziellen Schweizer Jakobsweg ViaJacobi 4. Alternativ ist auch die Strecke südlich des Genfersees über das französische Evian machbar, um auf den Jakobsweg in Genf zu stossen.

Grab des heiligen Mauritius in St-Maurice

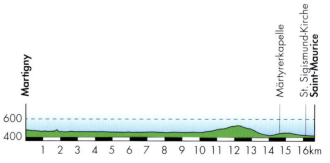

Rhein-Reuss-Rhone-Weg

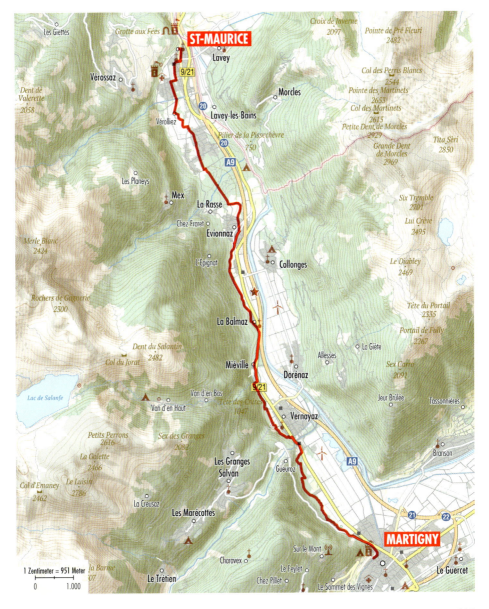

Rorschach–Genève

Der Jakobsweg für Velofahrer in Kürze

Diese Tour ist eine Velo-Variante für einen der Jakobswege in der Schweiz. Sie folgt weitgehend der markierten Pilgerstrecke, führt aber auch über fahrbare Alternativstrecken wenn die Originalstrecke nicht sehr velogeeignet ist und Alternativen zur Verfügung stehen. Die Strecke ist somit für Rennvelos nicht geeignet.

Der Verlauf des Jakobsweg für Velofahrer wird in kurzer Form beschrieben. Die Beschreibungen wurden basierend auf dem jeweiligen Wissensstand erstellt und geprüft. Die Genauigkeit der Inhalte (Wegführung) und insbesondere die Übereinstimmung mit der offiziellen Signalisierung der Schweizer-Velorouten kann vom Verein jakobsweg.ch und den Autoren, auch im Sinne einer Produktehaftung, nicht garantiert werden. Pilgerinnen und Pilger werden deshalb gebeten, bei Abweichungen in jedem Fall den Wegweisern der Schweizer Wanderwege zu folgen und uns diese Unstimmigkeit zu melden. Wir danken!

Auch mit dem Velo kann man pilgern.

Pilgern auf dem Jakobsweg Schweiz

Übersichtskarte

Rorschach–Genève

Jakobsweg für Velofahrer

Wegdistanz
460,9 km

Mittlere Fahrzeit
rund 29 Stunden

Höhenmeter
−6649 m / +6636 m

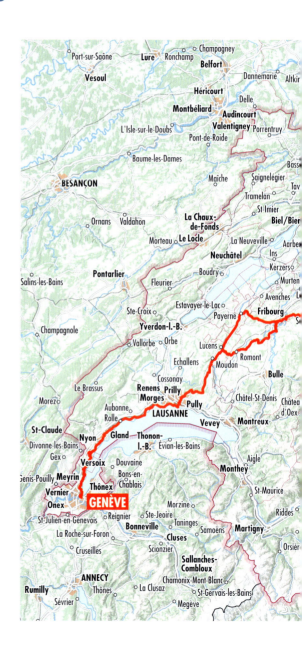

Jakobsweg für Velofahrer

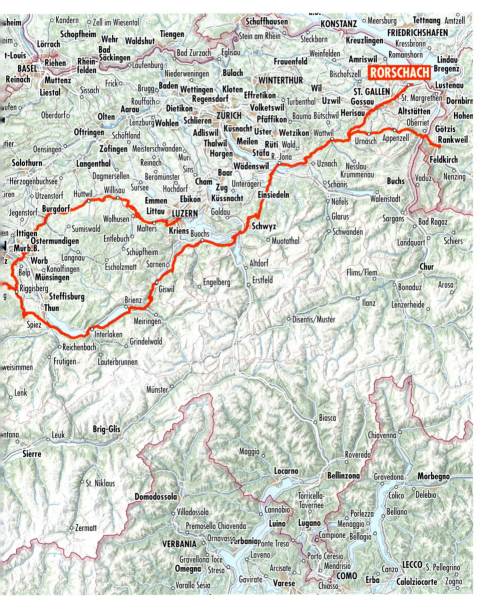

Pilgern auf dem Jakobsweg Schweiz

Rorschach–Wattwil

Wegdistanz
51,9 km

Fahrzeit
4 Std.

Höhenmeter
−859 m / +1073 m

Wir starten am Hafen in Rorschach und fahren auf der Hauptstrasse in Richtung Goldach, am Jakobsbrunnen vorbei bis in die St. Gallerstrasse, wo wir im Kreisel links in die Industriestrasse abbiegen. Am Ende der Industriestrasse geht es zunächst geradeaus und kurz danach biegen wir rechts (Jakobsweg-Wegweiser) in die Appenzellerstrasse ein. Diesem Strässchen folgen wir den Hang hinauf, überqueren die Sulzstrasse und fahren weiter auf der Appenzellerstrasse und Egertenstrasse. Dort zweigen wir links in die Mühlebergstrasse zum Schloss Sulzberg ab.

Weiter geht es dann auf der Büelstrasse, am Schlossweiher vorbei, wo wir am Ende links in die Landstrasse einbiegen und hier den Jakobsweg verlassen. Auf dieser Strasse fahren wir nach Vorderhof Untereggen, Hinterhof bis zur Martinsbrücke. Nach der Brücke folgen wir der Hauptstrasse auf dem markierten Radstreifen, denn der links abbiegende Jakobsweg ist nicht überall befahrbar. Eingangs St. Gallen biegen wir bei der Kreuzung mit Ampeln nach links in die Tablarstrasse ein. Am Ende dieser Strasse biegen wir rechts in die Rehetobelstrasse nach ca. 600 Meter links in die Flurhofstrasse ein. Von dort gelangen wir geradeaus auf der Linsenbühlstrasse, bis wir die Kathedrale von St. Gallen sehen können.

Jakobsweg für Velofahrer

Hafen Rorschach

Wir schieben das Velo durch die sehenswerten Strassenzüge der Altstadt mit den Jugendstilbauten in Richtung Bahnhof. Vom Bahnhof an halten wir uns nicht nur an die offiziellen Jakobsweg-Wegweiser sondern auch an kantonale Wanderweg-Wegweiser. Wir verlassen St. Gallen über die Sankt Leonhardstrasse welche westlich über die Bahnüberführung führt. Bei der grossen Kreuzung biegen wir links in die Bogenstrasse und gleich rechts in die Militärstrasse Kreuzbleicheweg ab. An dessen Ende geht es rechts und gleich wieder links in die Krügerstrasse Burgweiherweg, dann links in den Ahornweg Eisbahnweg und dann wieder links in die Zürcherstrasse. Dieser folgen wir bis kurz vor der grossen Autobrücke, wo wir links in die Kräzernstrasse abbiegen.

Diese führt uns in Stocken über die gleichnamige Brücke. Nach kurzem Anstieg fahren wir links in den Hofweg (Jakobsweg-Wegweiser), dann geradeaus auf der Sturzeneggstrasse über die Bahnüberführung in die Gübsenstrasse zum Gübsensee. Wir folgen den Jakobseg-Wegweisern und biegen vor Herisau über die Bahnüberführung in die Schützenstrasse ein. Dort fahren auf dieser Strasse weiter und folgen nicht dem Jakobsweg, der links abzweigt. Am Ende zweigen wir halblinks in die Buchenstrasse, fahren bis zum Kreisel wo wir rechts in die Kasernenstrasse einbiegen. Dann geht es links an der Kirche vorbei, dann links in die Poststrasse und kurz danach rechts in die Schmidgasse.

Jakobsweg für Velofahrer

Diese Teilstrecke des signalisierten Jakobsweges eignet sich auf einigen Wegabschnitten nicht für das Velo. Der signalisierte Jakobsweg führt nämlich auf Fusspfaden durch ungängiges Gelände, Treppen und Wiesen. Deshalb schlagen wir eine bequemere Route vor, auf der wir die Fusspilger nicht zu sehr beeinträchtigen. Wir starten in der Schmiedgasse. Kurz danach biegen wir rechts in die Strasse Neue Steig ein, folgen einer scharfen Rechtskurve und überqueren am Ende links die Industriestrasse. Dann folgen wir auf der Strasse dem weissen Wegweiser bis nach Schwellbrunn.

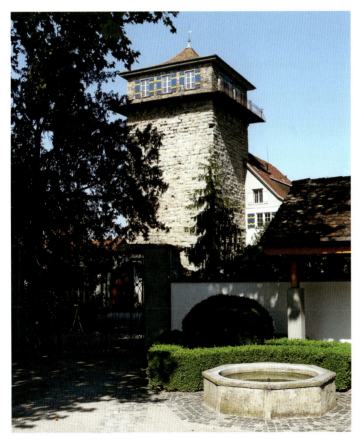

Schloss Sulzberg

Pilgern auf dem Jakobsweg Schweiz

Wir durchfahren das schöne Dorf Schwellbrunn und gegen Ende des Dorfes biegen wir rechts ab. Wir folgen den weissen Wegweisern in Richtung Risi, Hinterrisi, Landscheidi, Moosegg, Dicken, St. Peterzell. Auch hier eignet sich der von Fusspilgern begangene Jakobsweg nicht besonders gut für das Velo. Wir schlagen deshalb folgende Route vor:

In St. Peterzell an der Hauptstrasse Bushaltestelle angelangt zweigen wir nach links auf die Hauptstrasse und kurz danach rechts in die Hembergstrasse ab. Im Anstieg am Ende dieser Strasse biegen wir rechts in die St.Peterzellerstrasse. Bei der zweiten Kurve geht es dann nach links zur Aussicht Waldrank und weiter auf der St. Peterzellerstrasse nach Hemberg. Ab hier folgen wir der Veloroute Nr. 4 über Heiterswil nach Wattwil.

Marktplatz Herisau

Burg Iberg Wattwil

Jakobsweg für Velofahrer

Pilgern auf dem Jakobsweg Schweiz

Wattwil–Einsiedeln

Wegdistanz
44,7 km

Fahrzeit
3 Std.

Höhenmeter
–719 m / +998 m

Auch diese Teilstrecke des offiziellen Jakobsweges ist für Velopilger nicht überall besonders gut geeignet. Wir wählen deshalb eine alternative Veloroute. Unmittelbar hinter dem Bahnhof Wattwil folgen wir nach links über die Bahnüberführung der Rickenstrasse. Im Dorf nach der roten Velorouteninfotafel zweigen wir rechts in die Ibergstrasse ein. Die Strasse steigt allmählich über die Schlossweid in Richtung Schlosswis. Wir folgen dem roten Bikewegweiser auf der Route zum Ricken. Auf der Laad kommen wir dann wieder zum signalisierten Jakobsweg (Jakobsweg-Wegweiser).

In Hinder Laad geniessen wir eine wunderbare Aussicht. Hier kann man sich in einem kleinen Häuschen mit Getränken in Selbstbedienung verpflegen. Wir folgen dem Jakobsweg-Wegweiser auf einer längeren Talfahrt bis zur Hauptstrasse wo wir nach rechts abbiegen. Es folgt nun ein kürzerer Aufstieg nach Oberricken. Dort verlassen wir den Jakobsweg und bleiben auf der Hauptstrasse, die uns über Walde nach Rüeterswil führt. Beim alten Feuerwehrhaus biegen wir links in die Kirchbodenstrasse (Wegweiser Kirchenboden) ein. Von dort folgen wir den Jakobsweg-Wegweisern über die Breitenholzstrasse bis Breitenholz. Dort biegen wir links ab und kommen auf einem kurzen holprigem Feldweg zur Allmendstrasse. Da der markierte Jakobsweg auf dieser Strecke teilweise über Wiesenpfade führt, benutzen wir

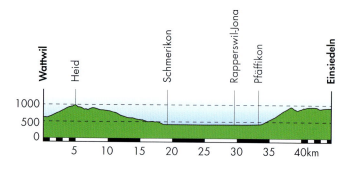

Jakobsweg für Velofahrer

Kublikirche Wattwil

Walde

ab Bezikon die Hauptstrasse (nach rechts), um nach St. Gallenkappel-Neuhaus zu gelangen. In Neuhaus beim Hotel zum Ochsen biegen wir links in die Jakobstrasse ab und kommen an der schönen Jakobskapelle vorbei. Ab hier folgen wir bis Schmerikon dem Radwegweiser. Der signalisierte Jakobsweg führt nämlich über Wiesen und Waldpfade und ist für Velopilger nicht zu empfehlen.

In Schmerikon fahren wir durch das Dorf bis nach dem Bahnhof, wo wir beim Restaurant Bad am See links über den Bahnübergang fahren und gleich wieder rechts dem Bikewegweiser folgend (Velowegweiser: Rapperswil-Jona und Route Nr. 9) dem Strandweg entlang bis nach Rapperswil-Jona gelangen.

Wir starten in Rapperswil-Jona auf der Veloroute 9 (Richtung Einsiedeln / Pfäffikon) über den Seedamm welcher den See überquert und nach Pfäffikon führt. Wir folgen weiter der Veloroute 9. Die Strasse führt meist parallel zum Jakobsweg steil den Hang hinauf bis zum Aussichtspunkt Luegete. Kurz nach der Luegete verlassen wir die Veloroute 9 und zweigen links in Richtung Etzel (weisser Wegweiser) ab. Dieser Strasse, welche sich mehrere Male mit dem signalisierten Jakobsweg kreuzt, folgen wir bis nach St. Meinrad.

Jakobsweg für Velofahrer

Die Strecke St. Meinrad –Tüfelsbrügg ist wieder gut auf dem signalisierten Jakobsweg (Jakobsweg-Wegweiser) befahrbar. Nach der Tüfelsbrugg zweigt der Jakobsweg nach rechts ab und wir bleiben auf dem Strässchen, welches uns über Meieren und (weisser Wegweiser Einsiedeln) Hirxenstein nach Galgenchappeli führt. Hier treffen wir wieder auf den Jakobsweg (Jakobsweg-Wegweiser) und erfreuen uns einer wunderbaren Aussicht auf den Sihlsee. Wir bleiben auf diesem Strässchen und folgen der Jakobsweg-Beschilderung bis zum Klosterplatz Einsiedeln.

Riegelhaus in Schmerikon

Pilgern auf dem Jakobsweg Schweiz

Einsiedeln–Buochs

Wegdistanz
50,4 km

Fahrzeit
3 Std.

Höhenmeter
–1442 m / +988 m

Im Zentrum von Einsiedeln, kurz vor dem Bahnhof, zweigt die Landstrasse links in Richtung Alpthal ab. Dieser Strasse, welche sich parallel zum Jakobsweg hinzieht, folgen wir bis nach Trachslau. Wir fahren durch das Dorf, biegen nach rechts ab und erreichen Ober-Trachslau, wo wir bei der Kirche links in die Eigenstrasse abbiegen. Dort treffen wir kurz auf den signalisierten Jakobsweg. Wir folgen dem asphaltierten Strässchen, bis wir wieder die Hauptstrasse erreichen. Auf ihr fahren wir über Alpthal bis an den Dorfeingang in Brunni.

Beim Gasthaus Brunni biegen wir rechts ab und folgen dem Veloweg (TCS Nr. 10) steil den Hang hinauf, über Brüglen, Lümpenen, nach Bogenfang. Hier treffen wir wieder auf den von Alpthal herführenden signalisierten Jakobsweg. Wir folgen ihm linkerhand in Richtung Haggenegg bis auf die Passhöhe (Berghaus Haggenegg). Die steile Abfahrt von der Haggenegg erfolgt auf der asphaltierten Bergstrasse Richtung Schwyz, ziemlich parallel zum Jakobsweg. Im Ried, unweit der Fridolinskapelle, kommen wir wieder zum signalisierten Jakobsweg (Jakobsweg-Wegweiser). Ab Ried fahren wir auf der Nietenbachstrasse, zweigen zunächst links in die Obermattstrasse und gleich danach rechts in die Riedstrasse, vorbei am Kollegium Schwyz. Wir biegen rechts in die Martinstrasse und gleich wieder links in die Maria-Hilf-

Jakobsweg für Velofahrer

Pilgern auf dem Jakobsweg Schweiz

Alpthal

Strasse. Dann geht es links in die Herrengasse, wo wir das historische Städtchen erreichen. Hier nehmen wir uns etwas Zeit, um das eindrückliche und gut erhaltene Zentrum bei der Kathedrale mit den alten Gasthäusern und dem historischen Rathaus zu bewundern.

Wir verlassen Schwyz auf dem ausgeschilderten Jakobsweg und biegen beim Kreisel in die Schmiedgasse Richtung Ibach ein. Kurz nach dem Mythen Center biegen wir links ab, überqueren den Tobelbach und kommen an der schönen Fünf-Franzen-Kapelle vorbei. Auf dem Fussweg fahren wir nach Ibach und überqueren die Muota. Hier biegen wir in den Feldweg ein und folgen dem Jakobsweg (Jakobsweg-Wegweiser) über Unterschönbuch Richtung Ingenbohl. Nach der Autobahnunterführung zweigen wir links in die Klosterstrasse ab. Nach der Anfahrt durch den Wald verlassen wird den Jakobsweg und fahren rechts (Wanderwegweiser Richtung Kloster Ingenbohl) weiter durch die Klosteranlage Ingenbohl bis zur alten Kantonsstrasse. Hier biegen wir links ab und fahren bis zum Centralplatz. Rechts abzweigend gelangen wir über die Bahnüberführung in die Bahnhofstrasse von Brunnen und von dort bis zur Schiffländte.

Von Brunnen aus überqueren wir den Vierwaldstättersee auf dem Schiff und landen in Treib. Von Treib aus folgen wir dem Jakobsweg auf der Seelisbergstrasse bis nach Volligen. Hier teilen sich die Wege. Wir bleiben links abbiegend auf der Seelisbergstrasse, da der Jakobsweg für Fusspilger in Richtung Emmetten mit dem Velo nicht passierbar ist. Wir erreichen Seelisberg und fahren auf der Hauptstrasse nach Emmetten, wo wir auf den Jakobsweg treffen. Wir bleiben auf der Hauptstrasse, bis wir nach Beckenried gelangen, wo wir bei der St. Heinrich-Kirche wiederum auf den Jakobsweg treffen.

Nach der St. Heinrich-Kirche biegen wir links ab und gelangen zur Talstation der Luftseilbahn Klewenalp. Kurz davor biegen wir rechts in den Schulweg ein. Dort folgen wir den Wegweisern des Jakobsweges und gelangen geradeaus über die Allmend- und Ridlistrasse bis zum Hotel Postillon. Beim Hotel biegen wir links in die Hauptstrasse ab und gelangen auf ihr nach Buochs.

Beckenried

Pilgern auf dem Jakobsweg Schweiz

Buochs–Brünigpass

Wegdistanz
44 km

Fahrzeit
3 Std.

Höhenmeter
–369 m / +943 m

Mitten im Dorf beim Café Posita biegen wir links in das Schulgässli ab. Es folgt ein kurzer steiler Aufstieg zur Nothelferkapelle. Von dort zweigen wir rechts in die Schulgasse ab. Wir folgen dem Wegweiser (Fussweg Ennerberg–Stans) in westlicher Richtung und zweigen am Ende der Schulstrasse rechts in die Dorfstrasse ab. Beim Hotel Hirschen biegen wir links in die Ennerbergstrasse ab, dabei folgen wir dem Jakobsweg-Wegweiser bis nach der Unterführung der Autobahn, wo wir rechts nach Ennerberg gelangen. Dort zweigt der signalisierte Jakobsweg links ab.

Da der signalisierte Jakobsweg nach Waltersberg schlecht befahrbar ist, fahren wir geradeaus an der Loretokapelle vorbei und kommen in die Wilgasse. Am Ende der Wilgasse überqueren wir die Kantonsstrasse und gelangen geradeaus in die Wilstrasse. In «Wilerrank» geht es dann rechts ab in die Engelbergstrasse auf der wir zum Stanser Dorfplatz gelangen.

Da der Jakobsweg ab Stans für Velopilger beschwerlich ist, fahren wir auf einer Alternativroute, die nicht dem ausgeschilderten Jakobsweg folgt. Wir verlassen den Dorfplatz auf der Stansstadstrasse und folgen dem Velowegweiser Nr. 4 bis zum Kreisel. Im Kreisel biegen wir nach halblinks in die Ennetmoosstrasse und folgen immer dem Velowegweiser Nr. 85.

Jakobsweg für Velofahrer

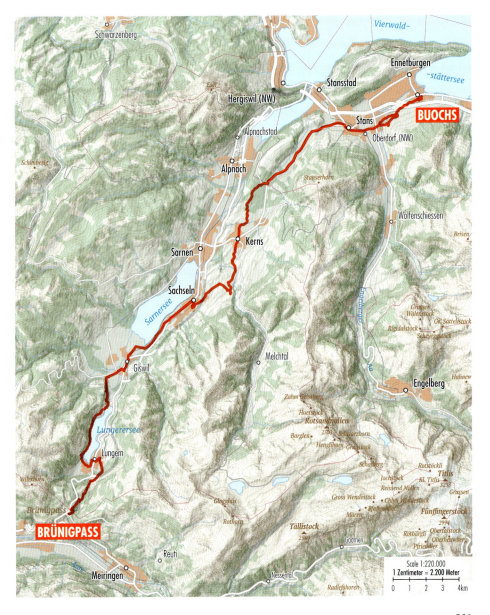

Pfarrkirche Stans

Auf der Strasse ist für Velofahrer ein Streifen markiert. Wir fahren auf ihm über Ennetmoos, Rohren, St. Jakob und an der Rohrenkapelle vorbei zur Bushaltestelle Kerns (Kernswald).

Hier biegen wir rechts ab und durchqueren den Kernwald, bis wir nach Kerns kommen. Beim Kreisel biegen wir halblinks ab und bleiben auf dem Veloweg Nr. 85. Über Dietried, Grund, Hof, Hostett und Hohe Brücke kommen wir bis Unterhag. Dort bei der Scheune am linken Strassenrand biegen wir links ab und folgen dem Wanderwegweiser bis Flüeli-Ranft.

Von Flüeli fahren wir auf der Hauptstrasse bis zur Kirche Sachseln. Der Jakobsweg nach Giswil führt dem Strandweg entlang. Da dieser Strandweg ein generelles Fahrverbot hat, fahren wir auf der Hauptstrasse, auf der ein Velostreifen markiert ist. Bei gewissen Teilstrecken kann auf einen getrennten und markierten Radweg ausgewichen werden. Am Ende des Sarnersees treffen wir auf den signalisierten Jakobsweg (Jakobsweg-Wegweiser). Hier biegen wir rechts in die Schwarzbachstrasse ein. Kurz danach biegen wir links in das Suttermattli ab und gelangen zum Dorfeingang, wo wir in die Brünigstrasse einbiegen und bis zum Kreisel fahren.

Da auf der Brünigstrasse ein zu starker Autoverkehr herrscht und da sich der Jakobsweg für die Befahrung mit dem Velo nicht eignet, biegen wir im Kreisel rechts in die Panoramastrasse ab. Dort folgen wir den Velowegweisern in Richtung Thun.

Unterhalb der Kirche fahren wir weiter auf der Panoramastrasse und folgen den Velowegweisern in Richtung Meiringen/Lungern (Radweg Nr. 9). Nach etwa 1,2 Kilometer biegen wir links ab und sind nun auf der Veloroute Nr. 9 (Richtung Meiringen/Lungern). Es folgt ein steiler Anstieg (Veloweg-Anstiegstafel) in Richtung Kaiserstuhl und Bürglen am Lungernsee. Dabei geniessen wir einen wunderbaren Ausblick zurück auf den Sarnersee. In Bürglen am Seedamm treffen wir, rechts abbiegend, auf den signalisierten Jakobsweg.

Jakobsweg für Velofahrer

Auf einem schönen Strandweg fahren wir über Bürglen bis nach Lungern / Obsee. Von dort folgen wir dem Velowegweiser Nr. 9 (Richtung Meiringen / Lungern) und zweigen links in die Lopstrasse ab. Nach einem Anstieg (Veloweg-Anstiegstafel) fahren wir weiter auf der Seestrasse, überqueren im Dorf die Brünighauptstrasse und gelangen auf der Bahnhofstrasse zum Bahnhof in Lungern.

Vom Bahnhof Lungern geht es geradeaus auf der Chäppelistrasse, das heisst der Veloroute Nr. 9 (Richtung Meiringen), bis wir zur Burgkapelle kommen, wo wir wiederum auf den signalisierten Jakobsweg treffen.

Nachdem wir von dieser Kapelle einen wunderbaren Ausblick zurück auf den Lungernsee genossen haben, fahren wir auf der Veloroute Nr. 9 weiter bis zur Brünigpasshöhe. Dort schalten wir die verdiente Rast ein und geniessen den Ausblick auf die Berner Alpen und das Haslital.

Pfarrkirche Sachseln

Pilgern auf dem Jakobsweg Schweiz

Brünig–Amsoldingen

Wegdistanz
57,2 km

Fahrzeit
3 Std.

Höhenmeter
–776 m / +406 m

Der ausgeschilderte Jakobsweg nach Brienzwiler ist streckenweise sehr steil und nicht befahrbar. Deshalb empfehlen wir die Abfahrt auf der Brünigpassstrasse (Vorsicht sehr stark befahren) bis ins Dorf Brienzwiler.

Ab Brienzwiler (Westseite) fahren wir rechts (Wegweiser: Veloweg Richtung Brienz) auf der asphaltierten Strasse. Ab Bifang geht es geradeaus auf der Wilerstrasse zum Ballenberg Museum. Das Freilichtmuseum kann gegen Eintrittsgeld besucht werden. In unmittelbarer Nähe des Eingangs befindet sich ein Veloparkplatz.

Ab Ballenberg biegen wir rechts ab nach Hofstetten. Wir fahren durchs Dorf in Richtung Schwandenstrasse (Holzwegweiser Schwanden) und nach zirka 1,4 Kilometer zweigen wir links ab, dem Wegweiser Kienholz (Wanderweg Richtung Kienholz / Brienz) folgend.

In Brienz (Dorfbeginn), am Ende des asphaltierten Feldweges, fahren wir geradeaus auf der Rothornstrasse und zweigen am Ende rechts in die Lauenenstrasse ab. Am Ende der Lauenenstrasse zweigen wir rechts in die Hauptstrasse ab und fahren auf ihr bis zur Esso Tankstelle. Dort biegen wir, dem Wegweiser Axalp folgend, links auf die Seestrasse ab. Nach der Autobahnunterführung folgen wir, rechts abzweigend, dem Veloweg Nr. 8 und 9 (Velowegweiser), der uns über Giessbach und Iseltwald nach Bönigen führt.

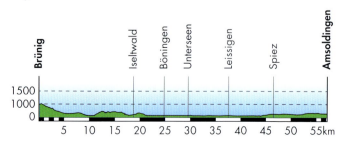

Jakobsweg für Velofahrer

In Bönigen nach dem Park Hotel am Infopunkt (Wegweiser Veloweg C) biegen wir rechts zum Strandweg ab, der uns der Aare entlang bis nach Interlaken-Ost führt. Von Interlaken-Ost gelangen wir dann auf dem Veloweg (Wegweiser Veloweg B) geradeaus bis zur Interlakener Höhenmatte. Lohnenswert ist ein Ausflug zu den Beatushöhlen. Weil die Strasse sehr stark befahren ist, fahren wir am besten mit dem STI-Bus, der uns von Interlaken-West zu den Beatushöhlen bringt. Ein besonderes Vergnügen ist auch die Fahrt mit dem Schiff bis Sundlauenen, von wo aus ein Fussweg zu den Beatushöhlen führt.

Wir verlassen Interlaken, von der Höhematte kommend beim Postkreisel, wo wir rechts nach Unterseen abzweigen. Ab hier fahren wir auf dem gut beschilderten Veloweg (Wegweiser Veloweg 8+) über Unterseen, Därligen, Leissigen und Faulensee nach Spiez. Dort besichtigen wir das schöne Städtchen mit seinen Rebbergen und der romantischen Seebucht mit Schloss und Schlosskirche. Dann geht es hinauf zum Bahnhof, wo uns eine schöne Gesamtübersicht geboten wird. In Spiez fahren wir auf dem Radweg (Wegweiser Veloweg 8 und 9) geradeaus in westlicher Richtung bis nach Lattigen und von dort, der Velowegbeschilderung (Wegweiser Veloweg Nr. 8) folgend, geradeaus weiter bis zur Hannibrücke.

Iseltwald

Schloss Spiez

Nach der Brücke zweigen wir von der Hauptstrasse links auf den Veloweg Nr. 9 ab und kommen nach ca. 200 Metern zum Wegweiser Zwieselberg (weisser Wegweiser Richtung Zwieselberg/Glütsch) der uns rechts abzweigend auf den Veloweg Nr. 64 (Wegweiser) führt, bis wir nach Zwieselberg gelangen. Dort treffen wir auf den signalisierten Jakobsweg. In einer leichten Abfahrt geht es auf asphaltierter Strasse geradeaus weiter bis zur Ortskreuzung in Amsoldingen, wo wir links abzweigen, um zur Kirche Amsoldingen zu gelangen.

Für Velopilger, die sich Zeit gönnen, empfehlen wir einen kurzen Abstecher ins Dorf Leissigen. Dort gibt es eine alte Säge und eine alte Kirche zu besichtigen.

Amsoldingen–Romont

Wegdistanz
89,7 km

Fahrzeit
6 Std.

Höhenmeter
–1241 m / +1354 m

In Amsoldingen folgen wir, rechts abzweigend, den Jakobsweg-Wegweisern bis zur Hauptstrasse, wo wir beim Wegweiserpunkt Seegässli nach links abzweigen. Wir fahren auf der Dorfstrasse bis oberhalb Uebeschi, wo wir links den gelben Wanderweg-Wegweisern folgen. Wir fahren über Gänsemoos, Honegg und Schubhus. Dann geht es geradeaus weiter, zunächst auf einem Feldweg und dann bis zu einem Bauernhaus. Dort verlassen wir den signalisierten Jakobsweg und fahren links über den Hofplatz hinunter an den Fallbach. An der Hauptstrasse angelangt, überqueren wir diese bei der Bushaltestelle Fallbach und fahren geradeaus in die Hintereschlistrasse.

Ab hier sind die Strassen gut beschildert. Im Weiler Eschli zweigen wir links in die Kirchstrasse ein und gelangen zur Kirche. Wir verlassen den Ort über den Kirchweg (kurze Naturstrasse). Nach einer kurzen Abfahrt geht es links in die Wäsmeligasse und weiter in die Kesslergasse. Am Ende der Schmittenstrasse biegen wir links in die Allmendeggstrasse ein, welcher wir bis zur Hauptstrasse folgen. Dann biegen wir links ein. Nachdem wir die Gürbe überquert haben, zweigen wir bei den ersten Häusern links in die Strasse Vordere Weite ab. Dann geht es rechts auf dem Weiermoosweg weiter, bis wir dann links in die Mettleneggstrasse gelangen. Nun geht es rechts auf die Langmattstrasse und von dort

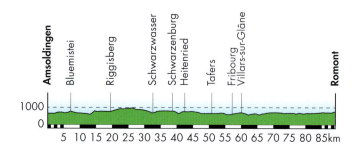

Jakobsweg für Velofahrer

links auf die Gmeisstrasse. Geradeaus kommen wir zur Froschgasse und von dort links zur Vorgasse, von wo wir zur Kirche Wattenwil gelangen.

Hinter der Kirche Wattenwil zweigen wir rechts auf den signalisierten Jakobsweg ab, der uns sehr steil den Hang hinauf zum höchsten Punkt Dorneren führt. Nachdem wir dort den wunderbaren Ausblick auf die Berner Alpen genossen haben, fahren wir rechts hinunter nach Burgistein. Parallel zum Jakobsweg, der für Fusspilger reserviert ist, fahren wir dann auf der Landstrasse bis nach Riggisberg.

In Riggisberg folgen wir dem Wegweiser Rüeggisberg bis zum Spital, wo wir dann links auf den neu beschilderten Jakobsweg (Jakobsweg-Wegweiser) abzweigen, der uns nach Mättiwil führt. Dort verlassen wir den Jakobsweg und gelangen auf der Landstrasse bis zum nächsten Kreisel. Im Kreisel wählen wir die Ausfahrt nach Fultigen. Nach Vorder- und Hinterfultigen folgen wir, links abzweigend, dem weissen Wegweiser nach Schwarzenburg. Über die Schwandbach- und die Rossgrabenbrücke des berühmten Schwcizer Brückenbauers Robert Maillart (1872–1940) gelangen wir nach Elisried und weiter bis Schönentannen. Dort wählen wir die Hauptstrasse nach Schwarzenburg und umgehen damit Felder und unwegsames Gelände.

Uebeschisee

Kirche Wattenwil

Schloss Riggisberg

Wir ziehen es vor, die Strecke Schwarzenburg–Sodbach–Heitenried auf der Hauptstrasse zu fahren. Der historische Sensegraben-Jakobsweg für Fusspilger führt durch Felder, zum Teil durch steile Waldpartien und Uferböschungen hinauf und hinunter. Der Weg ist mit dem Velo meist schlecht oder gar nicht befahrbar.

Ab Schwarzenburg folgen wir dem Veloweg Nr. 4 (Wegweiser). Am Anfang des Dorfes Heitenried biegen wir links ab und fahren weiter über Lettiswil bis wir in Winterlingen auf den signalisierten Jakobweg stossen. Auf ihm fahren wir bis nach St. Antoni.

In St. Antoni überqueren wir die Hauptstrasse, fahren geradeaus und folgen dem Jakobsweg-Wegweiser bis nach Wissenbach. Ein Teil dieses Abschnittes ist Naturstrasse, aber gut befahrbar. In Wissenbach bei der Sebastianskapelle an der Kantonsstrasse verlassen wir den signalisierten Jakobweg (dieser führt entlang des Baches Taverna, ist sehr schmal und zudem nur für Fussgänger signalisiert). Wir biegen links ab und folgen wiederum dem Velo (Wegweiser Veloweg Nr. 4) bis nach Tafers.

Pfarrkirche Heitenried

Kurz nach dem Ortseingang in Tafers zweigen wir halblinks auf den signalisierten Jakobsweg ab und gelangen zum Kirchplatz mit der berühmten Jakobskapelle mit den Fresken der Galgenlegende. Nachdem wir den Kirchplatz verlassen haben, folgen wir, rechts abzweigend, wiederum dem Wegweiser des Jakobweges und kommen über Menziswil nach Uebewil. Der Wegabschnitt führt zum Teil über Feldwege, ist aber bei trockener Witterung gut befahrbar.

Von Uebewil haben wir einen wunderbaren Ausblick auf die historische Stadt Fribourg. Wir fahren auf dem Jakobsweg geradeaus (Jakobsweg-Wegweiser) weiter und gelangen zur Route de Villars-les-Joncs, welche mit dem Signalisationsbild «Einbahn ausser Velos» gekennnzeichnet ist.

Am Ende biegen wir links in die Route de Berne ein. Beim folgenden Kreisel verlassen wir den Jakobweg und fahren rechts auf der Route de Berne weiter bis wir zum nächsten Kreisel kommen. Von dort kommen wir rechts über den Pont du Zaehringer zur Kathedrale. Nach der Kathedrale fahren wir im Kreisel halblinks zur Place de Nova Fribourg. Von diesem Platz geht es dann dem Wegweiserbild (stilisierte Muschel in blauem Grund) in die Lausannegasse. Da diese Gasse in der Fussgängerzone liegt, dürfen wir das Velo bis zum Place de Square schieben.

Für die Ausweichroute Tafers–Fribourg folgen wir ab Tafers dem Wegweiser des Veloweges Nr. 4, bis wir in Fribourg zum Pont du Zaehringer kommen.

Wir verlassen Fribourg beim Bahnhof rechts (Wegweiser Jakobsweg) durch die grosse Unterführung und fahren bei den Ampeln geradeaus in die Avenue du Midi. Bei der zweiten Strasse zweigen wir rechts (dem Jakosbweg-Wegweiser folgend) in die Route de la Vignettaz ab, verlassen kurz danach den signalisierten Jakobsweg und fahren immer geradeaus auf der Route du Fort Saint-Jaques. Am Ende biegen wir links in die Route de Villars ein. Beim nächsten Kreisel bleiben wir links und fahren links an der Agip Garage

Jakobsweg für Velofahrer

vorbei. Vor dem Centre Commerciale folgt ein Doppelkreisel. Im ersten Kreisel fahren wir nach links um nachher sofort nach rechts (Signalisation «Fahrverbot ausser Velos») in den Wald hinein zu kommen. Im Wald bei der Verzweigung der Jakobswege bleiben wir links. Wir fahren geradeaus weiter, immer in Richtung Sainte-Appoline, in den Chemins des Rochettes und am Ende biegen wir links in die Route de Soleil ein.

Dann fahren wir bis zur Strassenkreuzung und folgen halbrechts dem Strassenwegweiser Romont zur Bahnunterführung. Im anschliessenden Kreisel fahren wir geradeaus auf der Route de Sainte-Apolline, wo wir wieder auf den signalisierten Jakobweg treffen. Am Ende der Route drehen wir zweimal nach rechts zur alten Steinbrücke mit der Kapelle. Von dort geht es auf einem Feldweg weiter.

Achtung neue Wegführung: Bei der Landstrasse angekommen fahren wir links (Route de Moulin-Neuf) hoch bis zur Hauptstrasse Nr. 12 und fahren rechts einen Kilometer weiter bis zur Abzweigung Route de Hauterive und biegen da links ein bis nach Grangeneuve. In Grangeneuve biegen wir nach rechts und fahren auf dem Veloweg (Wegweiser Veloweg Nr. 4) bis Posieux wo wir, rechts abzweigend, nach Ecuvillens weiterfahren.

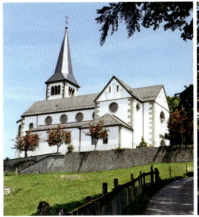

Pfarrkirche St. Antoni

Kirche und Museum Tafers

Pilgern auf dem Jakobsweg Schweiz

Kapelle Posieux

In Ecuvillens verlassen wir den signalisierten Jakobweg, da der ausgeschilderte Weg meist über Wald- und Wiesenpfade führt. Wir bleiben auf dem Veloweg Nr. 4. Beim Verlassen von Magnedens biegen wir rechts ab und fahren auf der Landstrasse, den Strassenwegweisern folgend über Posat, Grenilles und Estavayer bis nach Autigny.

Ab hier treffen wir wieder auf den ausgeschilderten Jakobsweg, welcher links an der Kirche vorbei nach Vers le Moulin und Chavannes sous Orsonnes führt. Ausserhalb Chavannes biegen wir links in den betonierten Feldweg ein und kommen, immer den Jakobsweg-Wegweisern folgend, nach Romont. Ein Teilstück ist auch als Veloweg (Wegweiser Veloweg Nr. 62) gekennzeichnet. Am Fusse des Hügels von Romont biegen wir links in die Route de Chavannes ein und kurz danach bei der Auberge zweigen wir rechts ab auf den Weg, der den Berg hinauf zur Kirche führt.

Fribourg

Pilgern auf dem Jakobsweg Schweiz

Romont–Genève

Wegdistanz
123 km

Fahrzeit
7 Std.

Höhenmeter
–1243 m / +872 m

Wir verlassen Romont beim Bahnhof auf der Hauptstrasse und folgen dem Wegweiser Lucens. Beim nächsten Kreisel folgen wir dem Wegweiser Billens. In Billens treffen wir wieder auf den Jakobsweg (Jakobsweg-Wegweiser), indem wir beim Gasthaus de l'Union links in Richtung Hennens abbiegen. Jetzt folgen wir immer dem ausgeschilderten Jakobsweg.

Wir biegen oberhalb Hennens rechts in den Feldweg ein. Kurz danach fahren wir links zum Sendemasten. Von dort geht es rechts hinunter nach Lovatens. Weiter geht es auf einem guten Strässchen den steilen Hang hinab nach Curtilles. Beim Restaurant Fédéral biegen wir links ab und erreichen die Broye, welcher wir bis nach Moudon folgen.

Nach Besichtigung von Moudon starten wir auf der Hauptstrasse beim Einkaufszentrum und folgen dem blauen Wegweiser Lausanne auf der Hauptstrasse. Westlich von Moudon folgen wir der Veloroute 44 (Wegweiser: Veloroute Nr. 44) bis nach Bressonax. Hier verlassen wir die Veloroute und biegen nach der Brücke rechts zur Hauptstrasse nach Lausanne ab, dieser folgen wir auf einem leicht erhöhten Veloweg bis zur Ausfahrt mit dem Wegweiser Mézière (blauer Wegweiser in Richtung Mézières / Vucherens). Bei der Abzweigung Syens kreuzen wir den signalisierten Jakobs-

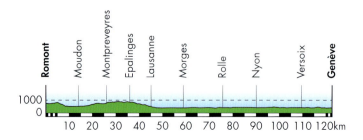

546

Jakobsweg für Velofahrer

Pilgern auf dem Jakobsweg Schweiz

weg und fahren aber auf der Landstrasse weiter bis nach Le Closy. Hier biegen wir beim Restaurant des Trois Suisses rechts ab und folgen dem weissen Wegweiser Vucherens auf der Route de Village bis zur Infotafel von Vucherens.

Hinter dem Infostand schieben wir das Velo ca. 200 Meter den steilen Weg hinauf. Nach dem Aufstieg fahren wir nach rechts bis zur kleinen Kreuzung, wo wir nach links abbiegen. Vor der Kapelle biegen wir nach links in die Route de la Grotte ein. Bei der nächsten Verzweigung gehen wir nach rechts in die Route de la Main de Fer. Jetzt sind wir wieder auf dem signalisierten Jakobsweg. Am Ende überqueren wir die Route de la Croix d'Or, fahren auf der Route de Brigands weiter und überqueren die Route Ecorche Boeuf. Ab hier folgen wir der signalisierten TCS-Veloroute E (Wegweiser: Radroute E) und verlassen den Jakobsweg. Die Veloroute E führt uns über Les Cullayes nach Mollie Margot.

Kapelle Hennens

Hier verlassen wir die TCS-Veloroute E und biegen beim Restaurant Le Chasseur rechts in die Veloroute 44 ein (Wegweiser C). Dieser folgen wir bis nach Chalet à Gobet. In Chalet à Gobet überqueren wir den grossen Parkplatz und folgen weiter der Veloroute 44 (Wegweiser Veloroute 44 Richtung Lausanne) bis nach Lausanne auf die Place de la Riponne.

Bevor wir zur Place de Riponne kommen besteht die Möglichkeit, in einem kurzen Aufstieg die Kathedrale zu erreichen. Von der Place de Riponne gelangen wir über die Rue Neuve, Route de la Tour und Rue Mauborget nach links auf die Place Bel-Air. Ab hier schieben wir das Velo über die Avenue du Grand Pont wo wir einen wunderbaren Rundblick zur Kathedrale haben. Bei der Place de Saint Francois gehen wir in die Rue du Petite-Chêne welche in der Fussgängerzone liegt und uns auf die Place de la Gare führt.

Kapelle Vucherens

Wir verlassen Lausanne auf der Place de la Gare durch die Bahnunterführung auf der Avenue William Fraisse. Beim Kreisel fahren wir geradeaus auf der Avenue de la Harpe bis hinunter nach Ouchy, wo wir rechts in die Avenue du Rhodanie einbiegen. Dann folgen wir dem Veloweg Nr. 1 (Wegweiser Veloroute Nr. 1) bis nach Vidy. In Vidy treffen wir wieder auf den signalisierten Jakobsweg (Jakobsweg-Wegweiser) und folgen diesem über St. Sulpice bis nach Morges. Dieser Abschnitt erfordert ein rücksichtsvolles Verhalten sowohl von den Velofahrern als auch Fussgängern. Auf diesem Streckenabschnitt erleben wir ein wunderbares Landschaftsbild, wo es sich auch lohnen würde, das Velo längere Abschnitte zu schieben.

Wir verlassen Morges auf der Veloroute Nr. 1 (Wegweiser Veloroute Nr. 1) und folgen dieser bis Eingangs St. Prex. Dort treffen wir auf den signalisierten Jakobsweg (Jakobsweg-Wegweiser), welcher uns bis zum Stadttor führt. Nach der Besichtigung von St. Prex verlassen wir den Ort und fahren auf der Veloroute Nr. 1 über Buchillon nach Allamann. Anfangs des Ortes zweigen wir links auf den signalisierten Jakobsweg ab, der uns über Perroy (weisser Wegweiser Richtung Perroy) bis nach Rolle führt. Eingangs Rolle zweigen wir rechts in die Hauptstrasse ein und bleiben auf dieser Strasse, welche ausserhalb von Rolle auch einen Veloweg hat. Beim Wegweiser Bursinel (weisser Wegweiser Richtung Bursinel) zweigen wir rechts ab.

Altstadt Moudon

Wir fahren wieder auf dem signalisierten Jakobsweg (Jakobsweg-Wegweiser) bis nach Dully, wo wir nach rechts abzweigen. Nach kurzer Abfahrt geht es nach links in den Wald, wo es nach der Ausfahrt wiederum nach links geht. Es folgt ein Feld- und Waldweg, welcher mit Ausnahme kleinerer Wegstücke, auf denen das Velo geschoben werden muss, gut befahrbar ist. Wir folgen dem signalisierten Jakobsweg bis Gland Bahnhof und von dort weiter über Prangins bis nach Nyon.

Wir verlassen Nyon beim Bahnhof auf dem ausgeschilderten Jakobsweg (Jakobsweg-Wegweiser). Hinter Nyon führt der Weg ca. zwei Kilometer auf Waldwegen durch den Bois Bougy, ist aber befahrbar. Wir folgen dem Weg über Crans bis nach Céligny. Beim Ausgang von Céligny zweigt der Jakobsweg links ab. Der signalisierte Jakobsweg führt über einen nicht befahrbaren Wiesen- und Waldpfad. Wir nehmen eine andere Route und bleiben auf dem Landsträsschen wo wir nach ca. 700 Metern links abzweigen. Nach weiteren ca. 600 Meter biegen wir links in den Chemin Chenevière ein und treffen beim Château de Bossey wieder auf den signalisierten Jakobsweg. Diesem folgen wir bis nach Founex.

Kathedrale Lausanne

Von dort fahren wir auf dem signalisierten Jakobsweg bis nach Commugny. Dort lohnt es sich, einen Abstecher in das alte römische Städtchen zu machen. Von Coppet geht es dann wieder zurück zum Ausgangspunkt. Dort folgen wir dem signalisierten Jakobsweg über Tannay und Mies nach Versoix.

Von Versoix fahren wir auf dem Jakobsweg weiter über Genthod, Chambèsy und Pregny bis in die Vororte von Genf. Dem Botanischen Garten entlang gelangen wir auf der Strandpromenade zum Genfer Wahrzeichen dem bekannten Springbrunnen. Wir überqueren die Rue de Mont Blanc, den Quai des Bergues, und kommen über den Pont de la Machine auf geradem Weg in die Rue de Commerce. Nachher biegen wir links und gleich wieder rechts in die Rue de la Rôtissserie und Rue de la Madeleine ein. Von dort geht es rechts in die Rue de Perron zur Kathedrale.

In Genf und Carouge sind nebst den Jakobsweg-Wegweisern auch die stilisierte Muschel auf blauem Grund zu beachten. Wir verlassen Genf bei der Kathedrale auf der Rue de l'Hôtel de Ville. Nach dem Place du Bourge de Four folgt eine scharfe Rechtskurve, die uns auf die Rue de Saint Léger auf dem Place de Philosophes führt. Von dort geht es rechts in die Rue Prévost Martin. Dann gelangen wir geradeaus zur Rue de la Ferme. Wir zweigen rechts in die Rue de la Colline ab und fahren links über den Pont Carouge. Jetzt kommen wir zum Place de l'Octori und links in die Avenue du Cardinal Mermilliard. Beim Kreisel fahren wir geradeaus und gelangen über die Rue Vautier, Rue Ancienne und der Route de Saint-Julien auf den Place de Rondeau.

Ab hier folgen wir dem signalisierten Jakobsweg (Jakobsweg-Wegweiser). Wir biegen links in die Route de Drize ein und kurz danach rechts in den Fussweg. Nach dem Chemin du Bief á Dance überqueren wir die Route de la Chapelle und kommen auf die Route de Saconnex d'Arve, wo wir bis ans Ende dieser Strasse fahren. Anschliessend fahren wir geradeaus auf dem Chemin de la Chécande bis zur Schweizer Grenze. Auf dem letzten Teilstück ist mit viel Verkehr zu rechnen.

Westturm Lausanne

Pilgern auf dem Jakobsweg Schweiz

Luzern–Burgdorf

Wegdistanz
76,1 km

Fahrzeit
5 Std.

Höhenmeter
−859 m / +961 m

Hinweis
Dies ist eine Zubringerstrecke.

Der Abschnitt Luzerner Weg der schweizerischen Jakobswege beginnt am Bahnhof/Schiffstation Luzern. Wer schon aus der Richtung Bodensee herkommt, kann bei Brunnen die Eisenbahn (ca. 45 Minuten) oder das Schiff (ca. 2 Stunden) nach Luzern nehmen.

Wir vermeiden den dichten Verkehr in Luzern weitgehend, indem wir an der Flanke des Sonnenbergs die Stadt Richtung Kriens verlassen. Beim Einschnitt zwischen Sonnenberg und Blatterberg queren wir hinüber ins breite Tal der Kleinen Emme und fahren dieser entlang bis zum Kloster Werthenstein. Für den Rest dieses ersten Abschnittes des Luzerner Weges bis Burgdorf geniessen wir dann weitgehend «Natur pur».

Kloster Werthenstein

Jakobsweg für Velofahrer / Zubringerweg

Burgdorf–Rüeggisberg

Wegdistanz
46,8 km

Fahrzeit
3 Std.

Höhenmeter
−816 m / +1161 m

Hinweis
Dies ist eine Zubringerstrecke.

Dieser zweite Abschnitt des Luzerner Weges wird uns bei Tromwil kurz vor Rüeggisberg auf den Gantrisch-Fribourg-Weg bringen. Nach Burgdorf finden wir schon bald verkehrsarme Wege, die uns in südwestlicher Richtung über die Höhen nach Krauchthal bringen. Von dort dann in südlicher Richtung bis Gümligen erneut ein längerer Abschnitt in schönster Natur. Der Aufstieg hinter Krauchthal führt uns zuerst an der Haftanstalt Thorberg vorbei, deren Gebäude auf ein vorreformatorisches Kloster zurückgeht. Nach Gümligen folgt eine Aarequerung auf einer alten Holzbrücke und um den Flughafen Bern-Belp herum erreichen wir Kehrsatz, dann geht es erneut in die Höhen und westlich abseits der Achse Bern–Thun fahren wir südwärts, bis wir auf den vom Thunersee her kommenden Gantrisch-Fribourg-Weg treffen.

Schloss Burgdorf

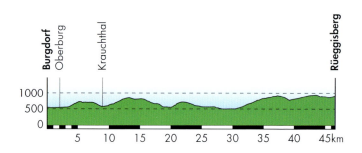

Jakobsweg für Velofahrer / Zubringerweg

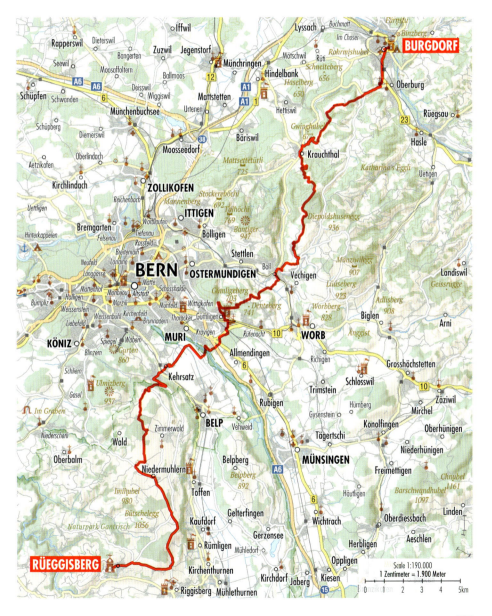

Pilgern auf dem Jakobsweg Schweiz

Rankweil–St. Peterzell

Wegdistanz
48 km

Fahrzeit
5 Std.

Höhenmeter
–711 m / +946 m

Hinweis
Dies ist eine Zubringerstrecke.

Dieser Abschnitt der schweizerischen Jakobswege verbindet den Ausgangspunkt Rankweil im Vorarlberg mit St. Peterzell auf dem Vorarlberg-Appenzeller-Weg. Zuerst führt uns der Weg durch die flache St. Galler Rheinebene, um dann aufzusteigen ins Appenzellerland. Via Innerrhoden (Appenzell) und Ausserrhoden (Urnäsch) kommen wir nach St. Peterzell, das dann wieder zum Kanton St. Gallen gehört. Landschaftliche Schönheiten und wunderschöner, historischer Baustil prägen diesen Abschnitt des Jakobsweges.

Rankweil von der Burg aus

Jakobsweg für Velofahrer / Zubringerweg

Fribourg–Payerne–Lucens

Wegdistanz
36,5 km

Fahrzeit
2 Std.

Höhenmeter
–377 m / +280 m

Hinweis
Dies ist eine Zubringerstrecke.

Ausgangs Fribourg müssen wir uns entscheiden, ob wir auf dem Gantrisch-Fribourg-Weg weiterfahren wollen oder aber eben diese Variante über Payerne wählen. Diese führt uns zuerst durch leicht hügelige Felder und Wälder vorbei an Seedorf, mit dem gleichnamigen See links und dem Château rechts, nach Noréaz. Über Feld- und Waldwege fahren wir anschliessend hinunter ins Tal der Arbogne, womit wir ins Einzugsgebiet der Broye kommen.

Ausgangs des engen Taleinschnittes sehen wir links oben den Rundturm der Burgruine von Montagny les Monts. Ein Abstecher in dieser Richtung zur kath. Kirche Immaculée Conception mit schönen Fresken und der steinernen Madonnenstatue lohnt sich, dann geht es zurück ins Tal.

Vorbei an der Kirche von Granges Notre-Dame de Tours erreichen wir Corcelles-près-Payerne und dann Payerne selbst. Ab hier fahren wir linksufrig der Broye entlang topfeben bis Lucens, wo wir am linken Hang bei Curtilles wieder auf den Gantrisch-Fribourg-Weg treffen.

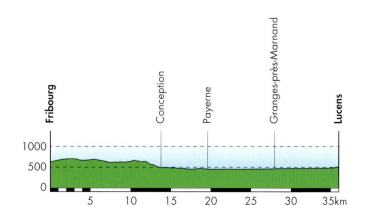

Jakobsweg für Velofahrer / Zubringerweg

Collégiale Payerne